W0466082

DAS KULTURELLE GEDÄCHTNIS · VERLAG ·

ASTV NON VI

DA WAR ICH EIGENTLICH NOCH NIE

Die Wunderkammer des Reisens in Deutschland

Ausgewählt und herausgegeben von Thomas Böhm
Grafisch in Szene gesetzt von studio stg

HURRA FERIEN

Hast du dies Buch in deiner Hand:
Hurra! dann geht's ins Ferienland!
Endlich mal raus aus den staubigen Straßen –
endlich die Schule hinter sich lassen –
endlich mal raus aus dem Großstadtgeschrei –
hinein in die Ferien! – Seid ihr dabei?
Hinaus in die Berge, zum Strand, hinaus ...!

KURT TUCHOLSKY

INHALTSVERZEICHNIS

ICH SITZE IM ZUG UND FAHRE WEIT WEG. NACH DEUTSCHLAND.

ROGER
WILLEMSEN

VORWORT

Was kommt Ihnen in den Sinn, wenn Sie an das Reisen in Deutschland denken?

Eine Kindheitserinnerung? Bilder von Wochenendtrips? Der Ausblick in eine Landschaft? Die Verkehrsnachrichten im Radio? Der Geschmack einer regionalen Spezialität? Gedanken an Orte, an denen Kultur und Geschichte erfahrbar werden?

Bei mir ist es das Schloss Mespelbrunn. Es war im Jahre 1973, ich war fünf Jahre alt, zum ersten Mal mit meinen Eltern, meinem Bruder und meinen beiden Tanten verreist. Im VW-Käfer waren wir zu sechst in den Spessart gefahren. Und dort zu diesem Schloss, dessen märchenhaften Anblick ich nie vergessen werde: es sah aus, als würde es auf dem Wasser schweben.

Dass es so etwas gab ... so etwas Besonderes, Altes, Geheimnisvolles. Nur ein paar Stunden von zuhause entfernt. Und gleich würde ich es betreten dürfen.

Das Gefühl, dass es beglückend Schönes, Unbekanntes, Entdeckenswertes in unserem Land; in fernerer Nähe oder näherer Ferne gibt, hat mich seitdem nicht verlassen.

Dieses Gefühl möchte die *Wunderkammer des Reisens in Deutschland* vermitteln: als Reiseführer, als Geschichtsbuch und als staunende Betrachtung.

Als Reiseführer enthält dieses Buch viele mögliche Reiseziele, geordnet im Rhythmus eines Kalenders. Für längere Urlaube genau wie für Tagesausflüge.

Als Geschichtsbuch erzählt es Episoden der historischen Entwicklung des Reisens in Deutschland. Unterwegs sammelt es dabei Souvenirs wie Reisebücher aus dem 18. Jahrhundert, spezielle Wörterbücher für das Hotelpersonal, Ratgeber für Urlaubsfotos, Speisekarten aus Mitropa-Restaurants bis hin zu einem Coaching für den Umgang mit zu hohen Erwartungen an den Urlaub.

Geordnet werden diese Fundstücke nicht systematisch, sondern nach dem Prinzip der Wunderkammer – jener Frühform des Museums, die im 14. Jahrhundert entstand. In den Wunderkammern fanden sich so unterschiedliche Objekte wie Kunstwerke, Sammlungen von Edelsteinen, Tierpräparate, alchemistische Apparaturen, Porzellan und viele andere Dinge, die einladen wollten: zur Aneignung von Wissen und zur Erkenntnis durch Betrachtung.

In diesem Sinne lädt auch diese Wunderkammer zur Betrachtung ein: der Erscheinungen, Errungenschaften und Abwege, die das Reisen mit sich gebracht hat.

Dass sie auch deshalb zu Entdeckungsreisen im eigenen Land einlädt, um Alternativen zu umweltbelastenden Fernreisen zu zeigen, braucht vor dem Hintergrund des sich vollziehenden Klimawandels nicht weiter ausgeführt werden.

Stattdessen möchte ich mit einer persönlichen Erinnerung enden. Mir fällt, wenn ich an spätere Reisen in Deutschland denke, immer sofort die Stimme meiner Oma ein, wie sie zu einer Reisebekanntschaft sagt: „Wir kommen aus Oberhausen ...“.

Dank dieses Satzes knüpfte sie, Oberhaupt einer Bergarbeiterfamilie aus dem Ruhrgebiet, überall leicht Kontakt. Wohin wir auch reisten – in die Fränkische Schweiz, den Harz, den Schwarzwald. Weil in diesem Satz mitschwang: „... und wir sind hier, weil es bei Ihnen so schön ist“.

Sie machte die Reise zu einem Kompliment und war bald im angeregtesten Austausch.

Auch das möchte dieses Buch sein: ein Kompliment an die Menschen, denen wir auf unseren Reisen begegnen, deren Heimatregionen wir besuchen; in der Hoffnung auf anregenden Austausch.

Mein abschließendes Kompliment und mein Dank gilt studio stg – Janine und Philipp Graf – für die Gestaltung dieses Buches. Sie haben mit ihren geistreichen, verspielten, witzigen Ideen Seite für Seite wunderbare Landschaften der Typographien, des Satzes und der Buchgestaltung entstehen lassen.

BERLIN, IM FRÜHJAHR 2021
THOMAS BÖHM

MIT DEM FINGER AUF DER LANDKARTE

MUSKAUER FALTENBOGEN

ZITTERWALD

KREMPER MARSCH

OVERLEDINGEN

LÄNDCHEN FRIESACK

GROSSER HEUBERG

SCHWANSEN

LAND KEHDINGEN

HOTZENWALD

WÜMMENIEDERUNG

VERDENER HEIDE

VIERLANDE

WIETZENBRUCH

SORATFELD

KALBESCHER WERDER

LAND LEBUS

HOHER BOGEN

LÜSS

VEHNEMOOR

BUTJADINGEN

KNOBLAUCHSLAND

ROTES LAND

KLÜTZER WINKEL

DEUTSCHE MITTELGEBIRGSSCHWELLE

LASSZINSWIESEN

DÜFFEL

WILSTERMARSCH

UFGAU

BOURTANGER MOOR

SCHWARZE BERGE

GOLDENE MEILE

SÜDERGOSHARDE

MOORRIEM

BAAR

DORM

KANNENBÄCKERLAND

PRELLHEIDE

ZOOTZEN

WANGERLAND

LÜTZELSOON

BORKENBERGE

KLÖTZIE

STEINERNES MEER

Wüssten Sie, wo sich diese deutschen Landschaften befinden?

DOSE

GOLDENER GRUND

SELFKANT

OSNING

GELLEN

RHINLUCH

STAPELHOLM

MASSENEI

LOMMATZSCHER PFLEGE

BREITE SRUTH

SCHMALE HEIDE

GÖHRDE

KÜLF

LINGENER HÖHE

SCHMARLOH

HUY

HELPTER BERGE

VIRNGRUND

BÖNNINGHARDT

UPLAND

HÄGERORT

BROHMER BERGE

REICHSWALD

DRAWEHN

LÄNDCHEN GLIN

ZUDAR

AUF DEM SAND

KARRHARDE

TEUFELSMAUER

STIFTLAND

KNÜLL

SCHORFHEIDE

VILLE

FLECHTINGER HÖHENZUG

WÖLLMISSE

HÜMMLING

ROTES LUCH

POEL

SCHÖNBUCH

UMMANZ

GOLDENE AUE

LEWITZ

ISLEK

HEGAU

SCHNEIFEL

RANDOWBRUCH

DRÖMLING

HAARD

WEDEMARK

SEY ALLZEIT HÖFFLICH UND COMPLAISANT

1719

Apodemiken – Reiseinstruktionen der frühen Neuzeit

VON:
JULIUS BERNHARD
VON ROHR

Das Reisen zu einer Art von Wissenschaft zu machen, ist das Ziel der sogenannten *Apdoemiken,* die seit dem 16. Jahrhundert verbreitet waren. In diesen Büchern finden sich, neben moralischen und philosophischen Erörterungen über die Nützlichkeit oder Schädlichkeit des Reisens, Ratschläge und Regeln für die Reisenden.

Dem humanistischen Bildungsideal folgend, wurden Reisen als Wissensquelle verstanden. Statt sich auf das Hörensagen zu verlassen, sollten vor Ort Kenntnisse über Menschen und soziale Zustände erlangt werden.[1]

In der 1719 erschienenen *Einleitung Zu der Klugheit zu leben, Oder Anweisung, Wie ein Mensch zur Beförderung seiner zeitlichen Glückseligkeit seine Actiones vernünfftig anstellen soll* finden sich 91 Regeln zur sinnvollen Vorbereitung und Durchführung einer Reise.

Autor dieses Buches war Julius Bernhard von Rohr (1688–1742) sächsischer Kameralist, Naturwissenschaftler und Schriftsteller, auch Verfasser zweier Reiseführer für den Harz.

Nachfolgend eine Auswahl seiner Ratschläge, von denen einige wie Vorläufer des achtsamen Reisens anmuten; so die Selbsterkundung vor Antritt der Reise.

Andere Ratschläge sind zeitlos: Zeichen sollen vor Kofferverwechslung schützen, Gasthöfe nach Empfehlungen ausgesucht werden, Freunde mit Nachrichten von der Reise unterrichtet werden. Und manche Ratschläge – wie das Bereithalten geladener Waffen bei der nächtlichen Walddurchfahrt – weisen auf zeitgenössische Umstände des Reisens hin.

1 Vgl. Uli Kutter: „Der Reisen ist dem Philosophen, was der Arzt dem Apotheker. Über Apodemiken und Reisehandbücher", in: Bausinger, H. u.a. (Hg.), Reisekultur, München: 1991, S. 38–46.

Geh, eh du reisest / alle Umstände von deiner Reise / und von deiner Person durch. Formire dir hieraus Regeln der Klugheit entweder selbst oder applicire[2] diejenigen / die du von anderen gehöret / oder vor dich selbst gefunden / auff deinen Zustand.

2 Appliciren: Anwenden, anpassen, anfügen

Vornehmlich untersuche deine Absicht / weswegen du dich auff die Reise begiebst / ob um dich zu qualificiren / wenn du ein galant homme seyn willst / oder um deine Gelehrsamkeit zu vermehren / daher du von Studiis Profession machst / oder Geld durch Handlung zu erwerben / und zu negociren / so du ein Kauffmann bist / und was mehr von verschiedene Absichten sein können. Hernach mache mit deinem Beutel einen Überschlag / und siehe / wie lange du ungefähr bleiben kanst / was du besehen / und wie du dich auf deiner Reise aufführen wilst. Betrachte Deine Leibes-Constitution, ob du delicat seyst / oder Fatiguen ausstehen könntest / alle Nächte schlafen must / oder ob dirs gleich gilt / wenn du etliche Nächte wachen sollst / alle Speisen essen dürftest / oder dich in der Kost in acht nehmen must. Examinire dich / ob du in deiner Religion fest und wohlgegründet / zum Spielen / Sauffen und anderen Debauchen[3] geneigt seyst. In Summa aus deiner Selbst-Erkäntniß mache dir Regeln der Klugheit / was du auff deiner Reise thun / oder unterlassen solst.

3 Debauche: Verschwendung, Unzucht, Ausschweifendes Leben

Kauff dir die neuesten und specialesten Beschreibungen ein / desselben Landes oder derjenigen Städte / die du besehen willst. Denn du hast vielfältigen Nutzen hievon zu erwarten. Du darffst dir nicht selbst die Mühe geben / auffzuschreiben / was andere bereits getan / sondern supplirirest[4] nur / was sie ausgelassen / oder verbesserst / was sie unrecht gesetzt. Du bist gleichsam an demselben Orte schon ein wenig bekannt / oder kanst doch durch Discirse erweisen / daß du daselbst nicht ganz und gar frembde seyst / welches auch / wie wir unten sagen werden / seine Nutzen hat. Du weist / welches das Sehenswürdigste ist / und wornach du zu fragen hast / da sonst mancher lange Zeit an einem Orte gelegen / auch wieder wegziehet und doch das Remarquableste[5] nicht angesehen hat.

4 Suppliriren: ergänzen, hinzufügen
5 Remarquable: Bemerkenswert

Erkundige dich / daferne du Ursache zu sparen hast / bey Leuten / die nicht von grossen Vermögen sind / und auch an dem Orte gewesen. Diese werden dir allerhand Regeln und Cautelen sagen / wie du auf eine anständige Art auff deiner Reise sparen kanst / die öfflers reiche Passagirer nicht wissen.

Laß Dir die Oerter, wo du auff deiner Reise einkehren willst / von bekandten Kauffleuten / oder anderen guten Freunden deines Orts / die in der Fremde gewesen / recomandiren / denn so kanstu sicher trauen / und wissen sie am besten aus eigener Erfahrung / an welchem Orte gut oder schlimm zu logiren sey. Jedoch mustu dir doch allezeit ihre Raisons sagen lassen / wenn sie urtheilen: In dieser Auberge ist gut zu logiren / in jener nicht Denn die Leute schliessen nicht allezeit accurat, und die Beurtheilung des Guten und Bösen ist nach dem Unterscheid der Gemüther auch unterschieden. Mancher hält eine Auberge, aus einer / wegen seiner Absicht und seiner Humeurs' ihm besonderen Raison vor gut / die ein anderer vor schlimm hält.

Besiehe / ehe du in fremde Länder reisest / erst die vornehmsten Oerter deines Vaterlandes / und ziehe von desselben Zustand genaue Kundschaft ein / denn wenn du denen Frembden / so darnach fragen / von der Beschaffenheit deines Vaterlandes Nachricht geben kanst / so darfsttu sie mit grösserer Assurance[6] fragen / und wirst desto mehr von dem Etat ihres Landes erfahren können. Zudem ist es ja lächerlich / daß man in frembde Länder reiset / und in seinem Vaterlande sich nicht einmahl recht umgesehen.

6 Assurance: Sicherheit

Viel Bücher bey dir zu führen / ist eine unnöthige Sache / denn sie beschweren nur / und hastu an allen Orten / wo du hinkommst / Gelegenheit / dir Bücher zu borgen. Du musst auch auf Reisen mehr observiren / sehen / hören und auffschreiben / als lesen oder meditiren.

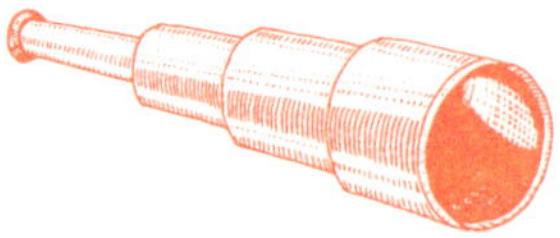

Distinguire deinen Cofre oder Schachtel durch ein gewiß Zeichen / so vor anderen kentlich ist. Denn weil viel Cofres und Schachteln einander dem äußerlichen nach / in allen Stücken ähnlich sind / so kann bey Changierung der Posten leichtlich eine Verwechslung damit geschehen / die vielleicht nicht zu deinem Vortheil ist.

Siehe zu / daß du auf den Posten oder sonst der erste seyst. Denn diese Incommodität / daß du ein wenig warten must / ist bey weitem nicht so groß / als wenn alles schon besetzt ist / und du hernach diejenige Stelle einnehmen must / die andere nicht wollen / und da du alsdenn nicht weist / wo du mit deiner Bagage zu sollst.

Bey denen Postillionen oder Schipper-Knechten spare das Trinckgeld nicht / denn die können die in einem oder anderen eine gute Nachricht geben / so du von anderen nichts erfährest / hingegen können sie dir auch in einigen Dingen schaden / wenn du allzu karg gegen sie bist.

Trage auff der Reise zwar reinliche und propre, aber nicht verchamerirte Kleider / denn in einem bordirten Kleide wirstu nicht allein bißweilen vor einen Spitzbuben angesehen werden / sondern must auch überall mehr bezahlen / andere halten dich vor reich / und stellen dir daher desto eher nach.

Wenn du durch Wälder pasirest / so schlaff nicht / und sonderlich bey der Nacht / weil du nicht allein von den Aesten der Bäume leichtlich ein Unglück bekommen kanst / wenn du schläffst / sondern es finden sich auch wohl in den Wäldern böse Buben / die den Passagirern aufflauren. Daher wache / und halte dein Gewehr in guter Bereitschaft / schieß auch wohl loß / wo es erlaubet / und du unterschieden geladen Gewehr bei dir hast / damit sie sehen / dass du munter / und in dem Stande seyst / dich zu wehren.

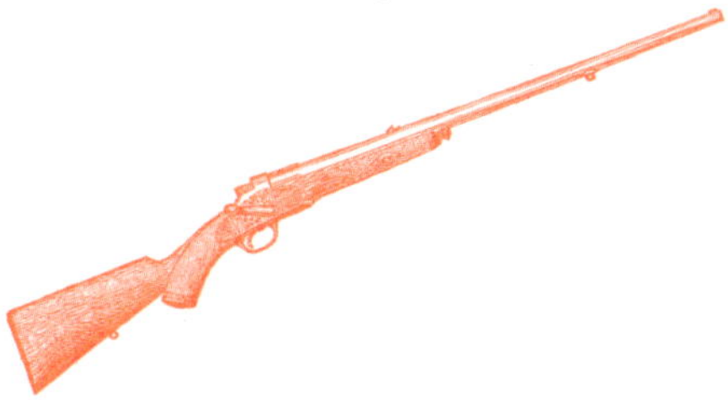

Im Absteigen laß den Mantel nicht leichthin vom Halse / weil man öffters drum kommt / wenn die Posten umgewechselt werden / und sie auff den Postwagen liegen lassen. Distinguiere deinen Mantel durch ein notables Zeichen / weil viel Mäntel / die der Güte des Tuchs nach gar sehr unterschieden / dem äußerlichen Ansehen nach einander gleich sind.

Sey gegen den Wirth und seine Leute allzeit höfflich und complaisant[7]. Denn wo du grob bist / und schimpffest / steckt es wohl mancher ein / du kannst aber sicher glauben / daß du die Schimpff-Worte in der Rechnung mitbezahlen must. Ist dir etwas nicht nach deinem Sinne / erinnere solche lieber mit Glimpff[8] / und drohe / daß du von ihm ziehen willst / welches ihm weher tun wird / als wenn du noch so sehr schmähest.

7 Complaisant: gefällig, wohlwollend
8 Glimpff: Schonung, Nachsicht

Du thust besser / daferne du eine Zeitlang in einer Stadt zu bleiben gedenkest / wenn du dir in einem Privat-Hause ein Zimmer miethest / und bald hier bald da speistest / als wenn du in dem Gast-Hofe dein Quartier nimmst.

Auf der Reise habe die Schreibtafel stets in Händen / darein du alle Tage aufnotirest / was du denckwürdiges siehest und hörest / mit wem du bekand wirst / u.s.w. auch alle Abende / ehe du zu Bette gehest / mustu solches abschreiben. Du hast vielfältigen Nutzen von dieser Arbeit zu erwarten. Du kanst bey deiner Zurückkunfft andern guten Freunden mit den Nachrichten dienen / dich dessen nach lange verfloßner Zeit mit Plaisir erinnern / wo du gewesen / wie es dir gegangen u. s. w. und erweisest auch / daß du mit Nutzen gereiset bist.

ROT IM KALENDER ANSTREICHEN

I

Zur richtigen Zeit
am richtigen Ort:
Saisonale Feste und
Brauchtümer

JANUAR
FEBRUAR
MÄRZ
APRIL
MAI
JUNI
JULI
AUGUST
SEPTEMBER
OKTOBER
NOVEMBER
DEZEMBER

Anders als Bauwerke ist das Brauchtum nicht ständig anschaubar, sondern nur zu saisonalen Festen und Feiertagen, an denen es sinnlich erlebt werden kann: Trachten werden gezeigt, regionales Essen und Getränke geboten, Musik und Handwerkskunst mit regionaler Ausprägung.

Die saisonalen Feste öffnen einen Zugang in die Vorstellungswelten der Vergangenheit, christliche wie heidnische Bräuche, lokale historische Ereignisse – oder sind Treffpunkt von Fans, die den Kulten und der Kultur der Gegenwart huldigen.

»

Waldkirchener Rauhnacht

Die zwölf Nächte vom Weihnachtstag bis zum *Fest der Erscheinung des Herr'n* (6. Januar) werden als *Rauhnächte* bezeichnet. In ihnen steht, so der Volksglaube, das Geisterreich offen, die Seelen der Verstorbenen haben Ausgang, veranstalten eine *Wilde Jagd.*

Dementsprechend gruselig geht es jedes Jahr am 5. Januar in der Rauhnacht in ostbayrischen Städten wie Waldkirchen zu, wo mit Beginn der Dunkelheit Horrorgestalten auf der Suche nach ihrem Anführer, dem *bluatigen Thamerl,* durch die Straßen ziehen.

Oldenburger Kohlfahrt

Seit 1871 findet die Kohlfahrt statt, der gesellschaftliche Höhepunkt des Jahres in Oldenburg und anderen norddeutschen Städten. In geselliger Runde ziehen Menschen mit einem Bollerwagen umher, ziellos – denn nur das Kohlkönigspaar kennt das Ziel. Dieses liegt in den Landgasthäusern rund um die Stadt. Dort findet ein Grünkohlessen mit Live-Musik statt. Unterwegs vergnügen sich die Teilnehmenden mit dem *Boßeln (Klootschießen),* einem seit dem Mittelalter bekannten Geländespiel, dessen Ziel es ist, eine Kugel mit möglichst wenigen Würfen über eine festgelegte Strecke zu werfen.

Gaißacher Schnablerrennen

Seit 1928 stürzen sich Wagemutige mit den traditionellen Schlitten – *Schnabler* genannt – den fast 1.000 Meter hohen Lehener Berg in Gaißach bei Bad Tölz hinab. Ohne Bremse und Steuerung. Teilnehmen dürfen nur Gaißacher:innen, doch die spektakuläre Fahrt und die halsbrecherischen Sprünge im Zielhang locken ein großes Publikum.

„A Rennat's is!" heißt es jedoch nur bei ausreichendem Schnee, da grundsätzlich kein Kunstschnee verwendet wird.

Das Apernschnalzen in Rupertiwinkel

Ein UNESCO-Weltkulturerbe: Das Apernschnalzen im bayerischen Voralpenland geht auf einen vorchristlichen Brauch zurück, bei dem durch Lärm die bösen Mächte der Finsternis und Kälte vertrieben werden sollen. Einer anderen Interpretation folgend, soll durch das Peitschenknallen die unter tiefer Schneedecke schlummernde Saat zu neuem Leben erweckt werden.

Am großen Rubertigauer-Preisschnalzen nehmen rund 130 Schnalzergruppen aus der Region teil. Preisrichter:innen beurteilen Takt und Gleichmäßigkeit des Peitschenschnalzens und -knallens.

Biikebrennen auf den nordfriesischen Inseln

Der *Petritag* (22. Februar) war ein wichtiges Datum für die mittelalterliche Schifffahrt, u.a. der Beginn der jährlichen Walfangsaison. Auf den nordfriesischen Inseln wurden Feuer von den zurückbleibenden Frauen entzündet, um ihren Männern auf den ausfahrenden Walfängern noch lange sicheres Geleit zu geben.

Heute ziehen Gäste und Einheimische gemeinsam in einem Fackelzug vom zentralen Treffpunkt zum Brennplatz. Nach einer Feuerrede wird das aufgeschichtete Holz angezündet. Wenn die Feuer erloschen sind, servieren Lokale das typische Biike-Gericht: Grünkohl mit Fleisch, Wurst und Kartoffeln.

Kölner Rosenmontagszug

Der Kölner Rosenmontagszug ist der größte Karnevalsumzug in Deutschland und der Höhepunkt des Kölner Karnevals. Der seit 1823 veranstaltete *Zoch* aus kostümierten Fußgruppen, Musikkapellen, Festwagen und Unterstützungsfahrzeugen lockt hunderttausende Zuschauer:innen an den rund siebeneinhalb Kilometer langen Zugweg. Die in vielen Reihen auf den Straßen ausharrenden Jecken versuchen neben Blicken auf den Zug auch etwas von den 300 Tonnen Süßigkeiten *(Kamelle)*, Blumen, Stoffpuppen und anderen Präsenten zu erhaschen, die von den Wagen geworfen werden – als Parodie auf feudale Herrscher, die beim Einzug in eine Stadt Geschenke verteilten.

Leipziger Buchmesse

Die Neuerscheinungen des Frühjahrs werden seit dem 16. Jahrhundert auf der Leipziger Buchmesse vorgestellt. Die Ausstellung in den Messehallen mit Verlagsständen, der *Manga-Comic-Convention* und der *Leipziger Antiquariatsmesse* sowie das in der ganzen Stadt stattfindende Lesefestival *Leipzig liest* genießen bei Literaturfreund:innen einen besonderen Ruf, weil sie die Begegnung zwischen Autor:innen und Besucher:innen in beinahe familiärer Atmosphäre ermöglichen.

Scheibenschlagen in Haslach

Im schwäbisch-alemannischen Raum verbreitet ist der 1090 erstmals urkundlich erwähnte Fastnachtsbrauch des Scheibenschlagens, bei dem glühend gemachte kreisrunde oder quadratische *Scheiben,* in der Regel aus Buchenholz, von Anhöhen oder Berghängen talabwärts katapultiert werden. Diejenigen, die eine Scheibe auf die Reise schicken, widmen sie einer bestimmten Person oder verbinden mit ihr einen Wunsch. Beim Schiebenschlagen in Haslach im Kinzigtal werden alljährlich ca. 100 Scheiben zu Tal geschlagen. Ihnen folgt als Schluss und Höhepunkt ein in Stroh gewickeltes, brennendes Rad – wenn dies ungehindert den Weg in den Talgrund findet, ist das ein gutes Omen für die kommende Ernte.

Husumer Krokusblütenfest

4 Millionen Krokusse verwandeln alljährlich den Husumer Schlosspark in ein lilafarbenes Naturschauspiel. Anlässlich der Krokusblüte wird die neue *Husumer Krokusblütenmajestät* gekrönt und das Krokusblütenfest gefeiert: Die Geschäfte in der Innenstadt dekorieren ihre Schaufenster oder den Straßenbereich davor in der Farbe der Krokusblüte. In der Stadt gibt es zahlreiche Aktionen und Musikeinlagen, einen Blumenmarkt rund um den Marktplatz und einen Kunsthandwerkermarkt im Hof des Schlosses.

VON:
JÖRG WICKRAM

1555

WANDSCHRÄNKE, HEILIGENTRÄNEN UND NACKTE MÄNNER

Drei Schwänke aus dem *Rollwagenbüchlein*[1]

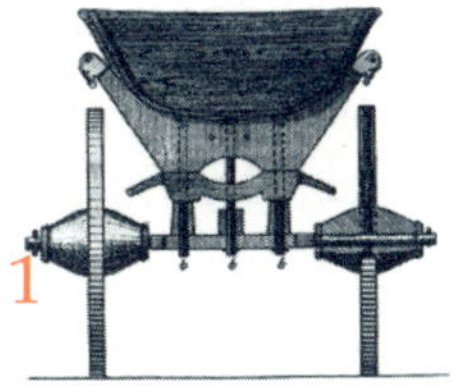

Die 1555 erschienene Schwanksammlung *Das Rollwagenbüchlein* war einer der ersten Bestseller der deutschen Sprache. Im Rollwagen, dem langsamen, von Pferden gezogenen ‚Omnibus' der damaligen Zeit, sollten die Reisenden „zů einer kurtzweil" mit teils ernsten, teils amüsanten Geschichten unterhalten werden. Der Verfasser Jörg Wickram (1505–1555/60) widmete das Werk seinem Freund, dem Gastwirt der *Blume* zu Colmar, Martin Neu.

Die 111 kurzen Geschichten sind überwiegend im elsässischen Kleinbürgermilieu angesiedelt: Kauf- und Wirtsleute, Handwerker, Pfaffen, Bauern, Landsknechte und deren Frauen treten auf, ihre Narrheit wird gutmütig verlacht, ohne die herrschende Ordnung infrage zu stellen. Mehrfach werden im Rollwagenbüchlein Ereignisse auf Pilgerfahrten erzählt, einer Form des Reisens, die seit dem 12. Jahrhundert in Europa Verbreitung gefunden hatte. Das Wort Pilger stammt von lat. *pelegrinus* und meint grundsätzlich den Fremden – den Menschen, der in der Fremde sein Heil sucht.

In der Romantik wurde Wickram wiederentdeckt, die Themen des *Rollwagenbüchleins* sowie die einfache, anschauliche, volkstümliche Sprache, die mit derben Ausdrücken, Sprichwörtern und Redensarten gewürzt ist, hielten Einzug ins Werk Hebels und der Brüder Grimm.

1 Das „Rollwagenbüchlein" ist auf Frühneuhochdeutsch verfasst, jener Entwicklungsstufe des Deutschen, die durch die Erfindung des Buchdrucks und Luthers Bibelübersetzung allmählich zur „Schriftsprache" führte. Der besseren Lesbarkeit wegen sind die drei Geschichten in eine moderne Sprachform übertragen.

Ein Schwabe fragte, was denn der italienische Wein für ein Trank wäre

Ein guter, einfältiger Mann aus dem Lande Schwaben wallfahrte mit einigen Landsleute nach Rom, um dort Ablass für seine Sünden zu erlangen. Als sie nun nach Italien kamen, tranken sie mit großer Lust und Begierde den guten, süßen, italienischen Wein. Eines Tages geschah es, dass sie bei einem deutschen Wirt, von denen es in Italien viele gibt, einkehrten. Der Wirt war ein großer Spaßvogel und sah sogleich, dass den Schwaben der Wein schmeckte. Deshalb trug er ihnen den besten auf, den er im Keller hatte.

Als der Wein anfing, den Schwaben zu Kopf zu steigen, fragten sie sich, was das denn für ein Trank sei. Der eine sagte dies, der andere das. Zuletzt riefen sie den Wirt und fragten ihn, wollten insbesondere wissen, ob dieser Trank an Reben wüchse und auf welche Weise man ihn herstelle.

Der Wirt antwortete: „Meine lieben Pilger, ich will es euch nicht verschweigen. Es ist kein gemachter Trank, sondern er kommt so vom Himmel herabgeflossen. Wenn die lieben Heiligen weinen, so gibt es solche süßen Tränen, die heben wir dann auf, und es wird ein solcher süßer Trank daraus.“

Alsbald fing der einfältige Schwabe inniglich zu weinen an und sagte: „Ach, ihr lieben Heiligen, was tun wir Schwaben euch zuleide, dass ihr nicht auch auf das Schwabenland eure Tränen ausgießet!“ Da mussten die anderen darüber lachen, dass der gute, einfältige Mensch den Worten des Wirtes geglaubt hatte, obwohl sie selbst nicht erklären konnten, was für ein Trank vor ihnen stand.

Aber es ist in der Welt allgemein Brauch, dass, wenn einer einfältig, fromm und gerecht ist, die anderen dazu beitragen, dass gefrotzelt und dieser Mensch zum Besten gehalten wird.

Das erfahre ich immer wieder am eigenen Leibe, denn wegen meiner Einfalt werde ich auch oft verspottet.

Ein Kaufmann schüttete Brunze in einen Wandschrank

Auf der Reise zur Messe nach Frankfurt musste eine Gruppe von Kaufleuten in Mainz absteigen. Unter ihnen war einer, der vorsichtiger und ängstlicher war als die anderen, weshalb er kaum Schlaf fand. Immer wieder stand er in der Nacht auf um nachzusehen, ob es nicht schon Tag werde.

Was dem Mann entging: Sein Bett stand nahe einem großen Wandschrank mit vielen Fächern und Türen. Und jedes Mal, wenn er vermeinte, das Zimmerfenster zu öffnen, öffnete er tatsächlich eine Tür des Wandschranks, steckte den Kopf hinein und befand sich in der Finsternis. Solches tat er etliche Male. Zuletzt war ihm vonnöten, das Wasser abzuschlagen. Er stand auf, zog den Nachttopf unter dem Bett hervor, verrichtete seine Notdurft, öffnete die Tür und schüttete den Harn schwungvoll in den Kasten, sodass dieser sofort wieder herausspritzte. Nun erkannte der Kaufmann, wo er die Nacht über hineingesehen hatte und fing an zu fluchen und sich zu schelten. Davon erwachten seine Reisegefährten und fragten ihn, was geschehen war. Er erzählte es, hoffend, dass sie Mitleid haben würden. Aber sie fingen erst recht an, seiner zu spotten und er blieb auf der ganzen Reise, bis er wieder heimkam, die Zielscheibe ihres Spottes.

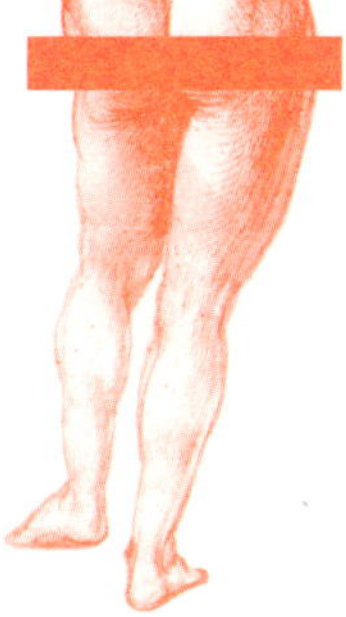

Ein Maler, der nicht wusste, wie sich deutsche Kleidung malen ließe

Ein Edelmann beauftragte einen kunstreichen Maler, einen Saal mit Wandgemälden zu schmücken. Des Edelmanns Auftrag war, dass er allerlei Nationen und Völker malen sollte mit ihrer Kleidung und wie sie ihre Waffen und ihre gewöhnliche Kriegsrüstung tragen. Das alles malte der Maler gar artig: Juden, Tartaren, Heiden, Türken, Griechen, Sarazener, Araber, Indianer, in summa: jedes Volk kam vor, nur die Deutschen nicht.

Als nun der Edelmann das Gemälde besichtigte und es ihm eigentlich gut gefiel, stellte er das Fehlen der Deutschen in ihrer Kleidung fest. Er sah sich deshalb genötigt, den Meister nach der Ursache dieses Fehlens zu fragen. Dieser antwortete, er wisse den Deutschen keine Kleidung zu geben. Als der Edelmann darauf bestand, die Deutschen auf dem Bild zu haben, zeichnete der Maler einen ganz nackten Mann, mit einem großen Ballen Tuch auf dem Rücken. Der Edelmann fragte, was das zu bedeuten habe. Darauf antwortete der Maler: „Junker, die deutsche Kleidung zu malen ist keinem Maler der Welt möglich, denn die Deutschen bringen alle Tage etwas Neues hervor. Dieses Tuch habe ich ihm darum auf den Rücken gegeben, dass ein jeder davon nehmen und ihm, dem nackten Deutschen, ein Kleid nach seinem Gefallen machen möge.“ Bei dieser Antwort musste sich der Edelmann dem Meister geschlagen geben.

Dies ist vor ungefähr 30 Jahren geschehen. Nun möchte ich gern wissen, wenn jetzt einer den Deutschen malen würde, wie er doch die Sache angehen würde, wo doch die Welt soviel schlechter geworden ist.

TIP

Das Hotel Kreuz-Post in 79235 Vogtsburg-Burkheim am Kaiserstuhl, wo Jörk Wickram als Stadtschreiber tätig war, hat einen „unkonventionellen Rundgang ins 16. Jahrhundert“ mit dem Rollwagenbüchlein zusammengestellt.[2]

2 http://www.joerg-wickram.de/downloads/Kreuz-Post_Auf_den_Spuren_Joerg_Wickrams_farbe.pdf

ALLE REISEBEDÜRFNISSE DES MENSCHLICHEN LEBENS VEREINT

1840

Der eigene Wagen als möblierte Wohnstube

VON:
FRIEDRICH WILHELM
HACKLÄNDER

Die meisten Schilderungen von Fahrten mit der Postkutsche sind voll von Klagen: über die schlechten Straßenverhältnisse, aufdringliche Reisebekanntschaften, Unfälle, Unpünktlichkeit.

Als jedoch mit dem Aufkommen der Eisenbahn das Ende des Postkutschenwesens heraufdämmerte, entstanden Texte, in denen die gute alte Zeit der Kutsche beschworen wurde – die Vorzüge der Kutsche als individuelles Reisegefährt gegenüber dem Massentransportmittel Zug entdeckt wurden. So auch in dem folgenden Text aus dem Jahre 1840 von Friedrich Wilhelm Hackländer (1816–1877), in dem die Postkutsche wirkt wie ein Vorläufer des Wohnmobils.

Es gibt auf der ganzen Welt nichts Heimlicheres und Angenehmeres, als im eigenen bequemen Wagen mit Postpferden von einem Ort zum anderen zu reisen. Der Wagen ist eingerichtet wie eine gut möblierte Wohnstube; man hat alle Reisebedürfnisse des menschlichen Lebens rings um sich vereint. In jener Ecke ruht Pfeife und Tabak verborgen, in der anderen eine ganze Bibliothek. Im Fond befindet sich die Uhr, vorne liegt das Fernrohr; und man braucht nur unter den Sitz zu langen, um eine wohlgefüllte Korbflasche zu ergreifen; das nötige Glas hierzu findet man in einer der Seitentaschen. Ja, und bei dieser höchst liebenswürdigen Art zu reisen, hat man im Vergleich mit allen anderen Arten des Fortkommens ungeheure Vorzüge. Ich brauche mich nicht nach einer eigensinnigen Postuhr zu richten, die mich grausam bestraft, wenn der Oberkellner meines Hotels die Rechnung zu langsam anfertigt, oder wenn der Hausknecht mit meinen schweren Koffern nicht schnell genug auf das Büro trabt. Dabei fahre ich in meinem Wagen schneller und überhole die Post, d.h. in Deutschland, schon nach den ersten Stationen, wenn ich vielleicht auch eine Stunde später abgefahren bin. Nebenbei ist meine persönliche Freiheit in keiner Weise eingeschränkt. Ich kann meine Beine ausstrecken, wie ich will, und der unberechenbarste Vorteil ist unstreitig der, dass ich keinem reisenden Engländer gegenüber zu sitzen brauche. Fahre ich mit einem liebenswürdigen Begleiter oder mit einer noch liebenswürdigeren Begleiterin, so brauche ich dem Postillion nur an einer schönen Stelle zu zurufen, dass wir halten sollen, und wir können eine anmutige Gegend, ein schönes Schloss, eine herrliche Ruine mit aller Muße beschauen. Bin ich allein, so kann ich, wenn es mir darum zu tun ist Gesellschaft zu haben, und ich zu Torheiten aufgelegt bin, überall welche finden.

Und dann erst das Fahren in einer schönen Sommernacht! Es muss im Laufe des Tages erst ein wenig geregnet haben, damit der Staub nicht aufwirbeln kann. Dichte Wolken ziehen noch langsam über die Erde hin, und der volle Mond arbeitet sich ruhig hindurch, die Gegend mit hellen Streifenlichtern verzierend. Ein Postillion lobt dem anderen beim Umspannen die Größe des Trinkgeldes, und alle fahren wie besessen drauflos. Du liegst in die Ecke des Wagens geschmiegt, vorn auf dem Bock sitzt der Bediente, leise mit dem Schwager[1] plaudernd. Die Wagenlaterne wirft einen zitternden Schein auf den Boden, und wie Mücken ein Licht in der Stube umflattern, springen, vom raschen Fahren aufgerecht, kleine Erdklumpen in dem hellen Scheine hin und her. Ach, und die ganze Natur ist so still und feierlich; es wird dunkel nah und fern, und alles nimmt eine fantastische Gestalt an. Die riesenhaften Pappeln an der Chaussee huschen eilfertig vorbei, und wenn man auch von Weitem ganz genau sagen, wie sie dicht beisammenstanden und miteinander plauderten, so stehen sie doch beim Näherkommen gerade und vereinzelt da, wie ertappte Schuljungen. Und dann in der Nacht die Einfuhr in eine Stadt, das Klirren auf dem Pflaster, die schlafenden Häuser, das Blasen des Postillions – das ist die Poesie des Reisens!

1 Das Wort *Schwager* – älteren Jahrgängen bekannt aus dem Lied *Hoch auf dem gelben Wagen/sitz ich beim Schwager vorn,* das sich 1973 in einer vom damaligen Bundesaußenminister Walter Scheel gesungenen Version in den deutschen Charts platzierte – leitet sich von frz. *chevalier* ab, dem *Postreiter.*

FERIEN IM BUCH

A–Z

Literarische Museen und Gedenkstätten

Die Räume, in denen Schriftsteller:innen ihre Bücher schrieben. Die Häuser, in denen sie geboren wurden, lebten, starben. Dinge aus ihrem persönlichen Besitz. Wege, die sie täglich gingen. Orte, die Schauplätze von Literatur wurden.

Die Idee, dass durch Anschauung der Lebenswelt von Autor:innen ein besonderer Zugang zu deren Leben und Werk möglich wird, hat seit dem 19. Jahrhundert überall in Deutschland Museen und Gedenkstätten entstehen lassen.

Zum Ensemble der literarischen Orte gehören oft Wanderwege und Gasthäuser, die historische, regionale Spezialitäten anbieten – wie zum Beispiel die Fontane-Maräne, die nur im Großen Stechlinsee in Brandenburg vorkommt, dem titelgebenden Schauplatz von Fontanes letztem Roman. Und natürlich lassen sich an den literarischen Orten oft auch die Bücher erwerben, die eben dort entstanden sind und deshalb eine besondere Lektüre bieten, im wahrsten Sinne: Ferien im Buch.

BADEN-WÜRTTEMBERG

Annette von Droste-Hülshoff Gedenkräume im Alten Schloss Meersburg

•

Deutsches Eichendorff-Museum Wangen im Allgäu

•

Deutsches Literaturarchiv Marbach am Neckar

•

Deutsches Tagebucharchiv Emmendingen

•

Gedenkstätte Abraham a Sancta Clara in der Pfarrscheuer Leibertingen-Kreenheinstetten

•

Gustav-Freytag-Museum Wangen im Allgäu

•

Hermann-Hesse-Museum Calw

•

Hölderlinturm Tübingen

•

Literaturmuseum der Moderne Marbach am Neckar

•

Mörikehaus Bissingen an der Teck-Ochsenwang

•

Museum Sophie La Roche Bönnigheim

•

Schiller-Nationalmuseum Marbach am Neckar

Simplicissimus-Haus Renchen

•

Wieland-Museum Biberach an der Riss

•

Wilhelm-Hauff-Museum Lichtenstein-Honau

BAYERN

Brechthaus Augsburg

•

Erika-Fuchs-Haus Schwarzenbach an der Saale

•

E.T.A. Hoffmann-Haus Bamberg

•

Ganghofer-Museum im Heimatmuseum Kaufbeuren

•

James-Krüss-Turm
Michael-Ende-Museum
Otfried-Preußler-Archiv
im Schloss Blutenburg München-Obermenzing

•

Jean-Paul-Museum Bayreuth

•

Karl-May-Museum Bamberg

•

Literaturarchiv Sulzbach-Rosenberg Sulzbach-Rosenberg

•

Ludwig Thoma-Geburtshaus Oberammergau

•

Museum Wolfram von Eschenbach
Wolframs-Eschenbach

•

Valentin-Musäum München

BERLIN

Anna-Seghers-Gedenkstätte der Akademie der Künste

•

Bonhoeffer-Haus

•

Humboldt-Museum im Schloss Tegel

•

Lessinghaus

•

Mendelssohn-Remise

•

Nicolaihaus

BRANDENBURG

Brecht-Weigel-Haus Buckow

•

Christian-Morgenstern-Literatur-Museum Werder (Havel)

•

Ehm Welk-Literaturmuseum
Angermünde

•

Gerhart-Hauptmann-Museum Erkner

•

Kleist-Museum Frankfurt (Oder)

•

Kurt-Tucholsky-Literaturmuseum
im Schloss Rheinsberg

Peter-Huchel-Gedenkstätte
Wilhelmshorst

•

Schloss Wiepersdorf
Niederer Fläming-Wiepersdorf
(Achim von Arnim; Bettina von Arnim)

•

Theodor-Fontane-Archiv
in der Villa Quandt, Potsdam

HAMBURG

Ernst-Barlach-Haus

•

Heine-Haus

•

Hirschparkhaus
(Hans Henny Jahnn)

HESSEN

Brentanohaus Oestrich-Winkel

•

Grimmwelt Kassel

•

Büchnerhaus Riedstadt-Goddelau

•

Burg Steckelberg
Schlüchtern (Ulrich von Hutten)

•

Frankfurter Goethe-Museum
Frankfurt am Main

•

Gensfleischhaus
Eltville am Rhein, (Johannes Gutenberg)

•

Richard-Huelsenbeck-Sammlung
im Geburtshaus, Frankenau

•

Struwwelpeter-Museum
Frankfurt am Main
(Heinrich Hoffmann)

MECKLENBURG-VORPOMMERN

Brigitte-Reimann-Literaturhaus
Neubrandenburg

•

Ernst-Moritz-Arndt-Geburtshaus
Groß Schoritz auf Rügen

•

Fallada Haus Greifswald

•

Fritz-Reuter-Literaturmuseum
Stavenhagen

•

Gerhart-Hauptmann-Haus
Kloster auf Hiddensee

•

Hans-Fallada-Haus Carwitz

•

Johann Heinrich Voß-Geburtshaus
Sommerstorf bei Waren/Müritz

•

Kempowski-Archiv Rostock

•

Wolfgang-Koeppen-Haus Greifswald

NIEDERSACHSEN

Arno-Schmidt-Museum Bargfeld

•

Eckermann-Museum
Winsen an der Luhe

•

Erich Maria Remarque-Friedenszentrum
Osnabrück

•

Gut Bredenbeck
Bredenbeck, (Adolph Freiherr von Knigge)

•

Hannah-Arendt-Geburtshaus Hannover

•

Hoffmann-von-Fallersleben-Museum
Wolfsburg-Fallersleben

•

Joachim-Ringelnatz-Museum Cuxhaven

•

Johann-Heinrich-Voss-Museum
Otterndorf

•

Lessinghaus Wolfenbüttel

•

Münchhausen-Museum Bodenwerder

•

Raabe-Haus Braunschweig

•

Wilhelm-Busch-Museum Hannover

NORDRHEIN-WESTFALEN

Droste-Museum auf Burg Hülshoff
Havixbeck bei Münster

•

Engels-Haus Wuppertal

•

Ernst-Moritz-Arndt-Haus Bonn

•

Ferdinand-Freiligrath-Geburtshaus Detmold

•

Grabbe-Haus Detmold

•

Heine-Museum im Heinrich-Heine-Institut Düsseldorf

•

Heinrich-Böll-Haus Langenbroich Kreuzau-Langenbroich

RHEINLAND-PFALZ

Bukowski-Museum Andernach

•

Ernst-Bloch-Zentrum Ludwigshafen

•

Gutenberg-Museum Mainz

•

Karl-Marx-Haus Trier

•

Nibelungenmuseum Worms

•

Stefan-George-Museum im Stefan-George-Haus Bingen am Rhein

SAARLAND

Deutsches Zeitungsmuseum Wadgassen

•

Literaturarchiv Saar-Lor-Lux-Elsass Saarbrücken-Dudweiler

SACHSEN

Erich Kästner Museum Dresden

•

Gellert-Museum Hainichen

•

Joachim-Ringelnatz-Haus Wurzen

•

Karl-May-Museum in der Villa Shatterhand Radebeul

•

Körnermuseum Dresden

•

Paul-Fleming-Haus Hartenstein

SACHSEN-ANHALT

Bürger-Museum Molmerswende

•

Gleimhaus Halberstadt

•

Hedwig Courths-Mahler-Archiv im Heimatmuseum Nebra an der Unstrut

•

Klopstockhaus Quedlinburg

•

Nietzsche-Haus Naumburg

•

Novalis-Haus Weißenfels

•

Novalis-Museum im Schloss Oberwiederstedt, Wiederstedt

•

Paul-Gerhardt-Haus Gräfenhainichen

•

Philipp-von-Zesen-Geburtshaus Schierau-Priorau

•

SCHLESWIG-HOLSTEIN

Ernst-Barlach-Museum im Geburtshaus, Wedel

Günter-Grass-Haus Lübeck

Hebbel-Museum Wesselburen

Heinrich-und-Thomas-Mann-Zentrum im Buddenbrookhaus Lübeck

Theodor-Storm-Haus Husum

THÜRINGEN

Brehm-Gedenkstätte Renthendorf

Dichterstätte Sarah Kirsch Limlingerode

Ernst-Haeckel-Haus und Museum Villa Medusa Jena

Goethe-Nationalmuseum Weimar

Goethes Wohnhaus am Frauenplan Weimar

Haus der Frau von Stein Weimar

Herders Wohnhaus Weimar

Leopold von Ranke-Geburtshaus Wiehe im Unstruttal

Lutherhaus Eisenach

Nietzsche-Archiv in der Villa Silberblick, Weimar

Romantikerhaus Jena (Ausstellung zur Jenaer Frühromantik)

Schiller-Museum Weimar

Wieland-Museum Weimar

TIP

Wenig bekannte paradiesische Ort für Literatur-Liebende sind die sogenannten „Buchdörfer“ in denen es mehrere Antiquariate mit einem großen Angebot gibt. Das erste Bücherdorf Deutschlands entstand 1997 im Landkreis Anhalt-Bitterfeld. Die beiden Nachbardörfer Mühlbeck und Friedersdorf verfügen heute über fünf Bücherläden mit über einer Million Bücher im Angebot. Weitere Buchdörfer in Deutschland: Langenberg im Kreis Mettmann (NRW), Müllenbach im Oberbergischen Kreis (NRW), Wünsdorf Waldstadt im Landkreis Teltow-Fläming (Brandenburg). Besuchenswert ist auch das Bücherdorf Bredevoort in den Niederlanden 12 km vom nordrhein-westfälischen Bocholt entfernt.

KARTE 1

ELEFANT, TIGER, PANDA, NASENBÄR & CO.

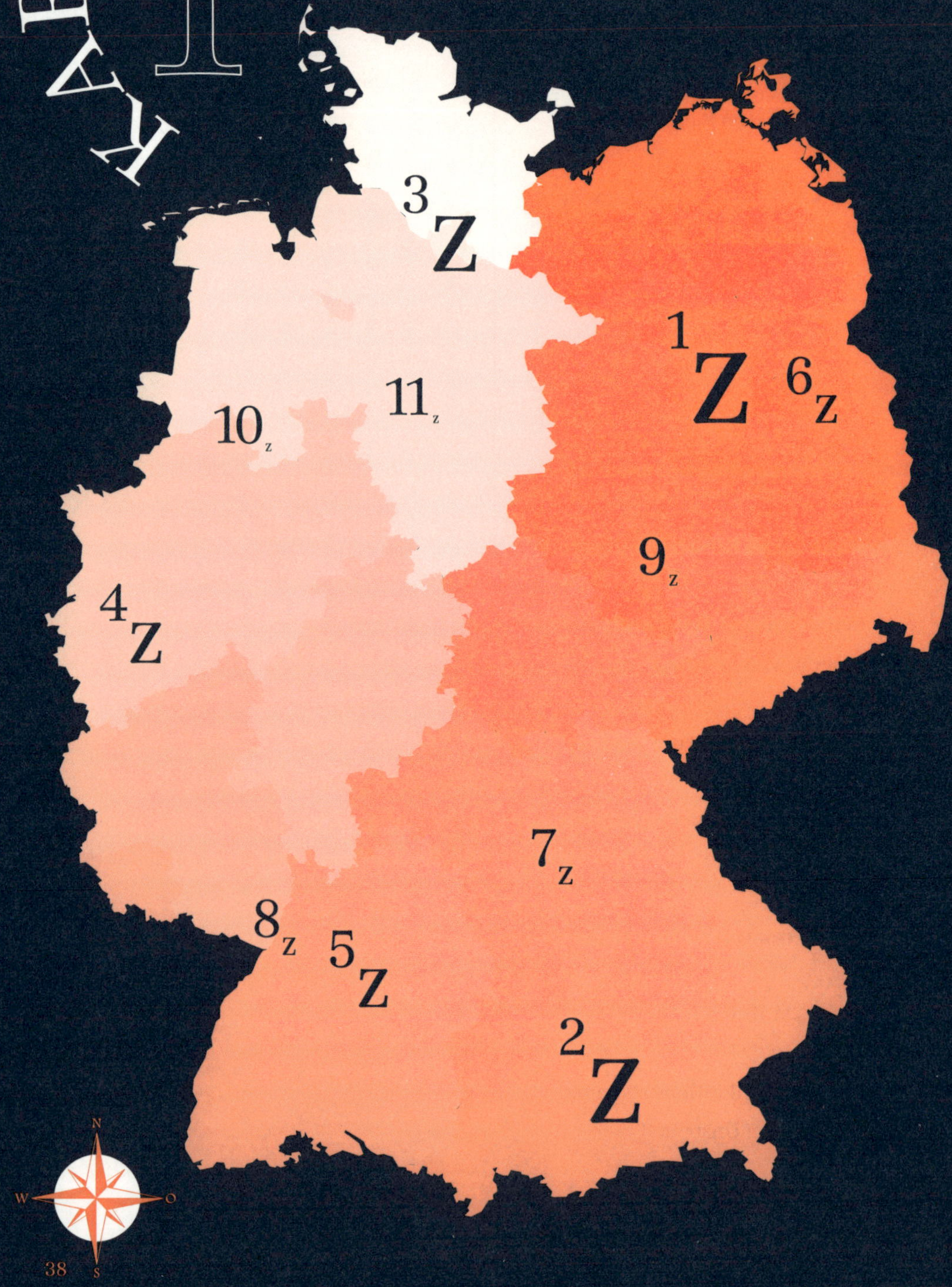

DIE TIERREICHSTEN ZOOS IN DEUTSCHLAND

1 ZOO BERLIN

(20.395 TIERE, 1.256 ARTEN)

Der Zoologische Garten in Berlin ist der älteste Zoo Deutschlands, er wurde 1844 eröffnet.

Attraktionen: Kommentierte Fütterungen, Flusspferdhaus (in dem die Tiere unter Wasser beobachtet werden können), Schauaquarium, Nachttierhaus. Einziger Zoo mit Großen Pandabären in Deutschland.

2 TIERPARK HELLABRUNN MÜNCHEN

(18.431 TIERE, 740 ARTEN)

Hellabrunn ist der erste Geozoo weltweit – seit 1928 leben hier die Tiere nach Kontinenten geordnet.

Attraktionen: Kommentierte Fütterungen und Tiertrainings, Dschungelwelt, Polarwelt, Mühlendorf (Darstellung heimischer Biodiversität), Fledermausgrotte, Giraffensavanne, Elefantenhaus.

3 TIERPARK HAGENBECK, HAMBURG

(16.150 TIERE, 610 ARTEN)

1907 eröffnet, war der Tierpark Hagenbeck der weltweit erste Tierpark ohne Gitter. Bis heute der einzige bedeutende deutsche Zoo in Familienbesitz.

Attraktionen: Einige Tiere können von den Besucher:innen gefüttert werden. Tropenaquarium, Eismeer-Anlage, Orang-Utan-Haus, Seevogel-Voliere, Elefanten-Freilaufhalle. Deutschlands einzige Walross-Zuchtgruppe.

4 ZOO KÖLN

(11.767 TIERE, 844 ARTEN)

Eröffnet 1860, verfügt noch über einige alte, erhalten gebliebene Tierhäuser und Anlagen wie das 1863 erbaute Elefantenhaus.

Attraktionen: Kommentierte Fütterungen, Aquarium mit Rheinpanorama (Fischarten aus den unterschiedlichen Abschnitten des Rheins), „Eulenkloster“, Erdmännchen-Anlage, Regenwaldhaus, Elefantenpark, Hippodrom.

5 ZOO WILHELMA STUTTGART

(11.000 TIERE, 1.165 ARTEN)

Der Park mit Gebäuden im maurischen Stil war als Wohn- und zugleich Repräsentationsort des Schwabenkönigs Wilhelm I. gedacht. Der zum Zoo gehörende botanische Bereich präsentiert etwa 8.500 Pflanzenarten aus allen Klimazonen der Erde.

Attraktionen: Vogel- und Kleintierhaus, Raubkatzenhaus, Aquarium, Krokodilhalle, Subtropenterrassen, Menschenaffenhaus.

6 TIERPARK BERLIN

(7.976 TIERE, 656 ARTEN)

Der größte Tierpark Europas – gelegen in einem von Peter Joseph Lenné 1821 gestalteten Landschaftspark, mit mehr als 100 Kunstwerken.

Attraktionen: Alfred Brehm-Haus, Großkatzenfreianlage, Dickhäuterhaus, Krokodilhaus, Regenwaldhaus.

7 TIERPARK NÜRNBERG

(5.208 TIERE, 312 ARTEN)

Weitläufige Waldparkanlage mit jahrhundertealten Bäumen sowie Auen- und Weiherlandschaften.

Attraktionen: Delphinlagune, Aquapark, Tierarten aus den Trockengebieten der Welt, weitläufige Huftieranlage, Tiergartenbahn (Nachbildung der *Adler* – der ersten deutschen Eisenbahn, die von Nürnberg nach Fürth fuhr).

8 ZOO KARLSRUHE

(5.003 TIERE, 294 ARTEN)

Präsentation der Gehege als „Tiererlebniswelten", die verschiedene zoogeographische Regionen der Erde darstellen sollen – mit Flora und Fauna.

Attraktionen: Affenhaus, Afrikasavanne, Dickhäuterhaus, Exotenhaus, Nasenbäranlage.

9 ZOO LEIPZIG

(3.077 TIERE, 579 ARTEN)

Laut internationalem Zoo-Ranking der beste Zoo Deutschlands, gegliedert in sechs naturnahe Erlebniswelten.

Attraktionen: Löwensavanne, Tiger Taiga, Okapianlage, Elefantentempel, Asiatische Inselwelt, begehbare Pinguinanlage, Robbenanlage mit Unterwassertunnel.

10 ZOO OSNABRÜCK

(2.261 TIERE, 289 ARTEN)

Gelegen in einem hügeligen Waldgelände, gegliedert in Themenlandschaften, in denen Tiere desselben Lebensraums zusammenleben.

Attraktionen: Tal der grauen Riesen, Aquarium und Terrarium, Südamerika-Areal, Unterirdischer Zoo.

11 ZOO HANNOVER

(2.170 TIERE, 178 ARTEN)

Die Gehege sind dem natürlichen Lebensraum der Tiere nachempfunden und die Grenzen zwischen Besucherweg und Tiergehege verschwimmen.

Attraktionen: Bootsfahrt im Afrika-Gehege, Dschungelpalast, Unterwasser-Panorama-Anlage *Yukon Bay, Afi Mountain* mit bedrohten Affenarten, Kinderwelt *Mullewapp*.

EIN GEDICHT VON DER EISENBAHN

VON:
CHRISTIAN FRIEDRICH
SCHERENBERG

DIE GANZE ERDE UNTERM EISENBANDE

Lyrische Kritik an der Eisenbahn

1835 wurde zwischen Nürnberg und Fürth die erste Eisenbahnlinie Deutschlands in Betrieb genommen. Ihre Höchstgeschwindigkeit betrug 27 km pro Stunde. Technisch möglich wäre damals schon das doppelte Tempo gewesen, doch das wollte man den Gleisen und der Gesundheit der Passagiere nicht zumuten. Schon die 27 km/h überschritten das menschliche Vorstellungsvermögen, wie das Studentenlied *Auf de schwäbsche Eisebahne* ausmalt. Es handelt davon, dass ein Bauer seine Ziege am hintersten Waggon anbindet und am Ende der Reise nur noch den Kopf des Tieres vorfindet.

Mit dem Ausbau des Eisenbahnnetzes und der damit verbundenen Industrialisierung trat die Umweltzerstörung immer deutlicher hervor. Die Kritik daran – oft in Gedichten formuliert – beklagte den Verlust der Ehrfurcht vor der Schöpfung und malte die Folgen in biblischen Bildern aus: sah in der Lokomotive beispielsweise das Ungeheuer, das den Weltuntergang ankündigt.

Nachfolgend ein Gedicht von Christian Friedrich Scherenberg (1798–1881), das die typischen Merkmale der kritischen Eisenbahnpoeme trägt: Fußreise und Postkutsche werden als ruhige, gesellige, menschengemäße Formen des Reisens ausgemalt, die Eisenbahn als Monstrum, das Raum und Zeit zerstört.

EISENBAHN UND IMMER EISENBAHN

1845

Sie schirrten todte Rosse auf
Aus wildem Elementsgespann,
Ihr Leib ist Erz und Dampf der Schnauf,
Und Feu'r der Sporn und Sturm der Lauf;
Das Leben hängt als Schweif sich an
Mit Ketten, Riegeln und Verschluß,
Daß es dem Tode folgen muß.

Mit Todten-Schnelle geht es fort,
Kein Schwager knallt hinein,
Kein Weges-Gruß, kein schelmisch Wort,
Kein Posthorn weckt den müden Ort
Und klingt zum Traume ein.

O Eisenbahn, was bist du kommen,
Hast unser Posthorn uns genommen!

Sonst blühte uns wohl noch einmal
Ein Blümchen auf dem Wege,

Und wechselnd schlug der weiche Pfad
Sich über Auen, Berg und Thal:
Die Heerde theilte traulich unsre Stege
Und spielte sorglos um das Rad,
Es lauscht das Reh im nahen Laubgehege,
Es sang der Baum, die stille Saat.
Ihr Hufschlag wirft die Blumen aus dem Wege,
Ihr Athem stößt den Vogel aus dem Flug,
Jedwedes Leben scheucht der schnelle Leichenzug.
Kein Weg ist leer und hart genug,

Noch Eisen unterm Eisenrade,
Sind ehern ihre kalten Pfade,
Wie das Gesetz der Noth:
Abweichen – Tod.

O Eisenbahn, was bist du kommen,
Hast unsre Wege uns genommen!

Hin jagt das Roß durch Erden-Nacht,
Zieht unter dem Bette der Wogen fort,
Hat zu den Wolken sich aufgemacht;
Und jagen wir hier, und jagen wir dort,
Wir haben nicht Tiefen, wir haben nicht Höhen,
Ins Flache, ins Flache muß Alles vergehen.

Die Felder sie stiegen, die Bäume, der See,
Die Farben verschwimmen in Massen des Lichts,
Es schreien die Pfade, es zittert die Höh',
Wir sehen Alles und sehen doch Nichts.
Kaum hat das Auge die Fernen erflogen,
Die grauen Thürme im dämmernden Thal,
Zu den Bergen, den blauen, die Sehnsucht gezogen,
Sind wir hinter Bergen und Thürmen zumal.
Und eh' wir es ahnen, da liegt es uns offen
Und nahe, was unsern Träumen so weit,
Wir können nichts hinter den Bergen mehr hoffen!
Verloren der Wahn an die Wirklichkeit.

O Eisenbahn, was bist du kommen,
Hast Wandrers Sehnen uns genommen!

Dort schattet der Wald, hier grüßet ein Dach,
Hier hab' ich verkehrt und dort wohl geruht,
Die alten Plätze schau'n traurig mir nach,
Dass tief in die Seele es weh mir thut.

Wir können nicht rasten, wir können nicht weilen,
Die Andern wollen, wir müssen eilen,
Aus Gewühl heraus, in Gewühl hinein,
Und das Gewühl saust mit uns hin,
Wähnen wir einem entronnen zu sein,
Sind wir im andern nur drin.

O Eisenbahn, was bist du kommen,
Hast Wandrers Ruhe uns genommen!

Die Stunde pfeift, in Massen schiebt man sich hinein,
Die Stunde pfeift, in Massen schiebt man sich hinaus,
Humor, der alte Reis'cumpan, steigt nicht mehr ein
Und nicht als Lieb' und Freundschaft wieder aus.
Man hat mitsammen nicht geweint, gelacht,
Nicht Noth, nicht Glück, kein Lust, kein Leid
Hat enger Herz an Herz gebracht:
Zu Lieb' und Freundschaft war ja keine Zeit.
Und kehren heim wir auch von weit hinaus,
Es ist nicht mehr der alte Gruß:
Wir bringen keine Wunder mehr ins Haus,
Wies kam, so's Jedem kommen muß.
Gedruckt ist's längst, schon Alles wissen wir,
In Uniform geht Glück und Unglück hier.
Um ihre Ferne kamen Stadt und Lande,
Um ihre stille Hoheit Wüste, Meer,
Die ganze Erde unterm Eisenbande

Um die Unendlichkeit von grauen Tagen her.
Zusammen eng geschmiedet wird der Raum,
Gebrochen seine Rechte an die Zeit;
Die Wirklichkeit sie wird zum Traum,
Und unser Traum stirbt an der Wirklichkeit.

O Eisenbahn, was bist du kommen,
Hast unsre Erde uns genommen!

VON:
ERNST RUDORFF

WIDER DIE PROMENADEN-ZICKZACKWEGE

Umweltschutz v/s. Tourismus

1880

Die im 19. Jahrhundert vollzogene, umfassende Flurbereinigung hatte in Verbindung mit der einsetzenden Industrialisierung erhebliche Auswirkungen auf die Natur. Zu den ersten, die öffentlich zum Schutz der Natur aufriefen, gehörte Ernst Rudorff (1840–1916). Aufgewachsen in Berlin, zog Rudorff sich regelmäßig in das elterliche Anwesen Knabenburg in Lauenstein am Ith, einem Dorf im Weser-Leine-Bergland in Niedersachsen, zurück. Dort erwarb er die Ruine der Burg Lauenstein, um den Bau eines Bierlokals zu unterbinden. Er rettete in Lauenstein zudem alte Eichen, schuf Hecken und Galeriewälder entlang eines Baches und erreichte so, dass artenreiche Wiesengründe entstanden. 1886 forderte er in einer Eingabe die Schonung landschaftlicher Eigentümlichkeiten; in seinen Tagebüchern finden sich zahlreiche Gedanken über die Gründung eines „Vereins zum Schutze der Natur“.

Nachfolgend Auszüge aus seinem Aufsatz *Über das Verhältnis des modernen Menschen zur Natur*[1], in dem Rudorff gegen Massentourismus, die ihm zugrundeliegende Mentalität und ihre Folgen polemisiert.

1 Rudorff, Ernst (1880): Über das Verhältnis des modernen Menschen zur Natur. In: Preußische Jahrbücher, Bd. XLV, Heft 3, 260–276.

Jede vorspringende Waldspitze wird dem Gedanken der bequemen geraden Linie zur Liebe rasiert, jede Wiese, die sich in das Gehölz hineinzieht, vollgepflanzt, auch im Inneren der Forsten keine Lichtung, keine Waldwiese, auf die das Wild heraustreten könnte, mehr geduldet. Die Bäche, die die Unart haben, in gewundenem Lauf sich dahinzuschlängeln, müssen sich bequemen, in Gräben geradeaus zu fließen. Der Begriff des Feldweges, als eines Fußpfades, der sich in ungekünstelter Linie zwischen wogenden Aehren, bald über ein Stück Wiese hinzieht, wie ihn im Laufe der Jahrzehnte und Jahrhunderte das Bedürfnis hat werden lassen, hört für die Wirklichkeit auf zu existieren. (...) Bei der rechtwinkligen Einteilung der Grundstücke fallen dann auch alle Hecken und einzelnen Bäume oder Büsche, die ehedem auf den Feldmarken standen, der Axt zum Opfer und so ist dafür gesorgt, dass weder der Wanderer oder Arbeiter einen hübschen, schattigen Platz findet um auszuruhen, noch der Singvogel eine Stelle, an der er nisten mag.

In scheinbarem Gegensatz hierzu steht es, wenn auf der anderen Seite zugestanden werden muss, dass vom Naturgenuss, vom Reisen in jeder Form und nach jedem erdenklichen Ziel noch niemals in der Welt so viel die Rede gewesen ist, als in unseren Tagen. Der Begriff des „Touristen" ist ein durchaus moderner. Aber, dass man einen solchen Begriff hat, dass man einen Sammelnamen erfindet für eine Gattung von Leuten, deren gemeinsames charakteristisches Merkmal in nichts anderem besteht als darin, dass sie alle möglichen Schönheiten und Merkwürdigkeiten der Welt zu ihrem Amüsement aufsuchen und absuchen: dieser fatale Beigeschmack der Geschäftsmäßigkeit im Genießen, der dem Ausdruck anhaftet, deutet schon zur Genüge an, was von jener vermeintlichen größeren Verbreitung und Steigerung des ästhetischen Sinnes zu halten ist.

Freilich man bietet die Romantik in jeder Zeitung, in hunderttausenden von rotheingebundenen Büchern aus, aber man vergisst, dass die Schönheit, die auf öffentlicher Gasse feilgeboten wird, bereits ihren wahren Wert verloren hat. Man feiert die Natur, aber man feiert sie, indem man sie prostituiert. (...)

Eine wahre Manie hat die Welt ergriffen, die Natur in ihrem eigensten Wesen zu zerstören unter dem Vorgehen, dass man sie dem Genuss zugänglich machen will: eine Manie, ähnlich der Thorheit der Kinder, die die rechte Freude an ihrem Spielwerk darin suchen, dass sie es zerbrechen.

Damit die Romantik der Heidelberger Schlossruine vollends zu jeder Tages- und Nachtzeit bequem gewürdigt werden könne, errichtetet man zu allen bereits vorhandenen Restaurationslokalen noch ein Riesenhotel unmittelbar im Angesicht dieser Herrlichkeit.

Nicht genug, dass ein Hotel durch sein Dasein überhaupt die Stätte schändet: das in Rede stehende Exemplar teilt zugleich mit den meisten seines Geschlechts die ausgesuchte Nüchternheit, die hohlste Renommisterei des Styls. Niemals, auch dann nicht, wenn es selbst zur Ruine geworden ist, wird es einen erträglichen Anblick bieten; dafür sorgen die Magerheit und Eintönigkeit seiner Grundformen, die Unsolidität des Materials. So bleibt also nur die eine Gewissheit, dass es sich in seiner Abgeschmacktheit allezeit breit genug machen wird, um nicht übersehen werden zu können.

Die wilde Einsamkeit des Bodethals im Harz soll „genossen" werden, und man baut zu besserer Erreichung dieses Zwecks colossale Gasthäuser oben und unten, macht aus dem alten, steilen, steinigen Fußpfad, der ehedem durch das Geröll zur Thalsohle führte, einen mit gelbem Kies bestreuten säuberlichen Promenadenzickzackweg, auf dem jeder bequem auf- und ab schlendern kann, führt über den schmalen reißenden Bach anstatt der ehemaligen schlanken Stege schwere, massige, hochgeländrige, mit hellbraunem Oelanstrich weithin leuchtende Brücken, deren Solidität auch von dem Furchtsamsten nicht mehr angezweifelt werden kann, und hat dann die Genugthuung, dass, so lange es gutes Wetter gibt, in billigen Extrazügen die Magdeburger, Leipziger und Berliner u. s. w. zu hunderten, auf tausenden herangeschwemmt werden, um sich wie ein zweiter Strom das enge Tal hinauf zu wälzen.

In dieselbe Kategorie des Naturkultus gehört auch der Plan für den man gerade augenblicklich Propaganda macht. Man will den Drachenfels, den man bereits zu Fuß, zu Pferde, zu Esel und zu Wagen in kurzer Zeit bequem ersteigen kann, auch noch mit einer Eisenbahn beschenken, damit unter dem allgemeinen Getümmel endlich auch der letzte Rest der Poesie, die Berg und Ruine ehedem umfloss, erstickt werde und verstumme.

(...)

So sind gewisse hervorragende Partien des Harzes, der Sächsischen Schweiz, des Thüringer Waldes, der Rheingegenden zum Besten der Touristen und Sommerfrischler schon längst total verdorben; ihre Ursprünglichkeit ist bis auf die Neige vernichtet; der Rest aber dessen, was noch einigermaßen verschont geblieben, wird von Jahr zu Jahr kleiner.

Und was kommt für die Menschheit im Allgemeinen bei dieser Praxis heraus? Sind wir poetischer, idealer geworden, seit das Reisen en masse in Mode gekommen ist? Man müsste blind sein oder der Wahrheit geflissentlich den Rücken kehren, wenn man nicht zugeben wollte, dass das Gegenteil der Fall ist. Die Majorität aus allen Schichten der Gesellschaft ist und bleibt trivial. Wenn diese Leute auf Reisen gehen, so wollen sie im Grunde nichts als einmal eine Veränderung des Lokals, um dann draußen dasselbe Treiben fortzusetzen, das sie zu Hause verlassen haben. Wer das nicht glauben will, der beobachte das Publikum, das die Sonntags- und Extrazüge z.B. in den Harz transportieren. (...)

Und – last not least – die ansässige Bevölkerung aller der Orthschaften und Districte, die dem Fremdenverkehr im großen Styl verfallen, trägt trotz des Geldes, das plötzlich von außen zuströmt, im Grunde nicht Gewinn sondern Schaden davon. Die neue Art des Erwerbens, die sich hier aufthut, ist teils eine zu unsichere, teils eine zu leichte; sie hat etwas vom Spielgewinn an sich. Zusehends lenkt damit die soziale Entwicklung auf faule, ungesunde Bahnen. Von einer gedeihlichen geistigen Einwirkung, die sich von den Gästen her dem Landvolk mittheilte, ist natürlich ebensowenig die Rede. Der Landmann pflegt nicht bewusst poetisch zu sein, obwohl ihn, ohne dass er sich darüber Rechenschaft geben mag, der Zauber der Natur, die ihn umgibt, mit 1000 Fäden festhält. Man würde aber sehr irren, wenn man meinte, die Touristenschwärmer mit ihrer Naturbewunderung brächten ihm nun die noch fehlende ästhetische Aufklärung, machten ihm seine Heimath etwa theuerer. Im Gegentheil: die Fremden machen ihm das Eigene fremd. (...) Das hohle Treiben der Vergnüglinge wird den Leuten anfangs halb unverständlich, halb verächtlich erscheinen; allmählich verstricken sie sich selbst hinein, und so gesellt sich zu Unsolidität der materiellen Existenz als zweite Frucht die sittliche Verkommenheit.

KARTE 2

NaturSchutzErfahrung

DIE DEUTSCHEN NATIONALPARKS

Der erste Nationalpark weltweit war der 1872 gegründete Yellowstone-Nationalpark in Wyoming. 1970 wurde der Nationalpark Bayrischer Wald gegründet, ihm folgten fünfzehn Nationalparks in Deutschland. Ihr Zweck: der Schutz und die dauerhafte Erhaltung einzigartiger Landschaften in ihrer Ursprünglichkeit. Zugleich dienen Nationalparks dazu, die Schönheit, Erhabenheit und Vielfalt der Natur erfahrbar zu machen und für künftige Generationen zu bewahren.

• A •

NATIONALPARK BAYERISCHER WALD

1970 als erster Nationalpark Deutschlands gegründet, 2020 erweitert. Bildet mit dem benachbarten Böhmerwald die größte zusammenhängende Waldfläche Mitteleuropas.

• B •

NATIONALPARK BERCHTESGADEN

Rund um den Watzmann gelegen, der einzige Alpennationalpark Deutschlands, zudem Teil der UNESCO-Biosphären-Region Berchtesgadener Land.

Beinahe alle Vegetationszonen von den mittleren Breiten bis zum Polarkreis mit ihren typischen Tier- und Pflanzenarten sind im Nationalpark vertreten. Besondere Attraktionen sind die in das Bergpanorama eingebetteten Seen: der acht Kilometer lange Königssee sowie der Hintersee im Bergsteigerdorf Ramsau.

• C •

NATIONALPARK SCHLESWIG-HOLSTEINISCHES WATTENMEER

Reicht von der deutsch-dänischen Seegrenze im Norden bis hin zur Elbmündung im Süden. Mit einer Fläche von 4410 km² der mit Abstand größte Nationalpark in Deutschland und größter Nationalpark zwischen dem Nordkap und Sizilien.

Das Wattenmeer ist das vogelreichste Gebiet in Mitteleuropa. Ca zwölf Millionen Vögel rasten jedes Jahr im schleswig-holsteinischen Wattenmeer.

• D •

NATIONALPARK NIEDERSÄCHSISCHES WATTENMEER

Grenzt im Westen am Dollart an das niederländische Wattenmeergebiet und im Osten an den Nationalpark Hamburgisches Wattenmeer und die Elbmündung bei Cuxhaven.

Auf den Sandbänken im Wattenmeer sind Seehunde zu beobachten und an das Wattenmeer grenzen Salzwiesen, Sandstrände und Dünen. Vor allem die Ostfriesischen Inseln sind ein Hotspot der biologischen Vielfalt.

• E •

NATIONALPARK HAMBURGISCHES WATTENMEER

Umfasst das Wattenmeer der westlichen Elbmündung, liegt eingebettet in den Nationalpark Niedersächsisches Wattenmeer, die offene See und das Elbe-Fahrwasser. Zum Nationalpark gehören auch die Inseln Neuwerk, Scharhörn und Nigehörn.

Der Nationalpark ist ein bedeutendes Rast- und Mausergebiet für Seevögel.

• F •

NATIONALPARK JASMUND

Liegt auf der Halbinsel Jasmund im Nordosten der Insel Rügen, ist Deutschlands kleinster Nationalpark. Seit 2011 gehört ein Teil des Buchenwalds des Parks zum UNESCO-Welterbe. Markantester Punkt: Der 118 Meter hohe Kreidefelsen Königsstuhl.

• G •

NATIONALPARK HARZ

Erstreckt sich von Wernigerode und Ilsenburg im Norden bis Herzberg und Bad Lauterberg im Süden. Mitten in einer vielfältigen Berglandschaft thront der 1.141 Meter hohe Brocken als höchster Punkt des Nationalparks.

• H •

NATIONALPARK SÄCHSISCHE SCHWEIZ

Deutschlands einziger Felsennationalpark; die formenreiche Landschaft mit ihren bizarren Felsen und kühlen Schluchten gilt als eines der schönsten Wanderreviere Europas.

• I •

MÜRITZ-NATIONALPARK

Der größte Waldnationalpark Deutschlands; Erstreckt sich über die zwei räumlich getrennten Gebiete der Mecklenburgischen Seenplatte und eines Teiles der Feldberger Seenlandschaft. Im Mai 2012 konnte erstmals ein so genannter „Wanderwolf“ im Müritz-Nationalpark bestätigt werden.

• G •

NATIONALPARK VORPOMMERSCHE BODDENLANDSCHAFT

Etwa die Hälfte der Fläche des Nationalparks ist offene Ostsee, mehr als ein weiteres Viertel umfasst Teile der Boddengewässer der Darß-Zingster Boddenkette und der Westrügener Bodden. Sie sind Heimat von 48 Fischarten. Publikumsmagnet sind die etwa 60.000 Graukraniche, die hier im Herbst Station machen.

• K •

NATIONALPARK UNTERES ODERTAL

Einzige intakte Polder-Landschaft Deutschlands; nach niederländischem Vorbild wurde das Flussgebiet großflächig eingedeicht. Das Tal der Oder ist begrenzt durch unmittelbar steil ansteigende Hügelränder. Auf einigen besonders zerklüfteten Hängen haben sich bis heute Reste der ursprünglichen Wälder erhalten. Auf den überschwemmten Wiesen rasten große Schwärme von Zugvögeln.

• L •

NATIONALPARK HAINICH

Das größte zusammenhängende Laubwaldgebiet Deutschlands, gelegen im Städtedreieck Eisenach–Mühlhausen–Bad Langensalza. Im Nationalpark soll ein mitteleuropäischer Urwald entstehen, in dem man der Natur freien Lauf lässt und die Flächen nicht bewirtschaftet.

• M •

NATIONALPARK EIFEL

Grenzt an den Rurstausee, umfasst die Urfttalsperre und den ehemaligen Truppenübungsplatz Vogelsang und verfügt über zwei der wenigen verbliebenen historisch alten Waldgebiete der Nordeifel.

2014 wurde er durch die International Dark-Sky Association zum Sternenpark ernannt.

• N •

NATIONALPARK KELLERWALD-EDERSEE

Umfasst die Bergregion der Ederhöhen, die sich südlich des Edersees ausbreiten. Das Besondere an diesem Nationalpark ist, dass er vollkommen unbesiedelt ist. Im Nationalpark leben die 1935 ausgesetzten Wildarten Mufflon und Damwild, Baum- und Steinmarder. Zudem konnten 822 Schmetterlingsarten im Nationalpark erfasst werden.

• O •

NATIONALPARK SCHWARZWALD

Liegt am Hauptkamm des Nordschwarzwalds. Die drei Karseen des Nationalparks bieten Amphibien- und Libellenarten einen geeigneten Lebensraum. Auf Fels- und Blockschutthalden, die verstreut im Park vorkommen, leben viele verschiedene Arten, von seltenen Flechten und Insekten bis zu Alpenspitzmäusen und Wanderfalken. Besonders hervorzuheben ist das Auerhuhn, welches in den lichten Nadelwäldern des Nationalparks ein wichtiges Vorkommensgebiet hat.

• P •

NATIONALPARK HUNSRÜCK-HOCHWALD

Liegt auf den westlichen Höhenlagen des Hunsrücks; dem Idarwald und dem Schwarzwälder Hochwald und grenzt an die bekannten Weinanbaugebiete der Mosel, des Rheins, der Nahe und der Saar. Charakteristisch sind die zahlreichen Brüche und Hangmoore. Im Nationalpark finden sich bedeutende historische Zeugnisse, z.B. der Ringwall von Otzenhausen.

1843

ANSTÄNDIGE PANTOFFELHELDEN DER LANDSTRASSE

Eine Gepäckliste aus dem *Taschenbuch für angehende Fußreisende*

VON:
FRIEDRICH JOHANNES FROMMANN

Bis ins 19. Jahrhundert hinein war die Fußreise die verbreitetste, weil billigste Fortbewegungsart. Fußreisen waren Wanderungen aus „beruflich-existentiellen Gründen, unternommen zum Zweck der Ausbildung oder der Arbeitsplatz- und Verdienstsuche“[1], wobei die Wandernden Wege *durch* die Natur suchten, nicht *in* sie.

Erst um 1800 wurde das Wandern zu einem Mittel, sinnliche Erfahrungen und Anschauungen zu sammeln – insbesondere auch der „heimatlichen Nahwelt“. So wurden geographische Kenntnisse erworben, regionale Geschichte erforscht und landeskundliche Forschungen betrieben.

Besonderen Einfluss hatte dabei das von Goethe in seinen *Wilhelm Meister*-Romanen entworfene Bild der *Lehr- und Wanderjahre,* wonach die Erfahrung der Weite und Vielfalt der Natur zur Findung des eigenen Ich, zur bürgerlichen Charakterbildung beiträgt.

Dass die Bedingungen des bürgerlichen Wanderns ganz andere sind als die der Arbeitswanderung zeigt folgende Gepäckliste aus dem *Taschenbuch für angehende Fußreisende* des Jahres 1843.

Autor des Buches ist Friedrich Johannes Frommann (1797–1886), eine bedeutende Figur der Zeitgeschichte.

So war Frommann u. a. Verlagsbuchhändler und als solcher mehrfach Vorsteher des Börsenvereins der Deutschen Buchhändler zu Leipzig. Sein lebenslanges politisches Engagement – Frommann war u.a. Teilnehmer am Wartburgfest 1817, Stadtrat von Jena und Abgeordneter des Landtags von Sachsen-Weimar-Eisenach – kommt nicht nur am Ende des Textes in einer Bemerkung über die Polizei zum Ausdruck. Die Erwähnung unterschiedlicher Währungen und die Notwendigkeit eines Passes weisen auf die zahlreichen Grenzen innerhalb Deutschlands hin.

Fußreisende nehmen jedoch nicht die geteilte, sondern die gemeinsame Welt wahr. Sie gehen auch deshalb zu Fuß, um sich mit dieser Ausübung des „aufrechten Gangs" von der adligen Kutschenreise abzusetzen, bei der sich der im Sitzen Reisende, so Johann Gottlieb Seume, „sogleich einige Grade von der ursprünglichen Humanität entfernt". [1]

Bei aller Einfachheit will Frommann dabei aber weder auf speziellen Komfort noch auf die nötigen Mittel zu einem standesgemäßen Auftreten verzichten.

1 Kaschuba, Wolfgang: „Die Fußreise. Von der Arbeitswanderung zur bürgerlichen Bildungsbewegung", in: Bausinger, Hermann et al. (Hg.): Reisekultur, München: 1991, S. 165–173, h. S. 165

Es gibt Fußgänger, die mit einem Hemd und ein paar Socken in der Rocktasche sich Wochen lang in der Welt herumtreiben. Das ist aber weder den Forderungen der Gesundheit, noch der Reinlichkeit angemessen. Will man mit Nutzen reisen, so muss man durch das mitgeführte Gepäck in Stand gesetzt sein, unter anständigen Leuten anständig zu erscheinen, wodurch es allein möglich wird, aller Vortheile theilhaftig zu werden, die das Reisen gewährt. Zu einer Fußreise von einigen Monaten kann man mit folgendem Gepäck ausreichen; wer kürzer unterwegs sein will, kann einiges abbrechen, aber nicht viel, wenn ihm unterwegs nicht der Mangel oft sehr unangenehm auffallen soll:

1

Zwei Hemden, eins zum Wechseln mit dem, was man auf dem Leibe hat, und eins zum Anziehen in Städten, wo man Rasttage und Besuche macht. Letzteres ist am besten von feinem Leinen- oder von Baumwollzeug, weil dieses noch leichter ist.

Eins von beiden kann man als Nachthemd benutzen, denn das Hemd, welches man den Tag über voll geschwitzt hat und das vielleicht abends noch nicht trocken ist, auch in der Nacht anzubehalten, ist weder gesund, noch reinlich.

2

Einige Vorhemden[2], wer sie tragen mag, wozu der Verfasser nicht gehört.

3

Vier bis sechs Paare baumwollene Socken oder Strümpfe. In wollenden zu gehen, ist nicht rathsam, weil darin die Füße zu sehr schwitzen, doch kann man immer ein bis zwei Paar mitnehmen, um sie bei gelegentlichen Fahrten oder auf längeren Wegen über nassen Boden anzuziehen.

4

Ein seidenes Halstuch von dunkler Farbe.

5

Ein paar Schnupftücher (seidene sind am leichtesten und schützen im Regen am besten, wenn man sie über Mütze und Kopf bindet).

6

Ein paar Pantoffeln – keine größere Erquickung nach einem scharfen Marsche als aus den harten Schuhen oder Stiefeln in weiche, weite Pantoffeln zu fahren.

7

Ein paar leichte kurze Zeugstiefeln, wie sie jetzt Mode sind, zum Anziehen an Rasttagen und in Städten dürften nicht übel sein. Ich bin aber auch ohne dieselben durchgekommen.

8

Eine Weste.

9

Ein Paar Sommerhosen und Unterhosen zum Wechseln mit den Tuchhosen, die man auf dem Marsche trägt. Bei großer Hitze kann man auch die leichten Hosen anziehen und die Tuchhosen in den Ranzen stecken.

10

Rasirmesser und Rasirpinsel – wer dergleichen braucht – und ein Stück Seife jedenfalls. Als Streichriemen kann man auch ein altes seidenes Halstuch benutzen.

Auch ein kleiner Rasirspiegel wird nicht überflüssig sein, da es Gegenden gibt, wo der Aberglaube die Spiegel nicht zulässt, weil aus ihnen der Teufel herausschaue.

11

Etwas alte Leinwand, eine Schere, eine Nadelbüchse mit mehreren Stopfnadeln, Baumwolle zum Ausbessern der Socken, Nähseide und starken Zwirn zum Annähen der Knöpfe, auch einige Knöpfe in Vorrath.

(Einen Fußreisender muss sich selbst ein Loch in der Socke stopfen, einen Schlitz im Rock oder Hosen nothdürftig zusammenheften, auch einen Knopf annähen können, sonst ist er allzu abhängig. Diese Künste sind nicht schwer zu erlernen.)

12

Eine kleine Kleiderbürste, ein Kamm, eine Zahnbürste, ein nicht zu kleines Taschenmesser mit Feder, damit die Klinge nicht von selbst zusammenschlagen kann.

13

Ein Federmesser, Federn, einige Lagen Briefpapier, Bleistift, Tinte.

Mit Schreibmaterialien muss man durchaus selbst versehen sein, weil man oft in einsamen Gebirgshütten, wo deren gar nicht aufzutreiben sind, durch Regenwetter Tage lang aufgehalten werden kann, wo dann der beste Zeitvertreib im Schreiben von Notizen und Briefen besteht.

14

Eine Brieftasche zur Aufbewahrung des Passes[3] und Papiergeldes (die beste Art Geld auf Reisen, weil man beim Wechsel des Goldes in der Regel verliert), einige Bögen Maculatur[4]. Mit etwas Scheidemünze und zwar des Landes, indem man reist, muss man versehen sein, sonst kommt man in die Verlegenheit, kleine Dienste mit großem Gelde bezahlen zu müssen, oder beim Wechseln geprellt zu werden. In einsamen Gebirgshütten haben die Leute oft wirklich nicht genug, um herausgeben zu können.

15

Gute, möglichst specielle Landkarten.

In diesem Punkte sei mal nicht geizig. Eine gute Landkarte erspart oft den Führer, befördert die Terrainkenntnis und dient nach zurückgelegter Reise als das beste Mittel, sich die Ergebnisse derselben in ihrer Reihenfolge zurückzurufen.

16

Ein Stück Brot sollte kein Fußgänger versäumen, bei sich zu führen, damit er vor dem Heißhunger gesichert ist und die Freiheit hat, auch einmal einen halben Tag ohne Einkehr auszudauern.

17

Ein Reisebuch, falls der Weg durch Gegenden geht, die durch ihre Natur und Geschichte besonders interessant sind, damit man auf die Merkwürdigkeiten aufmerksam gemacht wird und nicht gedankenlos daran vorüberläuft. Auf die Bewohner und ihre Nachweisungen kann man sich nicht allein verlassen. Diese legen oft sehr gleichgültigen Dingen großen Werth bei und denken an das Interessanteste wenig. Auch auf die wirklichen Gefahren wird nur ein gutes

Reisebuch und ein guter Führer aufmerksam machen; die Bewohner denken oft gar nicht daran, dass ein Fremder die Wege gehen könne, wo sich Gefahren finden, und unterlassen deshalb, ihn zu warnen, oder sehen da keine Gefahr, wo sie für den Ortsunkundigen wirklich vorhanden ist.

Bei der Auswahl eines solchen Handbuchs sei man vorsichtig und wähle eins, das wirklich Thatsächliches zur Hauptsache macht, und sich nicht auf das Vorempfinden verlegt, denn die Empfindungen thut man besser selbst hinzu, wenn man welche hat.

Hat man keine, so „spart man sein Kunstwasser und lässt die Sonne ohne Thränen aufgehen" – wie der Wandsbecker Bothe[5] so treffend sagt.

18

Angenehm ist es, wenn man ein kleines Perspectiv (Taschenstecher) mit sich führt, besonders auf Gebirgsreisen, wo man häufig auf Fernsichten stößt. Wer scharfe Augen hat, kann es weglassen.

19

Zu einer Reiseflasche möchte ich schon weniger rathen, weil man in Gebirgen überall Wasser findet, das man, gehörig abgekühlt und nachdem man etwas Brot gegessen, zur Stillung des Durstes benutzen kann, und in den Ebenen Wirthshäuser; nur auf den hohen Alpen dürfte sie unentbehrlich sein und zwar mit Bischofsessenz[6], nicht zur Stillung des Durstes, sondern um sie mit Zucker, rothem Wein und Wasser zu mischen. Man muss sich überhaupt gewöhnen, wenig zu trinken, denn je mehr man trinkt, desto mehr durstet und schwitzt man, und hat man die Flasche an der Seite, dann ist es schwer, der Versuchung zu widerstehen. Dagegen ist ein lederner Becher auf Reisen sehr zu empfehlen.

2 Vorhemd, auch „Hemdbrust": Kleidungsstück meist aus stoffüberzogenem Karton, das zwischen Weste und Hemd getragen und auf dem Rücken mit Schnüren zusammengebunden wird. Heute noch bei der Gesellschaftskleidung unter dem Smoking oder Frack.

3 Fußnote im Text: *Einen Pass auf eine längere Fußreise mitzunehmen versäume man nie, wenn man auch hört, dass Andre keinen gebraucht. Er kostet wenig, man trägt nicht schwer daran und kann durch den Mangel desselben in große Verlegenheit geraten. Bekannt ist, dass man in die Österreichischen Staaten gar nicht eingelassen wird ohne einen von einem österreichischen Gesandten unterschriebenen Pass.*

4 Nutzlos gewordenes Papier, hier wohl als „Schmierzettel"/ Notizzettel zu verstehen.

5 Zeitung, die zwischen 1771 und 1775 erschien und wegen ihrer literarischen Beiträger (Goethe, Herder, Klopstock) geschätzt wurde.

6 Der „Bischof" (auch „Heißer Bischof") ist ein Punsch, der Name leitet sich wohl von der roten Farbe des Getränks ab. Dazu wurden die Schalen von Pomeranzen oder Orangen über glühenden Kohlen erhitzt, bis sie schwarz werden. Die Schalen wurden dann mit Rotwein übergossen und mit Zucker, Zimt, Muskat gewürzt.

Waffen mit sich zu führen, halte ich für eine eitle Renommage. Ein tüchtiger Stock ist mir lieber, als ein Säbel, und Schießgewehr hat seine noch größeren Bedenken; denn abgesehen davon, dass man sich außer der Pistole auch consequenter Weise noch mit Pulver und Blei beladen muss, so kann man aus Unvorsichtigkeit, oder durch Zufall, oder durch übereilten Gebrauch, gar leicht Unglück damit haben und sich Gefahren auf den Hals ziehen, die größer sind, als die, gegen welche man sich dadurch zu schützen meint, und namentlich deswegen mit der Polizei in Conflikt kommen, welchen der Fußgänger oder jeder Reisende in unserm friedlichen deutschen Vaterlande mehr zu scheuen hat, als den mit Spitzbuben.

DA WAR ICH SCHON!

Stocknägel – Stolz des wandernden Menschen

Unter allen Souvenirs, die sich von einer Reise mitbringen lassen, ist der Stocknagel wohl das handlichste: ein Metallplättchen mit Gravuren, das Stadtansichten, Denkmäler und Burgen zeigt und auf dem Wanderstab angebracht wird, der so nach und nach die schon erreichten Reiseziele dokumentiert. Oft wurden Stocknägel Kindern als Belohnung für das Mitwandern geschenkt und beispielsweise noch in der Berghütte auf dem Wanderstock angebracht.

Der Ursprung des Stocknagels reicht zurück ins 19. Jahrhundert, in dem der Gehstock zur eleganten Garderobe zählte. Stock- und Schirmmacher veredelten ihre Produkte mit silbernen, geflochtenen Bändern und Beschlägen. Die Bezeichnung „Stocknagel" leitet sich von diesem Zierwerk ab.

Um das Jahr 1900 war Erfurt das Zentrum der Stocknagelproduktion. Die Firma *Borchers* stellte Stocknägel mit Motiven aus Thüringer Wald, Riesengebirge, Harz und anderen Mittelgebirgen sowie der Ost- und Nordsee her. Wanderziele wie die Alpen waren seinerzeit noch nicht für den Tourismus erschlossen.

Während der Nazidiktatur wurden für die organisierten Wanderungen der NS-Institutionen eigene Stocknägel hergestellt, wie Max Everest-Phillips in seinem Buch

Hiking with Hitler: The Walking Stick Badges of the Third Reich ausführt, dem weltweit ersten Buch zur Geschichte des Stocknagels und somit Grundlagenwerk der – so Everest-Phillips – „Stocknagology“, der Erforschung des Stocknagels als eigenes Wissensgebiet. Ein besonders häufiges Motiv, das in den Jahren 1933–1945 auf die Stöcke genagelt wurde, war übrigens das Gesicht Adolf Hitlers.

In den 1950er Jahren nahm die Firma *Noelle & Hueck* in Lüdenscheid die Produktion der Stocknägel wieder auf. Mit der Mobilität der Bevölkerung wuchsen die Motivvielfalt und Qualität der Stocknägel, die nun oft aus Messing hergestellt waren, aufwendig zum Teil mit der Hand bemalt und graviert wurden. Letzter Arbeitsschritt bei der Herstellung war die Lasur, um die Schönheit der Stocknägel zu sichern, die beim Wandern Wind und Wetter ausgesetzt sind.

In den 1970er Jahren erreichte die Verbreitung der Stocknägel ihren Höhepunkt; kein Ausflugsziel, von der Berghütte bis zum Strandpavillon, die sie nicht als Reiseandenken verkauften.

In der 1990ern kamen die Stocknägel aus der Mode, vor allem weil Teleskopstöcke aus Leichtmetall die Wanderstöcke aus Holz ablösten. Doch auch für diese neuen Wanderstöcke sowie für Ski- und Walkingstöcke gibt es seit einigen Jahren wieder Stocknägel, hergestellt z.B. von der Berliner Firma *Berghammer,* die „Stockwappen zum Aufkleben“ herstellt unter dem Slogan „Europas kultigster Wandertrend lebt wieder auf“.

Der wohl universellste Stocknagel stammt von dem Soziologen Lucius Burckhardt, dem Begründer der „Promenadologie“, der Wissenschaft vom Spazierengehen. Burckhardts Stocknagel ist weiß und trägt die schlichte Aufschrift: „Hier ist es schön.“

KARTE 3

DIE BÄUME SCHLAGEN AUS

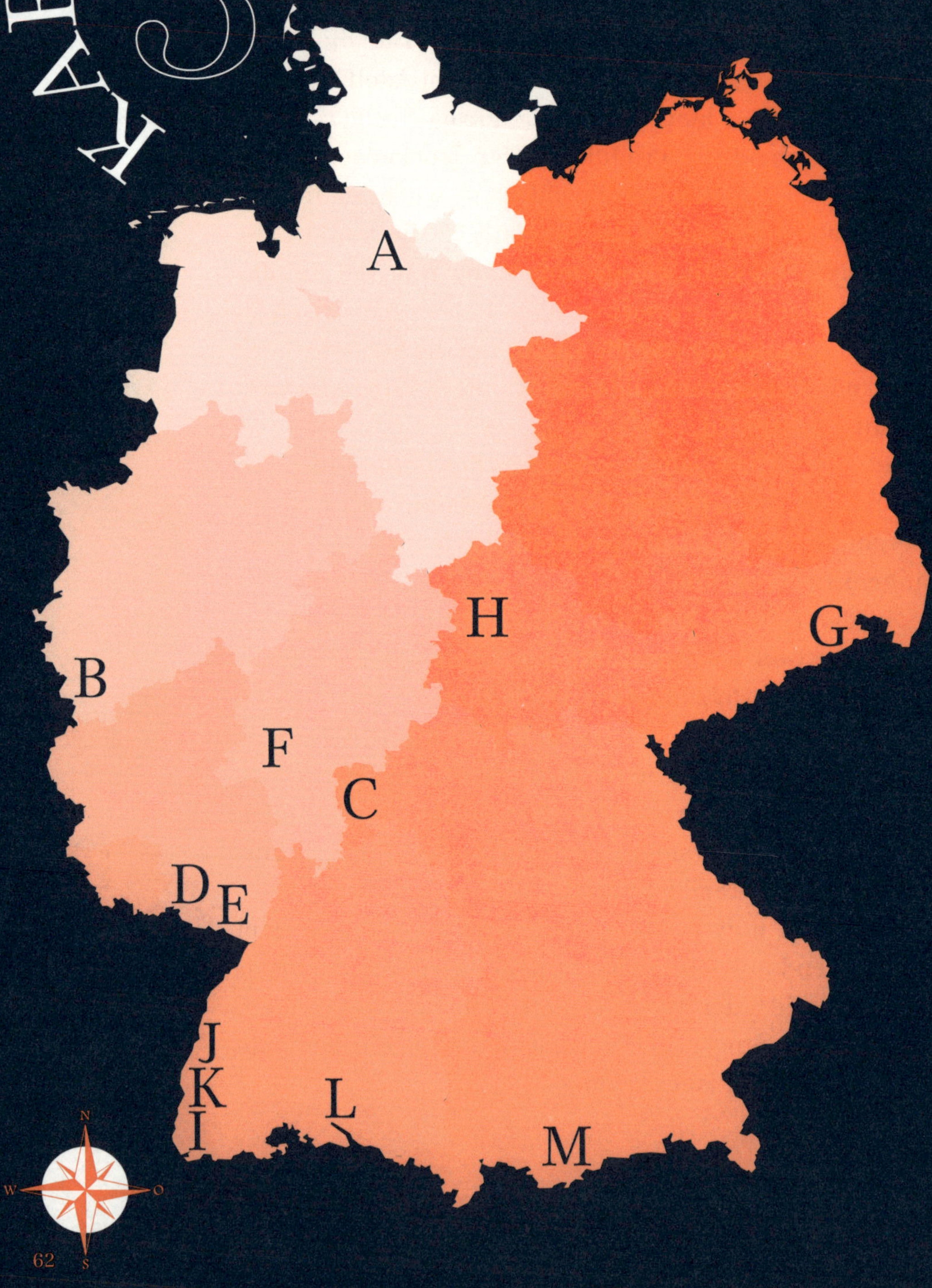

FRÜHLINGSWANDERUNGEN

A

ALTES LAND Deichwanderung zur Obstblüte von Buxtehude nach Cranz

B

EIFEL Narzissentour zwischen Monschau und Hellenthal

C

SPESSART Schachblumenblüte zwischen Wildflecken und Gemünden

D

PFALZ Mandelblüte zwischen Bad Dürkheim und Schweigen-Rechtenbach

E

PFALZ Kastanienblüte am Pfälzer Keschdeweg zwischenHauenstein und Neustadt an der Weinstraße

F

TAUNUS Kirschwanderweg Witzenhausen

G

SACHSEN Märzenbecherblüte im Polenztal

H

THÜRINGEN Wanderung zur Bärlauchblüte im Nationalpark Hainich

I

SCHWARZWALD Wanderung durchs Kirschblütental im Markgräflerland

J

SCHWARZWALD Kirschbaumpfad am Kaiserstuhl

K

SCHWARZWALD Orchideenblüte am Knabenkrautpfad von Breisach bis Bötzingen

L

BODENSEE Blütenwanderweg von Sipplingen nach Ludwigshafen

M

KARWENDEL Krokusblüte um Mittenwald, Krün und Wallgau

KARTE 4

GÄRTEN UND PARKS

FRANZÖSISCH, ENGLISCH, JAPANISCH, ETC.
Bestaunenswerte Parks und Gartenlandschaften

Im 16. Jahrhundert war Deutschland das gartenreichste Land Europas. Parks wurden meist außerhalb von Städten angelegt, oft als Schlosspark, Tiergarten („Wildpark"), mitunter auch als Jagdgarten. Zur Entwicklung der Gartenkunst haben diese deutschen Parks wenig beigetragen. Die wesentlichen Ideen stammen aus Frankreich und England. Deshalb werden bei den großflächigen Landschaftsgartenanlagen zwei Grundtypen der Gartenarchitektur unterschieden: der sogenannte „französische Park", in dem höchster Wert auf Regelmäßigkeit und Symmetrie gelegt wurde. Und der „englische Landschaftspark", der im England des 18. Jahrhunderts entstand und im Gegensatz zum mathematisch geplanten Barockgarten eine natürliche Landschaft darstellen sollte – ein „begehbares Landschaftsgemälde".

Neben Zweckbauten wie Brücken finden sich in englischen Parks zahlreiche Zierbauten, die wie Kulissen die Landschaft bereichern sollen: Türme, künstliche Ruinen sowie kleine, historisierende Gebäude, die frühere Architekturstile nachahmen.

Seit Mitte des 18. Jahrhunderts wurden in Deutschland zunehmend innerstädtische Erholungsgebiete errichtet: Volksgärten, Volksparks, Stadtparks und Stadtwälder – meist im Stil englischer Landschaftsparks

Auch wenn es keinen in Deutschland entwickelten Gartenstil gibt, finden sich hierzulande viele bestaunenswerte Parks und Gärten, von denen einige zum Unesco-Welterbe zählen.

A

ENGLISCHER GARTEN, MÜNCHEN

Gegründet 1789, um Soldaten während der Friedenszeit sinnvoll zu beschäftigen.

Einer der größten innerstädtischen Parks weltweit. Beliebt: Chinesischer Turm mit Biergarten, Monopteros mit Panoramablick, Eisbach mit Surfenden.

B

PALMENGARTEN, FRANKFURT AM MAIN

1871 auf Initiative der Frankfurter Bürgerschaft eröffnet. Über 13.000 tropische und subtropische Pflanzen, Palmenhaus, Steingarten mit imposantem Wasserfall, farbenprächtiger Rhododendrongarten.

C

BLUMENINSEL MAINAU, BODENSEE

Eine der weitläufigsten Parkanlagen Deutschlands, geht auf das Wirken von Lennart Bernadotte (1909–2004) zurück, der die Insel zum Blumenparadies umgestalten ließ, mit Dahliengarten, Italienischem Rosengarten, Schmetterlingshaus. Zudem ist der Garten berühmt für seine Blumenskulpturen.

D

PLANTEN UN BLOMEN, HAMBURG

Erste Baumpflanzung: 1821. Der Park folgt dem Verlauf der im 19. Jahrhundert abgetragenen Stadtmauer. Rosengarten, farbige Wasserlichtkonzerte von Anfang Mai bis Ende September, Apothekergarten, Japanischer Garten mit Teehaus, Alpinum.

E

HERRENHÄUSER GÄRTEN, HANNOVER

Ensemble von vier Gärten: *Großer Garten,* einer der besterhaltenen und bedeutendsten Barockgärten Europas. *Berggarten:* einer der ältesten botanischen Gärten Deutschlands, *Georgengarten:* englische Gartenlandschaft, *Welfengarten* mit Welfenschloß (heute: Universität Hannover).

F

JAPANISCHER GARTEN, LEVERKUSEN

1912 angelegt nach dem Vorbild japanischer Gartenkultur, mit Mammutbäumen, Teehaus und „Mikadobrücke“, die der Brücke in der Tempelstadt Nikkō nachempfunden ist.

G

GARTENREICH DESSAU-WÖRLITZ*

Musterbeispiel englischer Landschaftsgestaltung, mit 100 großen und kleinen Bauwerken, zu denen auch zahlreiche Schlösser und Kirchen gehören.

H

SANSSOUCI, POTSDAM*

Ensemble von Schlössern und Gärten, mit dem französischen Lustgarten Friedrichs des Großen und dem Landschaftspark von König Friedrich Wilhelm IV., bepflanzt nach historischem Vorbild; 1.000 Skulpturen.

I

LUISENPARK, MANNHEIM

Ort der Bundesgartenschau 1975, mit Chinesischem Garten, Pflanzenschauhaus mit hunderten Arten von Schmetterlingen, Vogelinsel.

J

SCHLOSSPARK SCHWETZINGEN

1731 angelegt, bestehend aus französischem und englischem Garten. Prachtvolle Anlage mit Wasserspielen, Brunnen und einer Moschee, die dem aufklärerischen Geist des Schlossgartens Ausdruck verleiht, als Zeichen der Toleranz gegenüber allen Religionen und Kulturen der Welt.

K

FÜRST-PÜCKLER-PARK, BAD MUSKAU*

Größter Landschaftspark englischen Stils in Europa, gestaltet ab 1815, mit *Pleasureground,* Blumengärten, vielen kleinteiligen, phantasievollen Gartenanlagen.

L

BERGPARK WILHELMSHÖHE, KASSEL*

Europas größter Bergpark, weltweit einmaliger Baum- und Pflanzenreichtum. Sehenswert: Großes Gewächshaus, Ritterburg Löwenburg, die Roseninsel, Herkules-Statue, Wasserspiele.

M

BAROCKGARTEN GROSSSEDLITZ

Seit 1732 in der Struktur unveränderter Barockgarten, mit z.T. originalen Sandsteinfiguren, Orangerie mit kostbaren Zitrusgewächsen.

* Unesco-Welterbe

KALENDER ANSTREICHEN ROT IM

II

Zur richtigen Zeit
am richtigen Ort:
Saisonale Feste und
Brauchtümer

Osterreiten in der Oberlausitz

Das Osterreiten (obersorbisch: Jutrowne jěchanje = Kreuzreiten) ist ein altes religiöses Ritual in Form einer Prozession, bei welcher die Auferstehung Jesu Christi verkündigt wird. Das Osterreiten wird bis heute im katholischen Teil der Oberlausitz als sorbischer Brauch gepflegt.

Am Ostersonntag reiten die katholischen Männer einer Kirchengemeinde in Gehrock und Zylinder auf festlich geschmückten Pferden in die Nachbargemeinde, um dieser die frohe Botschaft zu verkünden. Es ist Brauch, dass die besuchte Gemeinde einen Gegenbesuch durchführt. Den Abschluss des Osterfestes bildet seit 1983 ein gemeinsamer Dankgottesdienst aller Reiter in der Rosenthaler Kirche am Osterdienstag sowie in der Wittichenauer Kirche.

Walpurgisnacht im Harz

Die Walpurgisnacht leitet sich vom Namen der heiligen Walburga ab, die aufgrund ihrer Wundertaten von Papst Hadrian II. am 1. Mai 870 heiliggesprochen wurde. Sie gilt als Schutzpatronin der Seeleute, Schutzheilige gegen Sturm und vertreibt böse Geister.

Der Sage nach fliegen in der Nacht vom 30. April die Hexen zum Blocksberg, wobei damit kein bestimmter Berg bezeichnet ist; jede Region hat ihren eigenen Blocksberg. Die Harzer Walpurgisnacht wird in mehr als 20 Orten der Region von als Hexen und Teufeln-Verkleideten gefeiert.

Maibaumaufstellen im Chiemgau

Am 1. Mai trifft sich der gesamte Chiemgau zum traditionellen Maibaumaufstellen. Dabei wird ein bis zu 30 Meter hoher, prachtvoll geschmückter Baum auf den zentralen Plätzen in vielen Orten und Gemeinden aufgerichtet. Rund um das Aufstellen findet das Maibaumfest statt. Gäste und einheimische Bevölkerung sind eingeladen die Aufsteller anzufeuern. Für Gaudi sorgen vielerorts traditionelle Bänder- und Volkstänze um den Baum oder die Wahl einer Maikönigin.

Walberlafest

Über der Ortschaft Kirchehrenbach, erhebt sich weithin sichtbar – quasi als Eingang zur Fränkischen Schweiz – ein Tafelberg: das Walberla, von dem aus man einen herrlichen Panoramablick hat. Hier findet immer am ersten Wochenende im Mai, urkundlich erwähnt seit dem 14. Jahrhundert, das urigste fränkische Bergfest, das *Walberlafest* statt, das als ältestes Frühlingsfest Deutschlands gilt.

Dülmener Wildpferdefang

Im Merfelder Bruch, einem weitläufigen Gelände westlich von Dülmen, leben auf Weide, Moor, Heide, Birkengestrüpp und Eichenbeständen, teilweise mit Urwaldcharakter, die letzten wilden Pferde Europas. Am letzten Samstag im Mai werden seit 1907 die jungen Hengste von der Herde getrennt und versteigert, da eine zu große Anzahl der Pferde das Nahrungsangebot und den Platz des Merfelder Bruchs überfordern würde.

Die Jährlinge werden dazu von jungen Männern aus der Umgebung mit der Hand gefangen. Zum Ende des Tages wird die Herde unter großem Jubel der Besucher:innen zurück in den Merfelder Bruch gelassen.

Berliner Karneval der Kulturen

Entstanden 1996 als Antwort auf fremdenfeindliche Ausschreitungen, versteht sich der Karneval der Kulturen als Zeichen für eine freie und pluralistische Gesellschaft. Auf dem Straßenumzug an Pfingstsonntag demonstrieren jährlich ca. 4.000 Akteur:innen den kulturellen Reichtum Berlins, nutzen Angehörige aller Communities die Möglichkeit, ihre kulturellen Wurzeln und ihre Anliegen zu zeigen. Auf dem dazugehörigen Straßenfest zeigen Bands bei freiem Eintritt die Bandbreite der Berliner Musikszene von anatolischem Jazz über Afrobeat, zu japanischem Fusionrock, Mestizo-Musik und BalkanBeats.

Historisches Festspiel „Der Meistertrunk" Rothenburg ob der Tauber

Seit 1881 findet im Kaisersaal des Rothenburger Rathauses während der Pfingstfeiertage das Festspiel Der Meistertrunk statt, das eine dramatische Episode des Dreißigjährigen Krieges erzählt. Demnach hatte am 30. Oktober 1631 der katholische Generalissimus Tilly die Ratsherren der von ihm eingenommen protestantischen Reichsstadt zum Tode verurteilt. In ihrer Not boten ihm die Ratsherren einen prachtvollen bunten Glashumpen mit 3¼ Liter Wein an. Tilly wurde dadurch milde gestimmt und sagte, wenn jemand diesen Humpen in einem Zuge austrinken könne, würde er die Stadt verschonen. Altbürgermeister Georg Nusch gelang es zum allgemeinen Erstaunen, diesen Meistertrunk zu tun, worauf Tilly das gegebene Versprechen hielt.

Seit 2014 gehört das Festspiel zum Immateriellen Kulturerbe der UNESCO.

Oberammergauer Passionsspiele

In einer mehrere Stunden dauernden Aufführung stellen die Dorfbewohner Oberammergaus die letzten fünf Tage im Leben Jesu nach. Erstmals wurde das Passionsspiel 1634 als Einlösung eines Versprechens nach der überstandenen Pest aufgeführt. Von 1680 an galt ein zehnjährlicher Rhythmus, in der Regel im letzten Jahr eines Jahrzehnts. Im 20. Jahrhundert gab es zwei Extra-Spielzeiten: 1934 und 1984 zur 300. und 350. Wiederkehr der ersten Aufführung. Im 21. Jahrhundert musste die für 2020 vorgesehene Aufführung wegen der Coronavirus-Pandemie auf 2022 verschoben werden.

DAGEGEN IST DER RHEINFALL EIN WASCHBECKEN-TUMULT

1793 Lichtenbergs Plädoyer für ein großes öffentliches Seebad

VON:
GEORG CHRISTOPH LICHTENBERG

Im *Göttinger Taschenkalender* veröffentlichte Georg Christoph Lichtenberg – der in der Literaturgeschichte als erster deutscher Aphoristiker gilt und in die Geschichte der Naturwissenschaften als erster Professor für Experimentalphysik einging – im Jahre 1793 seinen Vorschlag für die Schaffung eines großen Seebades in Deutschland, den er bereits einige Jahre zuvor im *Hannöverschen Magazin* formuliert hatte.

Lichtenbergs Plädoyer ist einer der frühen deutschsprachigen Texte über den Reiz und Nutzen des Seebadens, das im 18. Jahrhundert nur von wenigen Exzentrikern, wie Friedrich Gottlieb Klopstock praktiziert wurde, galten die „Ausdünste der Seegewässer“ doch als ungesund.

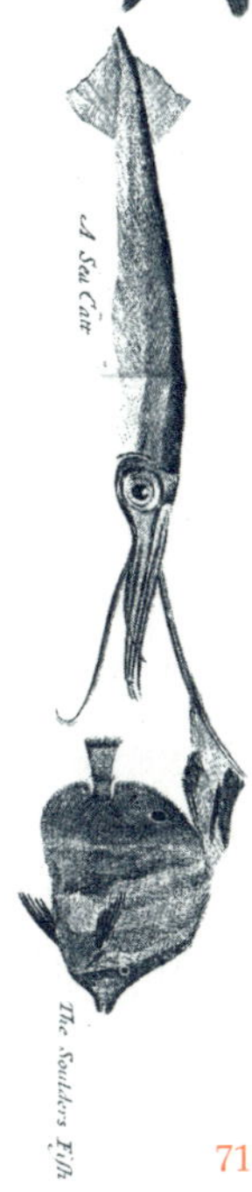

Lichtenbergs Text enthält eine Beschreibung der zeitgenössischen Badebekleidung, der Fauna und Flora der Nordseeküste sowie einer „Maschine“, mittels derer auch des Schwimmens Unkundige in den englischen Seebädern (die in den 1730er Jahren entstanden waren und die Lichtenberg bereist hatte) ins Meer eintauchen konnten.

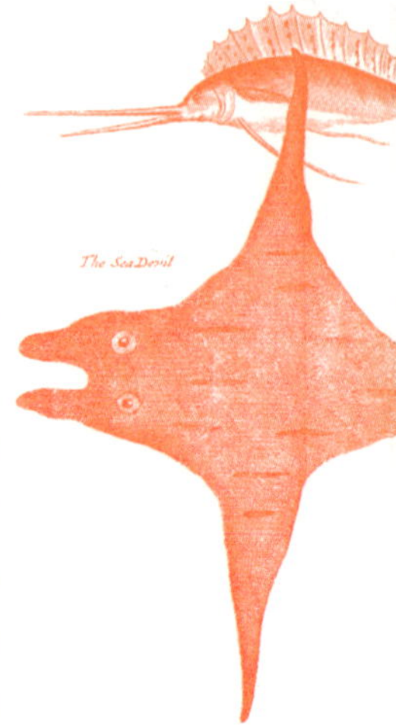

Neue Bäder heilen gut. Warum findet sich bei dieser Bereitwilligkeit unsrer Landsleute, sich nicht bloß neue Bäder empfehlen, sondern sich auch wirklich dadurch heilen zu lassen, kein spekulierender Kopf, der auf die Einrichtung eines Seebades denkt? Vielleicht kömmt durch diese neue Erinnerung die Sache einmal ernstlich zur Sprache, wo nicht in einem medizinischen Journal, doch in einem des Luxus und der Moden, oder, weil die Sache auf beide Bezug hat, in beiden zugleich. Bis dahin mögen einige flüchtige Bemerkungen eines Laien in der Heilkunde, der seinem Aufenthalte zu Margate[1] die gesündesten Tage seines Lebens verdankt, hier stehen. (...)

Was aber außer der Heilkraft jenen Bädern einen so großen Vorzug vor den inländischen gibt, ist der unbeschreibliche Reiz den ein Aufenthalt am Gestade des Weltmeers in den Sommermonaten, zumal für den Mittelländer hat. Der Anblick der Meereswogen, ihr Leuchten und das Rollen ihres Donners, der sich auch in den Sommermonaten zuweilen hören lässt, gegen welchen der hochgepriesene Rheinfall wohl bloßer Waschbecken-Tumult ist; die großen Phänomene der Ebbe und Flut, deren Beobachtung immer beschäftiget ohne zu ermüden; die Betrachtung, dass die Welle, die jetzt hier meinen Fuß benetzt, ununterbrochen mit der zusammenhängt, die Otaheite und China bespült, und die große Heerstraße um die Welt ausmachen hilft; und der Gedanke, dieses sind die Gewässer, denen unsre bewohnte Erdkruste ihre Form zu danken hat, nunmehr von der Vorsehung in diese Grenzen zurück gerufen, – alles dieses, sage ich, wirkt auf den gefühlvollen Menschen mit einer Macht, mit der sich nichts in der Natur vergleichen lässt, als etwa der Anblick des gestirnten Himmels in einer heitern Winternacht. Man muss kommen und sehen und hören.

Ein Spaziergang am Ufer des Meeres, an einem heitern Sommermorgen, wo die reinste Luft, die uns selbst das Eudiometer[2] noch auf der Oberfläche unsers Wohn-

1 Englisches Seebad
2 Luftgütemesser

orts kennen gelehrt hat, Esslust und Stärkung zuträgt, macht daher einen sehr großen Kontrast mit einem in den dumpfigen Alleen, der einländischen Kurplätze. Doch das ist bei weitem noch nicht alles. Das übrige wird sich erst alsdann beibringen lassen, wenn wir erst über die Gegend eins geworden sind, wo nun in Deutschland ein solches Bad angelegt werden könnte.

WO GIBT ES IN DEUTSCHLAND EIN SEEBAD?

Freilich nicht jeder Seeort taugt zu einem öffentlichen Seebad, das auf große Aufnahme hoffen kann. Es kömmt sehr viel auf die Beschaffenheit des Bodens der See an. Zu Margate ist es der feinste und dabei festeste Sand, der auch den zartesten Fuß nicht verletzt, ihm vielmehr bei der Berührung behaglich ist, und gerade einen solchen Boden habe ich bei dem Neuen Werk gefunden. Der Beschaffenheit des Bodens zu Cuxhaven erinnere ich mich nicht mehr genau. Allein wo auch der Boden nicht günstig ist, lässt sich leicht eine Einrichtung treffen, die alle Unbequemlichkeiten hebt, und die ich zu Deal gesehen habe.

Dieses zu verstehen, muss ich unsere Leser vor allen Dingen mit der Art bekannt machen, wie man sich an diesen Orten in der See badet. Man besteigt ein zweirädriges Fuhrwerk, einen Karren, der ein von Brettern zusammen geschlagnes Häuschen trägt, das zu beiden Seiten mit Bänken versehen ist. Dieses Häuschen, das einem sehr geräumigen Schäferkarren nicht unähnlich sieht, hat zwei Türen, eine gegen das Pferd und den davor sitzenden Fuhrmann zu, die andere nach hinten. Ein solches Häuschen fasst vier bis sechs Personen, die sich kennen, recht bequem, und selbst mit Spielraum, wo er nötig ist. An die hintere Seite ist eine Art von Zelt befestigt, das wie ein Reifrock aufgezogen und herabgelassen werden kann. Wenn dieses Fuhrwerk, das an den Badorten eine Maschine (a machine) heißt, auf dem Trocknen in Ruhe steht, so ist der Reifrock etwas aufgezogen, vermittelst eines Seils, das unter dem Dach des Kastens weg nach dem Fuhrmanne hingeht. An der hintern Türe findet sich eine schwebende aber sehr feste Treppe, die den Boden nicht ganz berührt. Über dieser Treppe ist ein freihängendes Seil befestigt, das bis an die Erde reicht und den Personen zur Unterstützung dient, die, ohne schwimmen zu können, untertauchen wollen, oder sich sonst fürchten. In dieses Häuschen steigt man nun und während der Fuhrmann nach der See fährt, kleidet man sich aus. An Ort und Stelle, die der Fuhrmann sehr richtig zu treffen weiß, indem er das Maß für die gehörige Tiefe am Pferde nimmt, und es bei Ebbe und Flut, wenn man lange verweilt, durch Fortfahren oder Hufen immer hält, lässt er das Zelt nieder. Wenn also der ausgekleidete Badgast alsdann die hintere Tür öffnet, so findet er ein sehr schönes dichtes leinenes Zelt, dessen Boden die See ist, in welche die Treppe führt. Man fasst mit beiden Händen das Seil und steigt hinab. Wer untertauchen will, hält den Strick fest und fällt auf ein Knie, wie die Soldaten beim Feuern im ersten Gliede, steigt alsdann wieder herauf, kleidet sich bei der Rückreise wieder an usw.

Es gehört für den Arzt zu bestimmen, wie lange man diesem Vergnügen (denn dieses ist es in sehr hohem Grade,) nachhängen darf. Nach meinem Gefühl, war es vollkommen hinreichend, drei bis viermal kurz hinter einander im ersten Gliede zu feuern, und dann auf die Rückreise zu denken. Beim ersten Male wollte ich, um seinen eignen Körper erst kennen zu lernen, raten nur einmal unterzutauchen, und dann sich anzukleiden, und nie die Zeit zu überschreiten, da die angenehme Glut, die man beim Aussteigen empfinden muß, in Schauder übergeht.

DIE GANZE KÜSTE DER OSTSEE IST MIR UNBEKANNT

Da das schöne Geschlecht von Anfang, wie ich gehört habe, auch hier, gegen das Unversuchte einige Schüchternheit äußern soll, so finden sich an diesen Orten vortreffliche Kupplerinnen zwischen der Thetis und ihnen, die sie sehr bald dahin bringen selbst wieder Kupplerinnen zu werden. Dieses sind in Margate junge Bürgerweiber

die sich damit abgeben, die Damen aus- und ankleiden zu helfen, auch eine Art von losem Anzug zu vermieten, der, ob er gleich schwimmt, doch beim Baden das Sicherheitsgefühl der Bekleidung unterhält, das der Unschuld selbst im Weltmeere so wie in der dicksten Finsternis immer heilig ist. Unter diesen Weibern gibt es natürlich, so wie bei den fern verwandten Hebammen, immer einige, die durch Sittsamkeit, Reinlichkeit, Anstand und Gefälligkeit vor den übrigen Eindruck machen und Beifall erhalten. Ich habe eine darunter gekannt, die damals Mode war. Diese besorgte öfters zwei bis drei Fahrzeuge zugleich. Und da war es lustig vom Fenster anzusehen, wie diese Sirene, wenn sie mit einer Gesellschaft fertig war, von einem Karren nach dem andern oft 20 bis 30 Schritte weit wanderte. Es war bloß der mit Kopfzeug und Bändern gezierte Kopf, was man sah, der wie ein Karussellkopf aus Pappdeckel auf der Oberfläche des Meeres zu schwimmen schien.

(...)

Mit Entzücken erinnre ich mich der Spaziergänge auf dem soeben von dem Meere verlassenen Boden, ja ich möchte sagen, selbst auf dem noch nicht ganz verlassenen, wo noch der Schuh, ohne Gefahr von Erkältung überströmt ward; der Tausenden von Seegeschöpfen die in den kleinen Vertiefungen zurückbleiben, deren einige man selbst für die Tafel sammeln kann, und die den Gleichgültigsten zum Naturaliensammler machen können, wenn er es nicht schon ist; des Heeres von See- und andern Vögeln, (auch darunter Naturalien für die Tafel), die sich dann einfinden und die angenehmste Jagd zu Fuß an der Stelle gewähren, über die man noch vor einigen Stunden wegsegelte und nach wenigen wieder wegsegeln kann.

Hierzu kömmt nun das ununterbrochene Aus- und Einsegeln oft majestätischer Schiffe mehrerer Nationen, die Cuxhaven gegenüber vor Anker gehen, und die man besteigen oder wenigstens in kleinen Fahrzeugen besuchen und umfahren kann, immer unter dem Anwehen der reinsten Luft und der Esslust. Freilich werden diese kleinen gar nicht gefährlichen Reisen, öfters kleine Vomitiv-Reischen, und dafür nur desto gesünder. Ich habe von einem der römischen Kaiser gelesen, wo ich nicht irre, so war es August selbst, der in der reinen Seeluft jährlich solche Vomitivreisen unternahm.

Der gesunden Patienten wegen merke ich noch an, dass man hier alle Arten von Seefischen und Schalentieren immer aus der ersten Hand hat, und gerade um diese Zeit den Hering, noch ehe er das Mittelland erreicht. Die wohlschmeckendste Auster, frischriechend bei der heißen Sonne und den königlichen Steinbütt! Eine mächtige Unterstützung für das Geschäfte im Schäferkarren.

Und nun Helgoland! Kleine geschlossene Gesellschaften unternehmen, statt Ball und Pharao, eine Reise nach dieser außerordentlichen Insel. Die Vomitivchen[3] unterwegs verschwinden in dem Genuss dieses großen Anblicks. Wer so etwas noch nicht gesehen hat, datiert ein neues Leben von einem solchen Anblick, und liest alle Beschreibungen von Seereisen mit einem neuen Sinn. Ich glaube jeder Mann von Gefühl, der das Vermögen hat sich diesen großen Genuss zu verschaffen und es nicht tut, ist sich Verantwortung schuldig. Nie habe ich mit so vieler fast schmerzhafter Teilnehmung an meine hinterlassenen Freunde in den dumpfigen Städten zurück gedacht, als auf Helgoland. Ich weiß nichts hinzu zu setzen, als: man komme und sehe und höre.

WER UNTERTAUCHEN WILL, HÄLT DEN STRICK FEST UND FÄLLT AUF EIN KNIE

IM WELTMEERE SO WIE IN DER DICKSTEN FINSTERNIS

3 Folgen der Seekrankheit

Der Vorschlag Lichtenbergs wurde im Jahre 1816 umgesetzt: im Hamburgischen Amt Ritzebüttel, dem heutigen Cuxhaven. Dort wurde das salzhaltige Seewasser u.a. als Abführmittel aus einem Weinglas getrunken und psychische Erkrankungen wie die „schwarze Melancholie“ und die „wilde Raserey“ mit eiskalten Sturzbädern behandelt.

CUXHAVEN

Die von Lichtenberg beschriebenen „Maschinen“ kamen zum Einsatz, um den Gästen ein „Fluthbad“ zu ermöglichen, das bei Erkältungen und Hautkrankheiten helfen sollte.

Heute ist Cuxhaven mit rund 3 Millionen Übernachtungen im Jahr und 500.000 Tagesgästen das größte deutsche Nordseeheilbad.

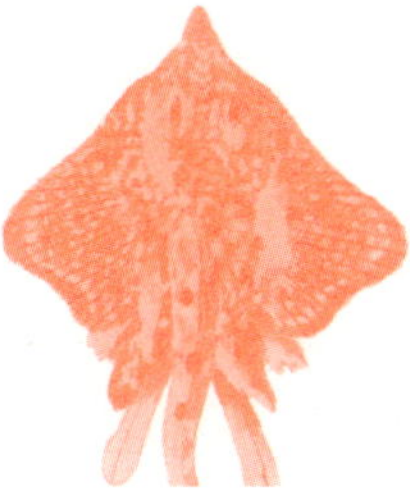

KARTE 5

REISEZIEL GESUNDHEIT

DIE MEISTBESUCHTEN KURORTE IN DEUTSCHLAND

Aquae Granni und *Aquae Mattiacorum* – die lateinischen Namen der Städte Aachen und Wiesbaden weisen darauf hin, dass bereits die Römer heiße Dämpfe, Mineral- und Thermalquellen zu therapeutischen Zwecken, als „Kurmittel“ nutzten.

1581 verfasste der Mediziner und Apotheker Jakob Dietrich (1522–1590) sein Buch *Neuw Wasserschatz* über *Allen heylsamen Metallischen Minerischen Bädern vnnd Wassern,* das grundlegend ist für die Entstehung der Kurorte in Deutschland, die heute unterschieden werden in: Heilbäder, heilklimatische Kurorte, Kneippkurorte, Seebäder und Luftkurorte.

Nachfolgend die Liste der Kurorte in Deutschland mit den meisten Übernachtungen im Jahr 2015[1], genannt ist jeweils der beliebteste Kurort eines Bundeslandes.

1 Quelle: www.kuratlas.de

2015

1

BAD FÜSSING (Bayern): 2,4 Mio. Übernachtungen

Thermal-Mineralheilbad, dessen Heilwasser nicht nur zur Rehabilitation genutzt wird, sondern auch zur Behandlung von Arthritis, Osteoporose, Wirbelsäulenbeschwerden und Stoffwechselkrankheiten wie Gicht.

2

CUXHAVEN (Niedersachsen): 3 Mio. Übernachtungen

Nordseeheilbad mit Reizklima gegen Atemwegs- und Hauterkrankungen. Das Meerwasser unterstützt Therapien für Rheuma, Durchblutungsstörungen, Rückenproblemen, Stress und allgemeiner Erschöpfung.

3

BADEN-BADEN (Baden-Württemberg): 825.000 Übernachtungen

Thermalheilbad, in dem vor allem Erkrankungen des Stütz- und Bewegungsapparates behandelt werden, Rheuma, degenerative Erkrankungen der Gelenke und der Wirbelsäule, funktionelle Kreislaufstörungen, Frauenleiden.

4

ORSCHOLZ (Gemeinde Mettlach, Saarland): 211.000 Übernachtungen

Heilklimatischer Kurort, geeignet für Kurgäste mit orthopädischen Beschwerden, psychosomatischen Erkrankungen sowie neurologischen Beeinträchtigungen.

5

BAD NEUENAHR (Rheinland-Pfalz): 790.000 Übernachtungen

Mineralbad: Behandlung von Stoffwechselerkrankungen, Erkrankungen der Gelenke und der Wirbelsäule, Anschlussheilbehandlung nach orthopädischen Operationen, Gefäß- und Venenerkrankungen.

6

BAD ELSTER (Sachsen): 522.000 Übernachtungen

Mineral- und Moorheilbad, Kurort für Menschen mit Rheuma, Arthrose, Harnwegsbeschwerden, Herz- und Kreislauferkrankungen.

7

BAD WILDUNGEN (Hessen): 1,43 Mio. Übernachtungen

Mineralbad: Heilwasser hilft bei Herz-, Kreislauf- und Harnwegserkrankungen. Neben Trinkkuren setzt dieser Kurort vor allem auf medizinische Rehabilitation.

8

BAD SCHMIEDEBERG (Sachsen-Anhalt): 279.00 Übernachtungen

Moorheilbad und Mineralheilbad: Behandlung von rheumatischen, orthopädischen und gynäkologischen Erkrankungen, umfangreiches Angebot von Kneippkuren.

9

OSTSEEBAD HERINGSDORF (Mecklenburg-Vorpommern): 2,2 Mio Übernachtungen

Seeheilbad mit Reizklima, vor allem geeignet für Bronchial- und Asthmakranke.

10

OBERHOF (Thüringen): 406.000 Übernachtungen

Luftkurort: für Menschen mit Herz-Kreislauf-Beschwerden, Atemwegserkrankungen und Schlafstörungen.

11

WINTERBERG (Nordrhein-Westfalen):
986.000 Übernachtungen

Luftkurort: Behandlung von Herz-, Gefäß- und Kreislaufstörungen, Erkrankungen der Atmungsorgane, nervösen Erschöpfungszuständen. Schwerpunkt: Mutter-Kind-Kuren.

12

ST. PETER-ORDING (Schleswig-Holstein):
1,2 Mio. Übernachtungen

Nordseeheil- und Schwefelbad: Meerwasser, Schwefelsolen und Schlick werden eingesetzt gegen Atembeschwerden, Hauterkrankungen und Rheuma.

13

BURG IM SPREEWALD (Brandenburg):
400.000 Übernachtungen

Heilquellenkurbetrieb: Behandlung von Erschöpfungszuständen sowie Herz- oder Kreislaufbeschwerden.

AM WIDERSTAND DER KRANKENKASSEN GESCHEITERT

Das Phänomen des Kurschattens

Frauen und Männer weit weg von zu Hause, losgelöst von privaten und beruflichen Belastungen und zudem im ständigen Kontakt mit anderen Menschen, die noch dazu unter ähnlichen gesundheitlichen Problemen leiden … kein Wunder, dass die Kur ein ideales Szenario für Geschichten und erotische Phantasien abgibt, deren Hauptfigur der *Kurschatten* ist. Der Begriff zog in den 1950er Jahren in den allgemeinen Sprachgebrauch ein, nachdem Millionen von Bundesbürger:innen dank des im Rentenreformgesetz festgelegten Anspruchs in den Genuss von Kuren kamen. Schätzungen der 1990er Jahre gehen davon aus, dass 20% der Gäste während einer Kur einen Kurschatten haben.[1]

1 Vgl. Paul Bernhard: *Die verheimlichte Beziehung der Kurschatten.* In: *Praxis der Psychotherapie und Psychosomatik* (1991) 36: 104–112, h. S. 105.

Der Kurschatten ist nicht nur ein Gegenstand der Psychotherapie, die von der „Kurschattenproblematik im Beziehungsgefüge“ der Kurgäste spricht und weiß, wie diese Beziehung auf Zeit endet: „Das Wort ‚Schatten‘ beschreibt ein eigentümliches Phänomen: Der Schatten ist eine Projektion des eigenen Abbildes und damit keine echte Beziehung. (...) Wenn das Licht ausgeht, ist der Schatten verschwunden und beim Kofferpacken in der Realitäts- und Alltagskonfrontation sind gerade diese Pairings-Versuche beendet. Die Volksweisheit drückt dies aus in dem Spruch: ‚Der Zauber verfällt, wo er sich häuslich niederlässt.‘“[2]

2 Ebd.

Dauerhafter Bestand wurde dem „Kurschatten“ jedoch auf andere Weise zuteil: er fand – analog zu Loriots fiktiver „Steinlaus“ – als Scherzeintrag Eingang in das medizinische Wörterbuch *Pschyrembel*. Dort heißt es:

Kur|schatten: umgangssprachlich Bez. für eine Person in einer zeitlich u. räumlich auf den Kuraufenthalt beschränkten Partnerschaft; als natürliches Mittel zur Förderung des Kurerfolges schulmedizinisch anerkannt, infolge der besonderen alternativmedizinischen Eigenheit jedoch ethischen u. familienpolitischen Bedenken ausgesetzt; wohl deswegen nicht regelmäßig Teil des *Kurplans*. Gelegentliche Initiativen, dies zu ändern (...), scheiterten schon in den Ansätzen am Widerstand der Krankenkassenträger u. Kirchen.[3]

3 Pschyrembel Naturheilkunde und alternative Heilverfahren, 3. Auflage, Berlin 2006, S. 206.

DIE GRELLEN BAEDECKER DER NACHT

Eine Inspektion des Berliner Rotlichtmileus

1905

Über 150.00 Berliner:innen sollen in den 1920er Jahren ihren Lebensunterhalt in der Unterwelt verdient haben: in Nachtlokalen, zwielichtigen Hotels, Pornostudios und -kinos, Kasinos und Bars ohne Lizenz, Arenen fürs Nacktboxen und Nacktringen, privaten Folterkellern und ähnlich gearteten Betrieben. An jedem beliebigen Wochenende boten sechs- bis siebenhundert Berliner Veranstaltungsorte „unvergleichbare sexuelle Wonnen- und Attraktionen an – schwelgerische Genüsse, die selbst den orgienverwöhnten Wüstlingen des Alten Roms unbekannt waren“[1]. Für uneingeweihte Berlin-Besucher:innen gab es zahlreiche Bordellführer. Diese „grellen Baedecker der Nacht“ (Mel Gordon) wurden an Bahnhöfen, in Hotels und an Kiosken angeboten. Sie waren aus dem Milieu finanziert, machten hemmungslos Werbung für das Prostitutionsgewerbe und andere zwielichtige Vergnügungen, bei denen ahnungslose Tourist:innen um ihr Geld gebracht wurden.

1 Vgl. Mel Gordon: Sündiges Berlin, Index Verlag, Wittlich: 2013

Bereits in den 1904 gegründeten *Großstadt-Dokumenten,* einer Schriftenreihe, die – so der Herausgeber Hans Ostwald – „die Sitten und Unsitten der Großstadt, mit ihren dunklen Winkeln und dunklen Menschen" zeigen sollte, findet sich in Band 30 *Lebeweltnächte in der Friedrichstadt* folgende Warnung an alle Unternehmungslustigen vor dem Bauernfang im Rotlichtmilieu.

Es ist nicht alles Gold, was glänzt, und es ist nicht alles Nachtlokal, was in der Nacht geöffnet ist. Das ist ein Widerspruch; aber nur ein scheinbarer. Der bummelnde Berliner versteht unter „Nachtlokal" ein buntes Treiben, dessen wesentliches Element die eleganten Kokotten sind. Diese haben naturgemäß ihre ganz bestimmten Quartiere, wo sie in Rudeln auftauchen und andererseits auch Gelegenheit finden, noch in später Nachtstunde unter den Lebejünglingen, Lebegreisen und Lebesäuglingen einen lohnenden Fang zu tun. (...)

Der Appell der roten Laternen gilt den Naiven, was ja auch in der sonstigen Reklame dieser Lokale zum Ausdruck kommt. Wir haben uns der Mühe unterzogen, einmal eine Anzahl der kleinen Billette zu sammeln, die dem harmlosen Wanderer an den Ecken der Friedrichstraße von freundlichen Männern liebevoll in die Hand gedrückt werden. Wir sind noch weiter gegangen und haben sogar einige von diesen Lokalen aufgesucht, um einmal festzustellen, wie sich denn die marktschreierische Reklame in ihrem Verhältnis zur Wirklichkeit stellt. Dabei haben wir nun allerdings solche Enttäuschungen erlebt, dass wir von einer weiteren Ausdehnung der Exkursion nach anderen Stadtteilen ohne weiteres Abstand nahmen ... Wir erhalten beispielsweise auf der Straße folgenden Zettel:

COSY CORNER

SENSATIONELL!

DER BAUCHTANZ

aufgeführt von
der schönen
„Sophia“ in
den prachtvollen
**BIER- UND WEINSTUBEN
ZUM „VERBORGENEN
VEILCHEN“,**

Krausenstr. 71, I Tr.
Verdi-Concert. Entree frei.

Es ladet frdl. ein
Die junge Wirtin.

Man wird zugeben müssen, dass der biedere Landmann der Provinz, der in solchen Dingen nicht bewandert ist, auserlesene Genüsse in diesem „verborgenen Veilchen“ zu finden hofft. Ein „Bauchtanz“, ein „Verdi-Konzert“, eine „junge Wirtin“, „prachtvolle“ Bier- und Weinstuben, und das alles bei „freiem Entree“ – was kann man schließlich noch mehr verlangen? Also hinauf! Die „junge“ Wirtin ist im Augenblicke nicht vorhanden. Wir konnten sie also nicht auf ihre Lenze prüfen. Die „schöne Sophia“ aber, die angeblich einen Bauchtanz exekutieren soll, erklärte uns ganz keck, dass an ähnliche Scherze nicht zu denken sei, wenn wir uns nicht entschließen könnten, eine Flasche Wein zu trinken. Dann aber sollten uns Genüsse winken in einer lauschigen Nebenstube, wie wir sie nur wünschen könnten. Wir Proletarier konnten uns nicht entschließen, etwas anderes als Bier zu trinken, ließen sogar das stehen,

2 Dummes Zeug. „Nebbich“ als Ausruf: „Was macht das schon?“

weil uns der Saft nicht schmeckte, und waren auch durch die gewagtesten Lockungen mit den „verborgensten Veilchen“ nicht zu bewegen, der braven Sophia und ihrer Kameradin, bei denen wir, nebenbei gesagt, vergeblich Spuren von Schönheit suchten, den gewünschten Gefallen zu tun. Um uns aber einigermaßen zu orientieren, ließen wir uns trotzdem die Karte kommen und ersahen daraus mit ungeheuchelter Hochachtung, dass Zeltinger und Niersteiner (den Jahrgang hatte man vergessen anzugeben) pro Flasche 6 Mk., Hochheimer Cabinet 15 Mk. und Plusquin 20 Mk. kosten sollten; billiger als 6 Mk. gab es keinen Wein. Als wir schon im Abzug waren, tauchte eines jener beklagenswerten Opfer auf, die, wie das Sprichwort sagt, nicht alle werden. Der Arme verschwand in dem lauschigen Nebenzimmer, das für Wein reserviert ist (alle diese Nebenzimmer sind für Wein reserviert; ein Hauptzimmer für Bier ist eigentlich überhaupt nicht vorhanden), und – in den Armen lagen sich beide. Andere Lockungen, die immer unterzeichnet sind: „Die Wirtin“ oder „Die junge Wirtin“, führten uns nach und nach so ziemlich herum. Wir waren im „Grand Restaurant“ *Odeon,* bei der „feschen“ Rheinländerin, sahen die „schöne Kreolin“, erlebten die „ungarische Kapelle“ und ließen uns von „internationalen Schönheiten“ bedienen. Diese Genüsse hatte uns wenigstens der Reklamezettel verheißen. Es bedarf wohl nicht erst der Erwähnung, dass wir sie alle, alle fanden! *Im Klassischen Dreieck,* Kronenstr. 12/13, lernten wir „das Rendezvous der Lebewelt“ kennen. Lebewelt – da kann man wirklich nur, wie Bender meint, „begeistert nebbich[2]“ sagen. In der Spreestraße Nr. 6, wo verheißungsvoll ein „Flureingang“ angeführt wird, suchten wir die „junge Witwe“ leider vergeblich. Sogar die edelste Metropoltheater-Poesie muss dazu herhalten, Kunden zu locken. Man höre:

EL DO RA DO

Einen kleinen Vorschuß auf die Seligkeit
Haben die **wilden Rangen** stets bereit,
Drum geh', wer dies ergründen will,
Nach **Keibelstr. 6** nur hin,
Bei Freikonzert wird jedem Gast galant
Sein fünftes Glas Bier gratis serviert von zarter Hand.

Wenn das nicht rührt, dann wissen wir nicht! „Wilde Rangen" mit „zarten Händen", die liebreich den fünften Topf gratis spenden, man wird wahrhaftig selber poetisch! Aber bis zum fünften Glase sind wir denn doch nicht gekommen, ließen die „zarten Hände" und das „fünfte Glas" meuchlings im Stich, gingen auch an dem „elegantesten Lokal der Residenz", dem Grand Restaurant *Zum kleinen Metropole,* vorüber, wo man von den „schönsten Damen" angeblich bedient werden soll, um nur ja noch vor Schluss der Polizeistunde an das Ziel unserer Sehnsucht zu gelangen, das ein schöner blauer Zettel uns also verheißen:

GÄNZLICH NEU!

WARUM?

drängt jetzt die ganze
Lebewelt nach dem
Grand-Restaurant
Friedrichstadt – Kasino

Kochstraße 6

zwischen Friedrich- u. Wilhelmstr.

WEIL!

sich die ältesten Berliner Gentlemans nicht
entsinnen können, sich bei ganz solider,
internationaler **Damenbedienung** jemals so gut
amüsiert zu haben.

Musikalische Unterhaltung.
Gut gepfl. Biere. Weine aus renom. Häus.
Es laden freundlichst ein
Die drei Lilliputtanerinnen.

GÄNZLICH NEU!

English spoken, on parle français.

Man stelle sich die „ganze Lebewelt“ vor, wie sie sich nach der Kochstraße 6 „drängt“, und versuche zu fassen, was es heißt, wenn sich die „ältesten Berliner Gentlemans nicht entsinnen können, sich jemals so gut amüsiert zu haben“. Und französisch parlieren und englisch spucken dürfen sie auch. Herz. was willst Du noch mehr?

Dieses ist eine kleine Blütenlese, die sich hundertfältig vermehren ließe. Aber schon diese Lese ergibt, wie plump die Mittel sind, mit denen in der Stadt an der Spree die „Bauern gefangen“ werden. Wir finden die roten Laternen in jeder Straße der Innenstadt; ja, es gibt Straßen, wo eigentlich Haus bei Haus ihr lockender Schimmer sich breitet. Dieses Geschäft muss also doch wohl gehen. Der Bestand an Dümmlingen muss täglich ergänzt werden im flutenden Großstadtmeer, sonst wäre das nicht möglich. Darum ist es von Zeit zu Zeit gut, wenn der verbergende Mantel etwas gelüftet wird. (...) Schließlich befinden wir uns doch in einer Weltstadt; in einer noch dazu, die sich gerade durch die Annehmlichkeiten, die sie dem Fremden bietet, in allen Landen hohen Ruhm erworben hat. Da darf man nicht allzu prüde sein. Nur die plumpen Auswüchse möchten wir beseitigt sehen, den Bauernfang, der in den meisten Lokalen mit den bunten Laternen getrieben wird. Mehr oder weniger sind es doch alles „Häuser der Liebe“, wie auch ihr Name lauten möge. Nur eins unterscheidet sie: sie deklarieren ihren Beruf nicht und täuschen durch ihr Etikett. Und darum sind sie besonders gefährlich.

WE
IS
SE

MA
US

Schöner Bademantel ...

WAS HOTELS GEGEN DIEBISCHE GÄSTE UNTERNEHMEN

2013

Zum „klassischen Diebstahl“ heißt es in § 242 Strafgesetzbuch: „Wer eine fremde bewegliche Sache einem anderen in der Absicht wegnimmt, die Sache sich oder einem Dritten rechtswidrig zuzueignen, wird mit Freiheitsstrafe bis zu fünf Jahren oder mit Geldstrafe bestraft.“

Da sich in Hotelzimmern sehr viele „bewegliche Sachen befinden“, zugleich aber bei Hotelgästen die Meinung verbreitet scheint, dass mit der Entrichtung des Zimmerpreises auch das Eigentum an diesen Dingen erworben wurde, gehört der Hoteldiebstahl zu einem weitverbreiteten Delikt. Bei einer Umfrage des Portals „Lastminute.de“ gaben im Jahr 2013 87 % aller Hotelbetreiber an, dass sie regelmäßig den Verlust von Handtüchern zu beklagen hatten. Besonders begehrt waren zudem Bademäntel, Kissen und Decken. Um die Diebstähle einzuschränken, wenden insbesondere hochpreisige Hotels folgende Methoden an:

HINWEIS AUF DIEBSTAHLSICHERUNG DER HOTELARTIKEL

Auch wenn diese nicht vorhanden ist, haben solche Hinweise eine abschreckende Wirkung, insbesondere wenn sie auf die Strafen für Diebstahl hinweisen.

MIKROCHIPS IN DER BETTWÄSCHE

Luxushotels nutzen zuweilen waschbare Mikrochips in der Bettwäsche, die beim Verlassen des Hotels einen Alarm auslösen.

VERZICHT AUF HOTEL-LOGOS

Häufiges Motiv für den Diebstahl eines Hotelgegenstandes ist, dass dieser als Souvenir dienen soll. Handtücher, Bademäntel, Bettwäsche ohne Logo werden vergleichsweise weniger oft gestohlen, sind aber dem „hochwertigen Eindruck" eines Hotels abträglich.

SANFTER HINWEIS DURCH PAGEN

Bei der Abreise fragt der Page, der das Gepäck aus dem Zimmer holen soll, die Gäste, ob sie in der Zimmerausstattung irgendwelche Gegenstände vermisst haben. Dadurch wird potentiellen Dieben bewusst, dass die Liste der Gegenstände im Zimmer genau überprüft wird. Oft wird der Page nach diesem sanften Hinweis unter einem Vorwand weggeschickt und die gestohlenen Sachen zurückgelegt.

EIGENTUMSHINWEISE UND KAUFANGEBOTE

Durch Aufnäher in Bademänteln und auf Handtüchern wird explizit darauf aufmerksam gemacht, dass die Gegenstände dem Hotel gehören und nicht zur Mitnahme gedacht sind. Solche Hinweise können auch genutzt werden, um auf kleine Geschenke aufmerksam zu machen; dass z.B. die Wegwerf-Slipper kostenfrei mitgenommen werden dürfen.

Zudem kann mittels eines solchen Schildes darauf hingewiesen werden, dass die Gegenstände im Shop des Hotels gekauft werden können. Somit ist eindeutig klargestellt, dass das Inventar des Zimmers nur gegen Bezahlung erhältlich ist und „Irrtümer" ausgeschlossen sind.

NACHFRAGE BEIM CHECK OUT

Das Personal der Rezeption fragt beim Check Out, ob die Gäste Slipper oder Bademäntel als Souvenir im Shop erstehen möchten. Dabei ist allerdings Fingerspitzengefühl gefragt – „Schließlich möchte das Hotel dem ehrlichen Gast nicht den Eindruck vermitteln, dass ihm misstraut wird." (www.tophotel.de)

FREUNDLICHES ANSCHREIBEN MIT HOTELKATALOG

Wird nach der Abreise eines Gastes festgestellt, dass Hotelgegenstände aus seinem Zimmer fehlen, wird ein freundliches Anschreiben nachgesandt, dem ein Hotelkatalog beiliegt, aus dem hervorgeht, was die Gegenstände kosten. Dem Gast wird so signalisiert, dass der Diebstahl bemerkt wurde.

SCHWARZE LISTE BEI WIEDERHOLTEM DIEBSTAHL

Wird wiederholt nach Abreise desselben Gastes ein Diebstahl festgestellt, wird der Name des entsprechenden Gastes vermerkt und künftige Zimmerreservierungen abgelehnt.

Best Western

IHG

KARTE 6

DIE SCHNELLSTEN ACHTERBAHNEN DEUTSCHLANDS

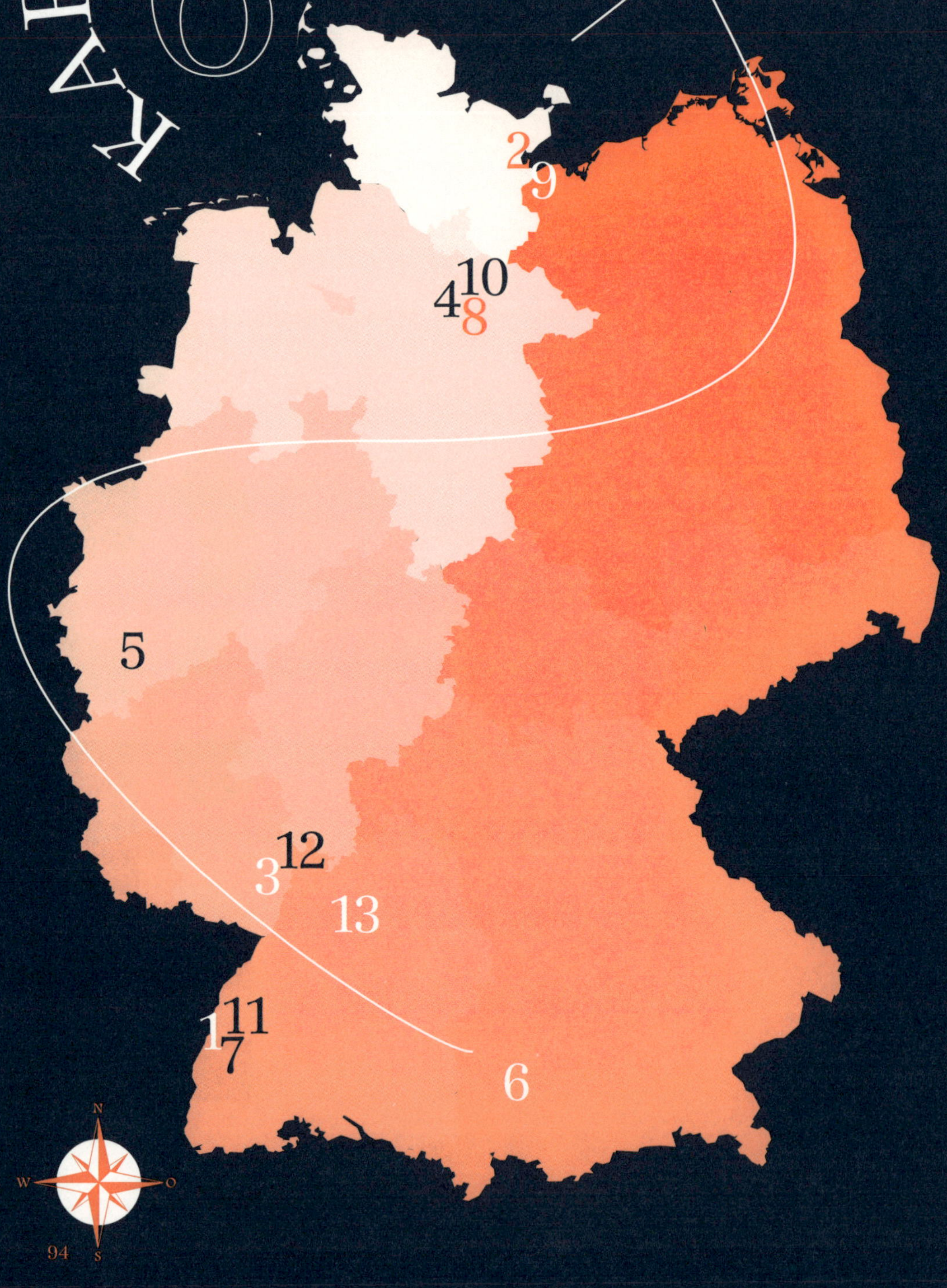

STEILER ALS SENKRECHT
Die schnellsten Achterbahnen in deutschen Freizeitparks[1]

2020

Der Fahrspaß auf einer Achterbahn besteht in der *Airtime,* jenen Augenblicken, in denen die Fahrgäste den Sitz nicht mehr spüren; Augenblicke des Schwebens, in denen sie nur noch von einem Bügel nebst zusätzlichem Gurt gehalten werden – und das bei rasender Geschwindigkeit. Die schnellsten Achterbahnen Deutschlands finden sich in folgenden Freizeitparks:

1 Stand: 2020. Die Beschreibungen der Achterbahnen wurden den Webseiten der Freizeitparks entnommen.

1

SILVER STAR (127 KM/H)
EUROPA-PARK RUST

Der *Silver Star* ist eine der größten und höchsten Stahlachterbahnen Europas und lockt Sie zu rasanten Höhenflügen. Mit 73 Metern Höhe, einer Höchstgeschwindigkeit von bis zu 130 km/h und enormen Fliehkräften bis zu 4 g verspricht er eine besondere Kombination des Gefühls, der Geschwindigkeit und der Schwerelosigkeit und ist zugleich ein technischer Quantensprung.

2

DER SCHWUR DES KÄRNAN (127 KM/H)
HANSA-PARK SIERKSDORF

Mit einem 67 m tiefen First Drop aus einem 79 m hohen Turm kommend erreicht dieser Hyper-Coaster auf der 1.235 m langen Strecke eine Geschwindigkeit von bis zu 127 km/h. Weltweit einzigartig ist der Rückwärtsfreifall aus über 60 m Höhe im Turm des *KÄRNAN.*

3

EXPEDITION GEFORCE (120,1 KM/H)
HOLIDAY PARK HASSLOCH

Überraschende Wechsel in der Orientierung, das Überlisten des Gleichgewichtssinns, das Spiel zwischen Beschleunigung und Abbremsen, zwischen Schwerkraft und Schweben, dann der fast freie Fall und schließlich der Quantensprung in die Air-Times – dem Abheben in die Schwerelosigkeit: das Adrenalinerlebnis des Freizeitparks in der Pfalz!

4

COLOSSOS (120 KM/H) HEIDE PARK RESORT SOLTAU

Anfang 2001 entstanden als seinerzeit größte Holzachterbahn der Welt, nach 2017 saniert. Auf dem Höhepunkt der Fahrt führt die Strecke ins brennende Maul des Riesen *Colossos.*

5

TARON (117 KM/H) PHANTASIALAND BRÜHL

Rasen Sie hautnah durch imposante Felsmassive. Sausen Sie mit Highspeed durch Häuser und Schluchten. Und spüren Sie die vollendete Einheit von Coaster und Themenwelt, wenn *Taron* zum Puls von Klugheim wird – Adrenalinrausch inklusive!

6

SKY WHEEL (105 KM/H) ALLGÄU SKYLINE PARK RAMMINGEN

Höchste Überkopf-Achterbahn Europas im Allgäuer Freizeitpark. Allein schon der Anblick der eigenwilligen Stahlkonstruktion verursacht weiche Knie. Der Nervenkitzel beginnt im Zeitlupentempo, wenn sich der Wagen von der höchsten Stelle in die Schraube dreht zur irrwitzigen Beschleunigung von bis 5 g.

7

BLUE FIRE MEGACOASTER (100 KM/H) – EUROPA-PARK RUST

Immer wieder schlängelt sich der Zug vorbei an spröden Felswänden und kämpft sich unterirdisch durch das Gestein. Auf der 1000 Metern langen Strecke reihen sich die Thrill-Elemente nur so aneinander, inklusive vier Überschlägen: Neben dem höchsten Looping einer Katapultbahn in Europa, einer gewagten 360°-Schraube und zwei weiteren Überkopf-Elementen steht ein Hump durch den Looping auf dem Programm.

8

DESERT RACE (100 KM/H) HEIDE PARK RESORT SOLTAU

2007 als Deutschlands erste Katapultstart-Achterbahn eröffnet, beschleunigt in 2,4 Sekunden von 0 auf 100 km/h.

9

FLUCH VON NOVGOROD (100 KM/H) HANSA-PARK SIERKSDORF

Eine weltweit einmalige Kombination: Eine Dunkelachterbahn, eine Dunkel-Themenfahrt mit Spezialeffekten, eine der modernsten Launch-Coaster mit einer Beschleunigung in 1,4 Sec. auf 100 km/h, eine „Freiluft"-Achterbahn und ein Coaster mit dem steilsten Absturz im Dunklen aller Achterbahnen weltweit – steiler als senkrecht!

10

FLUG DER DÄMONEN (100 KM/H) HEIDE PARK RESORT SOLTAU

Deutschlands einziger Wing Coaster, presst mit dem vierfachen des Körpergewichts in die Sitze. „Du hast nichts über und nichts unter Dir und die Dämonen rasen in atemberaubender Geschwindigkeit auf sieben Hindernisse zu. Doch niemand kann sie aufhalten. Sie wollen Deine Seele und rauben Dir dafür mit acht Flugmanövern jegliche Orientierung."

11

WODAN TIMBUR COASTER (100 KM/H) – EUROPA-PARK RUST

Holzachterbahn. Über einen Kilometer lang, 40 Meter hoch, 100 km/h schnell, Fliehkräfte von 3,5 g in den Kurven.

12

SKY SCREAM (99,8 KM/H) HOLIDAY PARK HASSLOCH

Drei Mal in Folge schießt der Zug aus der Station hinaus – und das vorwärts und rückwärts! Nachdem es senkrecht in die Höhe geht, folgt eine Rolle kopfüber in Zeitlupentempo in mehr als 50 Metern Höhe, danach rast der Zug unmittelbar senkrecht nach unten und durch einen Looping.

13

KARACHO (90 KM/H) ERLEBNISPARK TRIPSDRILL

Katapult-Achterbahn, mit vier verschiedenen Überschlägen, Teilabschnitten im Dunkeln und Spezialeffekten. Besonders an *Karacho* sind neben der abwechslungsreichen Streckenführung auch die Sitze. Sie garantieren freies Fahrgefühl, da man während der Fahrt nur von Schoßbügeln im Sitz gehalten wird. Als weltweit erste Achterbahn-Fahrt ist *Karacho* mit der VR-Technologie aufgezeichnet, die er mittels 3D-Film und „Cardboard-Brille" ermöglicht, die Fahrt von zu Hause zu erleben.

„FAST GEISTERARTIG GLITTEN WIR ÜBER DIE WEITE WASSERFLÄCHE HIN“

1828

Eine Dampfschifffahrt ins Rheintal

STOOM PAKETBOOT the Defiance

CONCORDIA.

Um die Stärke der Maschinen an Bord des von ihm gekauften Dampfschiffes *Caledonia* zu testen, befuhr der schottische Erfinder James Watt im November 1817 den Rhein von Köln bis Koblenz. Im Jahr zuvor hatte der Schaufelraddampfer *Defiance* in Köln angelegt, als erstes Dampfschiff auf dem Rhein überhaupt.

Durch die Dampfschifffahrt auf dem Rhein verkürzte sich die Reisezeit zwischen Mainz und Köln erheblich, was insbesondere für den Güterverkehr relevant war.

Zudem bot sich nun die Möglichkeit, die „Rheinromantik“ vom Wasser aus zu betrachten – eine Landschaft aus schroffen Felsen, Weinbergen und Ruinen, die im Zuge der „Burgenrenaissance“ des 19. Jahrhunderts wiederaufgebaut wurden.

Zahlreiche Reiseberichte und auch Romane prägten das Bild des romantischen Rheins ebenso wie die zu Beginn des 19. Jahrhunderts populär werdenden Druckgraphiken.

Folgender Bericht Johanna Schopenhauers beschreibt die Fahrt mit einem der frühen auf dem Rhein verkehrenden Dampfschiffe – mitsamt der unterschwelligen Angst vor einem Schiffsunglück (die regelmäßig vorkamen), dem nicht ansprechbaren Steuermann und dem Lesezimmer, in dem sich ausruhen kann, wer „geblendet ist von all' der Herrlichkeit".

VON:
JOHANNA
SCHOPENHAUER

Da lag es nun vor uns, im hellsten Sonnenschein, auf dem prächtig wogenden Strome, das zierlich schlanke Ungeheuer, das ohne Mast und Segel, wie von Zauberkraft getrieben, mit Vogelschnelle, tosend und dampfend über die Fluten hinläuft, die, in ihren tiefsten Tiefen aufgeregt, schäumend und brausend es noch lange scheltend verfolgen. Wohl ist es ein Schiff, aber nicht allein durch den dampfenden hohen Schornstein, sondern auch in der ganzen Bauart und allen seinen Verhältnissen von allen andern Schiffen sehr verschieden. Regungslos lag er da, der *Friedrich Wilhelm,* so heißt das Schiff, während drei bis vier Reisewagen hinaufgeschoben wurden, die man auf dem Verdeck kaum bemerkt, denn es ist weit größer, als es vom Lande aus gesehen erscheint; ein Gang von einem Ende desselben bis zum andern ist wirklich eine kleine Promenade, auf welcher es an unterhaltender Abwechslung nicht leicht fehlt. Ein Paar unglückliche Pferde standen schon neben den Wagen, in einem für sie

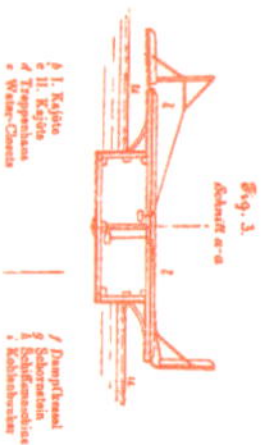
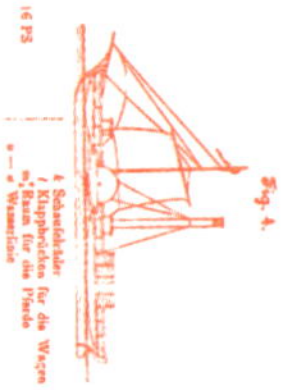

eingerichteten Käfig eingesperrt, denen man es deutlich ansehen konnte, dass sie den Weg weit lieber zu Fuße zurückgelegt hätten. Das heulende Gerassel, mit welchem der Dampf aufsteigt, so lange das Schiff stille liegt, schien die armen Thiere zu beängstigen; auch hat dieser unangenehme Lärm etwas Betäubendes, der sich allemal wiederholt, so oft das Schiff anlegt; wenn es im Gange ist, merkt man weit weniger davon.

Wer nicht sehr krank, oder sehr vornehm, oder ein leutescheuer Engländer ist, lasse doch ja nicht durch das Wort „erster Platz“ sich verleiten, Billets für den Pavillon zu nehmen. Mit dem theuerern Preise erkauft er nur das Vorrecht, sich einsam in einem etwas eleganteren Zimmer im Vordertheile des Schiffes zu langweilen, während die übrige Gesellschaft sich in der sogenannten zweiten Kajüte versammelt. Für anspruchslosere Reisende gibt es eine dritte Kajüte, in welcher ebenfalls recht anständig für sie gesorgt ist. Auch gibt es noch einen vierten, sehr wohlfeilen Platz, vermuthlich ganz unten im Schiffsraum, wo die Warenballen liegen, deren Transport, wie man mir sagte, dem Unternehmer den größten Vortheil bringt.

Auf ganz ebenem Wege, als ginge es aus einem Zimmer in das andere, kamen wir an Bord, fast ohne gewahr zu werden, dass wir das feste Land verließen. Vorbei an dem tosenden Räderwerk, an dem glühenden Feuerofen unten in der Tiefe, von der man gern den Blick abwendet, vorbei an dem noch immer heulenden Schornstein, der gewaltige Dampfwolken ausstieß, gelangten wir endlich unter das weitausgebreitete Zelt, das den vordern Theil des Verdecks vor den Sonnenstrahlen schützt, wo Tische, Gartenbänke, zierliche kleine Feldstühle jede Bequemlichkeit bieten, die man auf einer Wasserreise von zwölf Stunden vernünftigerweise verlangen kann. Die Thürme von Mainz verkündeten jetzt die sechste Morgenstunde, das Gebrüll des dampfenden Schornsteins ging plötzlich in eine Art von Gesause über, an das man bald sich gewöhnt und das unter dem Zelte nicht störend auffällt. Der Bann war gelöst, der uns bis dahin im Hafen festgehalten, und mit überraschender Majestät die widerstrebenden Fluten in einem weiten Bogen durchschneidend, begann das Schiff seinen raschen Lauf. Kein Matrosenruf, kein Commandowort, kein Ruderschlag war zu hören; unmerklich, fast geisterartig glitten wir über die weite Wasserfläche hin, und nichts, auch nicht das leiseste Schwanken, erinnerte uns daran, dass wir auf dem trügerischsten und wandelbarsten aller Elemente schwebten. Das leise Dröhnen des Fußbodens fühlt man schon nach der ersten halben Stunde nicht mehr.

Ein einziger Mann, dem die Leitung des Schiffes anvertraut ist, steht hoch am Steuer und dreht mit fester, sicherer Hand, bald kaum bemerkbar, bald sehr schnell, mit sichtbarer Anstrengung das Rad, welches auf der rechten Bahn es erhält. Der schweigende Ernst, mit dem er sein wichtiges Geschäft betreibt, hat etwas wundersam Feierliches, er wendet nie den Blick, er beantwortet keine an ihn gerichtete Frage, und ein neben ihm angebrachter Anschlagezettel bittet die Reisenden, auf keine Weise, durch Sprechen mit ihm, in der Ausführung seines Amtes ihn zu stören. Unten im Raum wird mit gleicher Aufmerksamkeit über die Verwaltung des Feuers und des Dampfkessels gewacht, und der Anblick der großen Ordnung, die überall vorherrschend sich zeigt, muß auch den Furchtsamsten ermuthigen und jeden Gedanken an mögliche Gefahr verbannen.

[...]

Gegen die Mitte des Verdecks unter dem Zelte sah es wie in dem Lesezimmer einer Erholung oder Harmonie aus, Mappen, Bücher, Landkarten lagen hochaufgethürmt auf den mit eifrig Lesenden, meistens Engländern, umgebenen Tischen. Hier saß Einer mit dem Rücken gegen die

Aussicht gewendet und schrieb, vermuthlich an seinem Reisetagebuch, dort ein Anderer in Schreiber's *Handbuch für Reisende am Rhein* vertieft, von welchem, in mehrere Hände vertheilt, wenigstens ein Dutzend Exemplare vorhanden waren. Von dem eben so zweckmäßig erdachten als ausgeführten Panorama der Rheingegenden, welches bei Herrn Friedrich Wilmans in Frankfurt herausgekommen ist, haben wir siebenzehn Exemplare gezählt, auf welchen ihre größtentheils britischen Besitzer die Namen der Orte, an welchen das Schiff eben vorüberfuhr, emsig suchten, ohne sich Zeit zu lassen, sich eher nach dem Gegenstande, der ihre Aufmerksamkeit erregte, umzusehen, als bis er schon in weiter Ferne hinter ihnen lag. Durch alle diese studierenden Gruppen drängte ein junger Mann, eine große Mappe unter dem Arm, sich durch, um, wo er Gelegenheit dazu fand, seine in Aquarell gemalten Ansichten der Rheingegenden vorzuzeigen; ein großes Wagestück an diesem Orte! Sie mochten übrigens ganz leidlich sein, doch nahmen sie sich, der Natur gegenüber, ziemlich armselig aus. Indessen, sie fanden Bewunderer, mitunter auch wohl Käufer, und somit hatte ihr Verfertiger alle Ursache zufrieden zu sein.

Auch an kleinen heitern Gesellschaften fehlte es nicht, die, um ein substanzielles Frühstück versammelt, es sich sehr wohl sein zu lassen schienen, geschäftige Kellner liefen umher, um mit Bouillon, Beefsteak oder wonach sein Herz sonst noch verlangen mochte, Jeden zu bedienen. Es war elf Uhr, vom Anblick der schönen Natur lebt man nicht allein, und die Einrichtung auf dem Dampfschiffe ist auch in Hinsicht auf diese Art von materielleren Genüssen so wohl organisiert, als sie nur in irgend einem Hotel des festen Landes es ein kann.

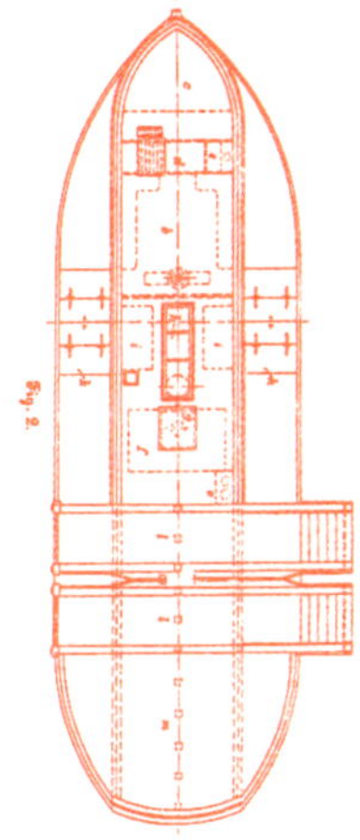

Die möglichst zweckmäßige Benutzung des Raumes verdient wirklich auf dem Dampfschiffe bewundert zu werden, auch nicht ein Zollbreit geht davon verloren. Was trifft man nicht Alles auf dem Verdecke an, Tische, Stühle und Bänke ungerechnet! Erstlich die Küche, dann noch eine zweite Küche, um warme Getränke zu bereiten, in welcher zugleich der ganze dazu nöthige Apparat an Tassen und dergleichen in zierlicher Ordnung aufgestellt ist. Ein mit Repositorien und einem Schreibepult versehenes Cabinet für den Capitain, ein ähnliches für den Restaurateur, in welchem Beide sehr ordentlich Buch und Rechnung führen, sogar eine an der Kajütentreppe angebrachte kleine Büchersammlung in einem Glasschranke, die freilich für den Augenblick nur aus dem leipziger Conversations-Lexikon zu bestehen scheint, als Quintessenz größerer Bibliotheken, in der Jeder gewiß etwas findet, das seinem Geschmacke zusagend über eine langweilige Stunde ihm hinaushelfen kann.

[...]

Das Anlegen des Dampfschiffes an vielen dazu bestimmten Orten, längs den beiden Ufern des Rheins, bringt Wechsel in die Fahrt und gibt ihr einen neuen Reiz. Hell ertönt die zu diesem Gebrauch bestimmte Glocke an

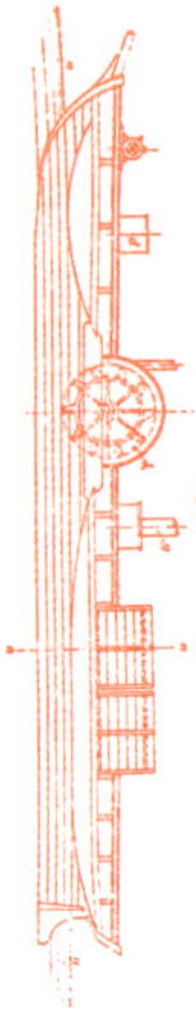

Bord, noch ehe wir den zum Anhalten bestimmten Platz erreichen, wo die dazu von der Direction bestellten Nachen mit aufgesteckter Flagge unsrer Ankunft harren. Wir sehen am Ufer Freunde, bald gerührt, wenn es eine längere Abwesenheit gilt, bald unter Scherz und Lachen, auf baldiges Wiedersehen, von einander Abschied nehmen, die Scheidenden eilen in den Nachen, der Lauf des Schiffes wird auf ein Paar Minuten gehemmt, der indessen herbeigeeilte Nachen wird an demselben befestigt, eine kleine nicht unbequeme Treppe, mit Stricken zum Anhalten an beiden Seiten versehen, wird schnell in denselben hinabgelassen, einige unsrer früheren Reisegefährten scheiden aus unsrer Mitte, zum Abschiednehmen bleibt keine Zeit; Andere kommen an, um eine kleine Weile mit uns zu schiffen, und wieder beginnt der rasche eilende Lauf. Die neuen Ankömmlinge verlieren das Ufer, wo sie einstiegen, und die mit ihren Tüchern ihnen Grüße nachwinkenden Freunde sehr bald aus dem Gesichte, sie wenden der Gesellschaft sich zu, und unvermuthet steht oft ein lieber Freund, ein alter Bekannter vor uns, den wir mit überraschender Freude begrüßen. Es ist ein ewiges Kommen und Gehen, ein echtes Bild des Lebens; man könnte die Nachen sogar recht füglich mit Charons Nachen vergleichen, denn ehe wir uns dessen versehen, entführen sie Einen nach dem Andern aus unsrer Mitte, nur dass sie auch eben so oft neue Gefährten uns bringen, sogar zu einer Kaffeevisite geputzte Damen, die eine kleine Weile mit uns fahren, dann aussteigen, um Abends in der Kühle zu Fuße nach Hause zu gehen.

1906

DIE AUGEN AUF

VON: LUDWIG VOLKMANN[1]

Über den Kunstgenuss auf Reisen

Ist denn Kunstgenuss auf Reisen überhaupt etwas Besonderes und Neues, etwas anderes als der gewohnte stille Umgang mit Kunst und Kunstwerken zu Haus?! Die Antwort lautet Ja und Nein. An und für sich braucht natürlich kein grundlegender Unterschied zu bestehen und bei Einem, der ganz in künstlerischen Gedanken- und Empfindungskreisen zu leben gewohnt ist, besteht auch kein solcher. Wohl aber sind bei weitem die meisten Menschen auf der Reise selbst ganz andere als im Einerlei der täglichen Beschäftigung zu Haus: freier, leichter, frischer und empfänglicher, und es liegt auf der Hand, dass gerade diese Eigenschaften die besten Vorbedingungen bieten für die Möglichkeit künstlerischer Auffassung und künstlerischen Interesses; ja nicht wenige gibt es, die überhaupt nur durch Reisen zu originalen, großen Kunstwerken gelangen können, Andere wieder, die nur auf der Reise für die Kunst Zeit zu haben glauben, und wenn dies auch ein offenbarer Irrtum ist, so kann doch oft genug gerade eine Reise den ersten Grund zu ernsterer Kunstfreude legen, die dann auch zu Haus nicht wieder weicht und für

1 Ludwig Volkmann (1870–1947), war erster Vorsitzender des Deutschen Buchgewerbevereins und Präsident der von ihm organisierten Internationalen Ausstellung für Buchgewerbe und Graphik in Leipzig. 1919 begründete er eine besondere buchgewerbliche Abteilung auf der Leipziger Messe, die unter dem Namen „Bugra-Messe" bleibende Bedeutung gewann.

die dann auch die nötige Zeit und Muße gefunden wird.

Freilich das Wunder wird auch die schönste Reise nicht wirken können, aus einem stumpfen Banausen einen Kunst genießenden Vollmenschen zu machen; aber wo immer die Anlage und die Sehnsucht nach künstlerischen Genüssen, tief verborgen vielleicht und dem Besitzer selbst unbewusst, schlummern mag – und es sind wohl nur ganz wenige, bei denen nicht wenigstens ein Funke davon im Innersten glimmt –, da wird stets das Reisen die beste Gelegenheit zur Erweckung und kräftigen Entfaltung dieser Eigenschaften bieten.

Ein Umstand allein schon ist es, der von vornherein hierfür spricht: während wir im häuslichen Alltagsleben vor lauter Denken und Bedenken, Sorgen und Besorgungen gar nicht dazu kommen, um uns zu blicken, machen wir auf Reisen ganz von selbst im einfachsten Sinne des Wortes etwas mehr „die Augen auf“. Im zweiten Band der „Welt als Wille und Vorstellung“ hat Schopenhauer sehr fein dieses wichtigen Umstandes, dieser besonderen seelischen Disposition, gedacht. Er sagt dort: „ Ferner daraus, dass auch die Neuheit und das völlige Fremdsein der Gegenstände einer anteillosen, rein objektiven Auffassung derselben günstig erscheint, erklärt es sich, dass der Fremde oder bloß Durchreisende die Wirkung des Malerischen, oder Poetischen von Gegenständen erhält, welche dieselben auf den Einheimischen nicht hervorzubringen vermögen: so z. B. macht auf Jenen der Anblick einer ganz fremden Stadt oft einen sonderbar angenehmen Eindruck, den er keineswegs im Bewohner derselben hervorbringt: denn er entspringt daraus, dass Jener, außer aller Beziehung zu dieser Stadt und ihren Bewohnern stehend, sie rein objektiv anschaut. Hierauf beruht zum Teil der Genuss des Reisens.“ [...]

So ist denn das Reisen in gewissem Sinne an sich schon eine Art „Erziehung zum Sehen“, und schon darum allein kann man auch mit einer gewissen Berechti-

gung von einem besonderen Kunstgenuss auf Reisen sprechen, wobei freilich nicht vergessen werden darf, dass es ganz allein bei uns selbst liegt, uns solche Entdeckungsreisen und die damit verbundenen künstlerischen Freuden auch in der Heimat oder der nächtlichen Umgebung zu suchen. (...)

Wie mancher eilt sehnsüchtig den Kunstgenüssen Italiens zu und hört nicht darauf, wenn beim Vorbeifahren der Schaffner den Namen Altenburg ruft; er weiß nicht einmal, dass das bescheidene Residenzstädtchen außer manchem interessanten Bauwerk eine sehr wertvolle Galerie mit guten frühen Italienern, namentlich Sienesen, besitzt, deren Kenntnis ihn auf die in Italien seiner harrenden Freuden sehr liebenswürdig vorbereiten könnte, wenn er nur einen halben Tag dafür opferte. Und wer von denen, die alle Museen von Rom und Florenz, von Wien, Paris und London durchwandern zu müssen glauben oder sich an Verona oder Vincenza berauschen, kennt denn Hildesheim und Goslar, Lüneburg und Braunschweig, Bamberg und Regensburg, ja – Hand aufs Herz! – selbst Nürnberg und Rothenburg ob der Tauber?

Und wie einfach wäre es, wenn man, von vornherein gut orientiert und beraten, auf jeder Reise nur eine der kleineren deutschen Städte, die gerade am Wege liegt, eines kurzen Besuches würdigte und sich ihrer künstlerischen Reize umso intensiver, weil ganz losgelöst und für sich betrachtet, erfreute! Jede Reise, auch die zum trivialsten Badeort, lässt sich damit verbinden und dadurch mit künstlerischem Genuss und tieferer Bedeutung erfüllen, sei es nun, dass man auf der Fahrt zur Ostsee Lübeck, Stralsund, Rostock oder Wismar, auf der Fahrt nach Thüringen oder dem Harz Merseburg, Erfurt und Magdeburg, Naumburg, Hildesheim und Goslar besucht, oder auf der Rheinreise die Dome von Speyer, Worms und Köln und die Kölner und Frankfurter Museen bewundert; und niemand wird es bereuen, wenn er einmal

auf der Alpenreise anstatt des altgewohnten eintägigen Aufenthaltes in München, der ohnedies zwischen Pinakothek und Hofbräuhaus, Glyptothek und Franziskanerkeller stets melancholisch geteilt werden muss, in Regensburg, Ingolstadt, Nürnberg oder Augsburg Station macht, um in froher Reisestimmung mühelos die künstlerischen Eindrücke auf sich wirken zu lassen, die dort allerwärts, buchstäblich auf der Gasse zu finden sind. [...]

Und so ist denn ein weiteres wichtiges Ergebnis unserer Betrachtungen, dass wir die Kunst, gerade auf der Reise, nicht als etwas Losgelöstes, Isoliertes, für sich Bestehendes ansehen mögen, sondern überall die lebendigen Beziehungen zur Natur und Kultur, zum Menschen und zum Leben, aufsuchen sollen. Darin liegt ja gerade die spezielle Disposition zum Kunstgenuss, die wir auf Reisen besitzen, dass die Umgebung zum Kunstwerk stimmt und das Kunstwerk zu ihr; dass uns draußen auf der Straße dieselbe Stimmung umgibt, dieselben Gestalten begegnen wie drinnen auf den Bildern, dass dieselbe Sprache uns umtönt, die auch aus den Kunstwerken redet. [...]

Wenn sich, nach sorgsamer und wirklich verständnisvoller Vorbereitung, beim Antritt der Reise nun die weitere Frage ergibt: Wie sollen wir reisen, um rechten Kunstgenuss zu finden, was sollen wir ansehen? Worauf besonders achten? – So lautet der erste und vielleicht wichtigste Rat: Nur nicht zu viel!

Ja, was „man gesehen haben muss“! Eine ganze Welt liegt in dieser albernen Phrase, eine Welt des Vorurteils, der Unselbstständigkeit und des törichten Bildungsdünkels.

Erstens: wer ist denn eigentlich „man“? Ein Kollektivbegriff von so qualliger und unbestimmter Weite, dass einem unwillkürlich der Begriff kommt, es müsse gar mancher dazu gehören, mit dem „man“ lieber nicht in einen

Topf geworfen zu werden wünschte. Und zweitens: wer ist denn die Autorität, welche dieses Muss des Gesehenhaben – wohlverstanden wiederum nicht des Sehens! – festsetzt? Nein also und abermals nein; es gibt nichts in der Welt, „was man gesehen haben muss“, und es wird einem jeden den Weg zum Kunstgenuss sehr erleichtern, wenn er sich von solchen öden Schlagworten, von derartigem toten und ertötenden Dogma auch hierin von vornherein freimacht. [...]

Als erreicht darf das Ziel gelten, wenn wir die Kunstwerke nicht mehr als etwas Fremdes, Fernes, Losgelöstes betrachten, die alten gleichsam als Versteinerungen und die neuen als Kuriositäten, sondern als etwas Lebendiges, Organisches, Selbstverständliches; wenn wir empfinden, wie modern in ihrer Weise schon die Alten waren, d. h. wie sie mit ihrer Zeit, ihrem Leben, ihrem Land und Volk zusammenhängen, und wenn wir dadurch wieder den Blick dafür schärfen, was die Neuen und Neusten uns von ihrem Eigenen und Besten zu geben haben, aus ihrer Umgebung und ihrer Zeit heraus und auch vorahnend in die Zukunft hinein, Möglichkeiten und Zusammenhänge der Erscheinungswelt uns enthüllend und verdeutlichend, die wir vielleicht erst dumpf ahnten ohne zur Klarheit zu gelangen. Und darum eben gilt es, nie bloß aufs Einzelne und Kleine zu gehen, sondern aufs Große und Ganze, und selbstständige Gesichtspunkte zu gewinnen als feste Pole in der Erscheinungen Flucht, wie wir es kurz anzudeuten versucht. Das ist der Weg zu einem echten und tiefen, wahrhaft beglückenden „Kunstgenuss auf Reisen“, und wer ihn beschreitet, dem dürfen wir von Herzen und in ursprünglichster Bedeutung den leider bis zur völligen Farblosigkeit verbrauchten schönen Abschiedsgruß zurufen:

Glückliche Reise!

KARTE 7

FREILICHTMUSEEN

SCHÖNES WETTER? INS MUSEUM!

Der häufigste Typ des Freilichtmuseums ist das volkskundliche Museum. Meist handelt es sich um wissenschaftlich geführte Einrichtungen zum Erhalt, zur Erforschung und zur Präsentation von Zeugnissen des vor- oder frühindustriellen ländlichen Wohnens, Arbeitens und Lebens. In vielen Fällen wurden dazu Gebäude an ihrem ursprünglichen Standort abgetragen und im Museum wieder aufgebaut.

Oft besteht in den Freilichtmuseen zudem die Möglichkeit, selbst aktiv zu werden: vom Melklehrgang über das Kochen am offenen Feuer bis zum Brotbacken.

A

LWL-FREILICHTMUSEUM DETMOLD

Das größte Freilichtmuseum Deutschlands mit rund 120 historischen Gebäuden, die den bäuerlichen Alltag seit dem 16. Jahrhundert zeigen.

B

PFAHLBAUMUSEUM UNTERUHLDINGEN

Darstellung des Alltags der Menschen in der Stein- und Bronzezeit am Bodensee in 23 Häusern und Hütten, die nach dem Vorbild archäologischer Funde nachgebaut wurden.

C

EUROPÄISCHER KULTURPARK BLIESBRUCK-REINHEIM

Großes Parkgelände mit archäologischen Funden, z.B. ein keltisches Fürstinnengrab sowie eine kleinstädtische Siedlung und eine Palastvilla, beide aus römischer Zeit.

D

VARUSSCHLACHT-MUSEUM KALKRIESE

Am mutmaßlichen Ort der Varusschlacht findet sich ein Museumspark mit archäologischen Ausgrabungen. Das Museum zeigt die Lebensweisen von Germanen und Römern.

E

FREILANDMUSEUM LEHDE

Eine wendische Siedlung mit etwa 100 Häusern, in der gezeigt wird, wie die Sorben im 19. Jahrhundert im Spreewald lebten und arbeiteten.

F

WIKINGER-MUSEUM HAITHABU

Rekonstruierte Häuser, Originalfunde und Modelle aus der Wikingerzeit veranschaulichen eines der bedeutendsten Handelszentren der Wikinger im 10. Jahrhundert.

G

LWL-FREILICHTMUSEUM HAGEN

In bunten Fachwerkhäusern machen über 60 rekonstruierte Betriebe die Geschichte von Handwerk und Technik in Westfalen vom 18. bis 20. Jahrhundert erlebbar.

H

FREILICHTMUSEUM GLENTLEITEN

Bauernhäuser, Ställe, Almen, Mühlen, Werkstätten zeigen das Leben in Oberbayern vor 100 und 200 Jahren.

I

FREILICHTMUSEUM HESSENPARK, NEU-ANSPACH

In mehr als 100 historischen Gebäuden wird die Geschichte des hessischen Dorflebens und der Alltagskultur der letzten Jahrhunderte gezeigt.

J

FREILICHTMUSEUM STADE

Eines der ältesten Freilichtmuseen Deutschlands, zeigt historische Fachwerkhäuser aus der Region, eine Bockwindmühle sowie diverse bäuerliche Geräte.

K

FREILICHTMUSEUM KLOCKENHAGEN

Ausstellungsstücke aus ganz Mecklenburg-Vorpommern, u. a. ein Gehöft mit Ziehbrunnen, niederdeutsche Hallenhäuser, eine Fachwerkkirche und ein Bauerngarten.

L

RHEINLAND-PFÄLZISCHES FREILICHTMUSEUM, BAD SOBERNHEIM

Vier Museumsdörfer über das Leben und Arbeiten der Menschen in den letzten 500 Jahren.

M

FREILICHTMUSEUM MOLFSEE

60 historische Reetdach-Gebäude aus dem 16. bis 20. Jahrhundert, von der Windmühle bis zur Räucherkate illustrieren die schleswig-holsteinische Kulturgeschichte.

N

LVR-FREILICHTMUSEUM KOMMERN

75 historische Gebäude aus dem Westerwald, der Eifel, dem Bergischen Land und vom Niederrhein in einem der größten Freiluftmuseen Europas.

O

DEUTSCHES LANDWIRTSCHAFTS-MUSEUM BLANKENHAIN

Ländliche Kultur, Technik und Arbeit in Mitteldeutschland werden rund um das Rittergut Blankenhain ausgestellt, in 80 historischen Gebäuden.

P

ARCHÄOLOGISCHER PARK XANTEN

Das größte archäologische Freilichtmuseum Deutschlands, Bauwerke (als archäologische Funde und in Nachbauten) vermitteln die römische Kultur.

Q

GESCHICHTSPARK BÄRNAU-TACHOV

Nachbau eines frühmittelalterlichen slawischen Dorfs und einer hochmittelalterlichen Siedlung, an Wochenenden oft Nachstellungen mittelalterlichen Lebens.

R

FRÄNKISCHES FREILANDMUSEUM BAD WINDSHEIM

Fränkische Alltagsgeschichte der letzten 700 Jahre, festgehalten in 120 Gebäuden: Bauernhöfen, Handwerkerhäusern, Brauereien und einem Sommerschlösschen.

„... DAS SCHLOSS LIEGT STILLER DA WIE ZUVOR“

Fontanes Wanderungen durch die Mark Brandenburg

1862

In der Geschichte der deutschen Reiseliteratur nehmen Theodor Fontanes *Wanderungen durch die Mark Brandenburg* eine Ausnahmestellung ein.

Die Idee zum Projekt hatte Fontane auf einer Reise nach Schottland im Sommer 1858, bei der ihn auf der Überfahrt zu einem Schloss im Loch Leven die Erinnerung an Schloss Rheinsberg überkam – „wie eine Fata Morgana“.

Zurück in Berlin begann er im Jahr darauf mit seinen märkischen Wanderungen, über die er zunächst in der *Neuen Preußischen Zeitung* Aufsätze veröffentlichte, bevor 1862 der erste Band der *Wanderungen* erschien: „Die Grafschaft Ruppin“.

Den Charakter seines Buches beschreibt Fontane im Vorwort als „ein Buntes, Mannigfaches, das ich zusammengestellt habe: Landschaftliches und Historisches, Sitten- und Charakterschilderung – und verschiedene Dinge, so verschieden in der Behandlung, die sie gefunden.“
Aufgrund dieser Verschiedenheit bieten die Bücher, die neben Ortsbeschreibungen auch Geschichten, Legenden, Sagen, ausführliche Abschnitte über den märkischen Landadel, über bedeutende Familien und Rittergeschlechter enthalten, bis heute eine höchst abwechslungsreiche Lektüre.

Nachfolgend ein Kapitel aus Band 2 der *Wanderungen (Das Oderland),* das Fontanes einzigartige Kunst zeigt, historische Quellen, Erzählungen von Ortskundigen und die eigene Anschauung zu verbinden zu einem gleichermaßen faktisch-genauen wie emotional-berührenden Bericht, in dem ein spöttischer Witz über die Berliner ebenso seinen Platz findet wie Gedanken über die Einsamkeit einer Witwe und die Melancholie im Angesicht der Überbleibsel der Vergangenheit.

TIP

In den vergangenen Jahren sind zahlreiche Fontane-Wanderwege und Fontane-Radwanderwege in Berlin und Brandenburg entstanden, auf denen sich Lektüre-Reisen auf den Spuren Fontanes unternehmen lassen.

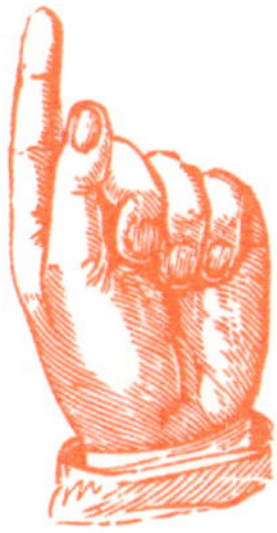

Theodor Fontane.
Nach einer Photographie gezeichnet von G. Kolb. (S. 175.)

Das Schloss

Das königliche Schloss Freienwalde liegt nicht innerhalb der Stadt, sondern unmittelbar vor derselben, auf dem Wege zum Brunnen hinaus, fast am Fuße des ehemaligen Apothekerberges. Dieser Berg heißt jetzt der „Schlossgartenberg“ und ist nicht mit dem „Schlossberg“ zu verwechseln, der, halben Weges zwischen Freienwalde und Falkenberg gelegen, die Ruinen der alten Uchtenhagen-Burg auf seiner Kuppe trägt. „Die Gemahlin Friedrich Wilhelms II.“, so versichert Dr. Heidecker in seiner Beschreibung der Stadt Freienwalde, „fand die Lage dieses Berges so reizend, dass sie von 1790 an alljährlich mehrere Wochen während der Badezeit in Freienwalde zubrachte und das Haus des Oberförsters Wiprecht, das zu diesem Zweck erweitert und eingerichtet worden war, bewohnte. Sie ließ zugleich neben der Oberförsterwohnung eine geschmackvolle Sommerwohnung bauen, die aus einem Saale, vier Cabinets und einer Küche bestand – den jetzigen Pavillon.“

Dieser Pavillon genügte bis 1795, und erst als zwei Jahre später, nach dem inzwischen erfolgten Tode des Königs, die nunmehr verwitwete Königin ihren Lieblingssitz Freienwalde zu ihrem Witwensitze erhob, entstand das gegenwärtige „königliche Schloss“. Wahrscheinlich um 1800.

Die Frage drängt sich auf: Wie verflossen ihr hier die Tage ihrer Witwenzeit? Still, und deshalb nicht eingetragen in die Blätter der Geschichte. Aber einzelnes lebt doch in schriftlicher oder mündlicher Überlieferung fort, das uns einigermaßen in den Stand setzt, uns ein Bild dieser stillen Tage zu entwerfen. Die königliche Frau, ausharrend in ihrer Liebe für die Stadt, der sie seit Jahren ihre besondere Gunst geschenkt hatte, fuhr mit regem Eifer fort, sich die Verschönerung Freienwaldes angelegen sein zu lassen und besonders die Landschaft durch Zugänglichmachung ihrer schönsten Punkte zu erschließen. Zu einem solchen „Erschließen“ war auch in Freienwalde, wie überall im Lande, noch vollauf Gelegenheit gegeben. Denn der Sinn für die „schöne Landschaft“ ist wie die Landschaftsmalerei von sehr modernem Datum. Namentlich in der Mark. Die eigentliche märkische Bevölkerung hat noch jetzt diesen Sinn beinah gar nicht, wovon sich jeder überzeugen kann, der an hübsch gelegenen Orten einer Vergnügungspartie märkischer Stadt- und Dorfbewohner beiwohnt. Sie sind ganz bei ihrem Vergnügen, aber gar nicht bei der „Landschaft“, der sie in der Regel den Rücken zukehren. Der Berliner „Sommerwohner“ ist nicht deshalb so bescheiden in seinen Ansprüchen, weil ihm die märkische Natur nichts bietet, sondern weil es ihm schließlich gar nicht darauf ankommt, ob die Sache so oder so ist. Überall entstanden Partien und Promenaden, Eremitagen und Tempel. Abhänge wurden bepflanzt, dichte Waldpartien gelichtet und gerodet. Sie kaufte den „Poetenberg“, bepflanzte ihn mit Kastanien, mit Pappeln und Akazien und errichtete, wie uns überliefert wird, ein Haus im japanischen Geschmack, das den Namen „Otahaiti“ erhielt. Man nahm es damals nicht so genau.

Wir könnten noch von vielen Verschönerungen dieser Art erzählen, deren Verdienstlichkeit es wenig Abbruch tut, dass das Maß ihrer Schönheit oft ein höchst bescheidenes oder zweifelhaftes war; wir ziehen es jedoch vor, uns nunmehr jenen Besuchs- und Familientagen von Schloss Freienwalde zuzuwenden, wo die „Kinder“ von Berlin herüberkamen: der König, die Königin und mit ihnen die drei ältesten Enkel: Fritz, Charlotte und Wilhelm. Vieles im Schloss erinnert noch an jene Tage stillen Glücks, und besonders ist es „Kronprinz Fritz“, dessen Spuren sich verfolgen lassen. Es scheint fast, dass er oft längere Zeit bei der Großmutter zum Besuche war; er drechselte, spielte und kletterte im Park umher, und allerhand Anekdoten kursieren noch von alten, viel verfolgten Hofdamen,

die, besonders an Winterabenden, auf dem Heimweg vom Schloss durch schattenhaftes Hinundherhuschen, durch Geraschel in den Zweigen und später am Abend durch Kratzen an der Haustür oder durch leises, gespenstisches Klingeln in ihrer Einsamkeit erschreckt wurden. Das interessanteste Überbleibsel aus jener Zeit aber ist ein Leierkasten, der damals dem Kronprinzen zum Geschenk gemacht wurde und dessen Hauptstück die Papageno-Arie war: „Ein Mädchen oder Weibchen wünscht Papageno sich."

1805 starb die Königinwitwe, und das Schloss zu Freienwalde stand auf lange hin leer. Erst in den dreißiger Jahren hören wir wieder von bestimmten Besuchern. Prinzeß Luise Radziwill brachte hier die Sommermonate von 1836 zu; sie sehnte sich nach Stille, nach Ruhe, und sie fand sie hier.

Seit jener Zeit vergingen wohl nur wenige Sommer, wo das Schloss am Schlossgartenberg nicht auf längere oder kürzere Wochen seine Besucher gehabt hätte; aber eine Residenz, der Sitz eines Hofhalts, ist es seit den Tagen der Königinwitwe nicht wieder gewesen.

Wir treten nun an das Schloss selbst heran. Es hat mehr den Charakter eines stattlichen, geschmackvoll aufgeführten Privathauses als den eines Schlosses. Unter Laub und Blumen gelegen, aus denen, überall unterbrochen, die gelben Wände hervorleuchten, macht das Ganze einen durchaus heitern Eindruck, und doch heißt es auch von diesen Mauern: „Sie haben Leides viel gesehn." Stilles Leid, aber um so tiefer vielleicht, je stiller es getragen wurde. [...]

In den Zimmern zerstreut stehen alte Erinnerungsstücke, oft mehr absonderlich als schön und mehr bemerkenswert um der Personen willen, denen sie zugehörten, als um ihrer selbst willen. An solchen eigentümlichen Wertstücken sind die Schlösser der Hohenzollern reich, und wie in manchem andern, so gibt sich auch hierin eine Eigentümlichkeit ihres Hauses zu erkennen. Sie haben nämlich nicht das Bedürfnis, sich ausschließlich mit hoher, besternter Kunst zu umgeben, sondern gestatten mit Bereitwilligkeit, ja mit Vorliebe fast, auch dem Niedriggebornen in der Kunst, dem mit schüchterner Hand geschehenen Versuche, den Zutritt in ihr Haus. Wer die Zimmer kennt, die Friedrich Wilhelm III. zu bewohnen pflegte, wird diese Bemerkung am ehesten verstehn. Es spricht sich beides in dieser Erscheinung aus – ein Mangel und ein Vorzug. Die Hohenzollern waren nicht immer ästhetischfeinfühlig, aber sie waren jederzeit human.

Zu diesen Betrachtungen gibt auch Schloss Freienwalde genügende Veranlassung. Da sind komplizierte „Strohnähtische“ mit eingeflochtenen Namenszügen, da sind Stühle mit hochzuschraubenden Lehnen, da sind endlich Tische, aus deren Platten sich, durch Druck und Zug, Stehleitern vor dem erstaunten Auge aufrichten. Lauter Dinge, vor denen der eigentliche Kunstsinn erschrickt während ein freundlicher Sinn sie gelten lässt und sich am Streben freut. Aber, gut oder nicht, es sind nicht diese Schöpfungen, bei denen wir zu verweilen hätten. Wir treten lieber aus dem Paradiesvogelzimmer auf den Korridor hinaus und steigen einige Stufen treppab, um nach jenem besten Erinnerungsstück des Hauses zu suchen, das vor siebzig Jahren oder mehr der Jubel eines heiteren Prinzen und der Schrecken alter Hofdamen war. Wir meinen natürlich die Drehorgel. Da steht sie verstaubt im Keller. Wir legen die Kurbel an, die sich unter einem Ballen Flachs und Hede findet, und beginnen zu drehen. Aber die Harmonie ist hin. Die heiteren Töne springen nicht mehr elastisch vom Lager auf; lahm, gebrochen, verstimmt ziehen sie langsam durch die Luft und hallen düster und unheimlich von der Kellerwand zurück.

Schloss Freienwalde ist unbewohnt jetzt. Von Zeit zu Zeit hat es freilich noch seine Gäste, aber Laune und Zufall gefallen sich darin, die sommerliche Villa vor allem zu einem winterlichen Jagdschloss zu machen. Im Dezember, bei grauem Himmel, wenn Weg und Steg unter fußhohem Schnee liegen, dann wird es lebendig hier. Aber nur auf Stunden.

Dann, um Mitternacht, mit Peitschenknall und Schellengeläut, jagen Schlitten durch die Straßen der tief stillen Stadt, den Berg hinauf, den Park hindurch, bis vor das verschneite Schloss. Fackeln und Windlichter werfen ihren Schein auf die aussteigenden Gäste – hohe, heitere Gestalten, die den Schnee von ihren Pelzen schütteln. Sie treten auf wie solche, die hier zu Hause sind. Diener mit Taschen und Jagdgerät, mit Büchsensäcken von rotem Juchtenleder fliegen treppauf, alle Fenster werden hell, hinter den herabgelassenen Rouleaux bewegen sich einzelne Schatten, dann wieder wird es stiller, und nur von Zimmer zu Zimmer knarrt noch der Ton, womit der müde Fuß aus dem Stiefel fährt. Noch ein kurzer Befehl, eine „gute Nacht“, und alle Lichter löschen aus.

Eh der Tag graut, ist das Schloss wieder leer. Nur halbverwehte Schlittengeleise und lange Streifen, die die Spitze der Parforcepeitsche durch den Schnee zog, zeigen noch den Weg, den die Gäste auf ihrer Weiterfahrt genommen.

Und das Schloss liegt stiller da wie zuvor.

Alles, was kam und ging, war wie ein Traum.

A–Z

FÜR DIE MENSCHHEIT

UNESCO-Welterbestätten in Deutschland

AUFGENOMMEN:
1978–2000

1978

„Welterbe" ist eine von der UNESCO vergebene Bezeichnung für Denkmäler, Ensembles und Stätten (Weltkulturerbe) sowie Naturgebilde, geologische und physiographische Erscheinungsformen und Naturstätten (Weltnaturerbe), die von außergewöhnlichem Wert für die Menschheit sind.

In Deutschland gibt es 46 Welterbestätten, darunter drei Natur- sowie 43 Kulturstätten. Sieben der Stätten sind transnational oder grenzüberschreitend.

Um in die Liste des Weltkulturerbes aufgenommen zu werden, muss eine Stätte einige der folgenden Kriterien erfüllen. Sie muss

(i) ein Meisterwerk der menschlichen Schöpferkraft darstellen;

(ii) für einen Zeitraum oder in einem Kulturgebiet der Erde einen bedeutenden Schnittpunkt menschlicher Werte in Bezug auf Entwicklung der Architektur oder Technik, der Großplastik, des Städtebaus oder der Landschaftsgestaltung aufzeigen;

(iii) ein einzigartiges oder zumindest außergewöhnliches Zeugnis von einer kulturellen Tradition oder einer bestehenden oder untergegangenen Kultur darstellen;

(iv) ein hervorragendes Beispiel eines Typus von Gebäuden, architektonischen oder technologischen Ensembles oder Landschaften darstellen, die einen oder mehrere bedeutsame Abschnitte der Menschheitsgeschichte versinnbildlichen;

(v) ein hervorragendes Beispiel einer überlieferten menschlichen Siedlungsform, Boden- oder Meeresnutzung darstellen, die für eine oder mehrere bestimmte Kulturen typisch ist, oder der Wechselwirkung zwischen Mensch und Umwelt, insbesondere, wenn diese unter dem Druck unaufhaltsamen Wandels vom Untergang bedroht wird;

(vi) in unmittelbarer oder erkennbarer Weise mit Ereignissen oder überlieferten Lebensformen, mit Ideen oder Glaubensbekenntnissen oder mit künstlerischen oder literarischen Werken von außergewöhnlicher universeller Bedeutung verknüpft sein. (Das Komitee ist der Ansicht, dass dieses Kriterium in der Regel nur in Verbindung mit einem weiteren Kriterium angewandt werden sollte).

Die Stätten stehen aufgrund ihres außergewöhnlichen Werts unter besonderem Schutz. „Die Anerkennung als Welterbe ist jedoch kein Selbstzweck, sondern in erster Linie Auftrag, den langfristigen Erhalt der Stätte, deren nachhaltiges Management und ihre Vermittlung an die Öffentlichkeit sicherzustellen."

Zum Zwecke dieser Vermittlung seien hier die Welterbestätten vorgestellt, die in den Jahren 1978–2000 in die Liste aufgenommen wurden.[1]

1 Quelle: www.welterbe.de

AACHENER DOM (1978)

Erbaut um 790 bis 800, ein künstlerisches und architektonisches Meisterwerk, gilt als Symbol der Einigung und des Wiederaufstiegs Westeuropas nach dem Ende des Römischen Reiches. Er war die erste Welterbestätte in Deutschland.

SPEYERER DOM (1981)

Größte romanische Kirche der Welt und Meilenstein in der Geschichte romanischer Architektur.

RESIDENZ WÜRZBURG MIT HOFGARTEN UND RESIDENZPLATZ (1981)

Das gemeinsame Meisterwerk wichtiger Künstler des 18. Jahrhunderts, einzigartig in Originalität, Bauprogramm und Internationalität der am Bau Beteiligten.

WALLFAHRTSKIRCHE „DIE WIES" (1983)

Eine glänzende Schöpfung des bayrischen Rokoko und Zeugnis lebendiger religiöser Traditionen, gebaut unter Leitung des berühmten Architekten Dominikus Zimmermann.

SCHLÖSSER AUGUSTUSBURG UND FALKENLUST IN BRÜHL (1984)

Die ersten bedeutenden Schöpfungen des Rokoko in Deutschland, über ein halbes Jahrhundert Vorbild für eine Vielzahl deutscher Fürstenhöfe.

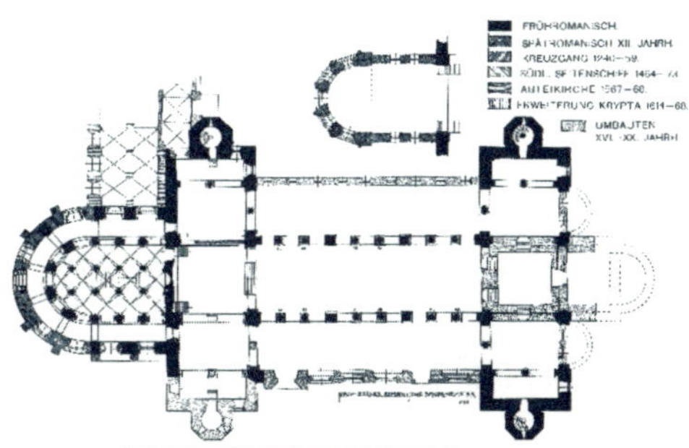

DOM UND MICHAELISKIRCHE IN HILDESHEIM (1985)

Der Hildesheimer Dom und die ehemalige Benediktinerabteikirche St. Michael legen ein außergewöhnliches Zeugnis von der religiösen Kunst im Heiligen Römischen Reich ab. Die beiden Gebäude und die zu ihnen gehörenden Kunstschätze vermitteln einen umfassenden Zugang zum Verständnis der Einrichtung romanischer Kirchen im christlichen Abendland.

RÖMISCHE BAUDENKMÄLER, DOM UND LIEBFRAUENKIRCHE VON TRIER (1986)

Die römischen Baudenkmäler, Dom und Liebfrauenkirche in Trier, der ältesten Stadt Deutschlands, zeugen in außergewöhnlicher Weise von der römischen Zivilisation sowie der Anerkennung des Christentums als Staatsreligion des Römischen Reiches.

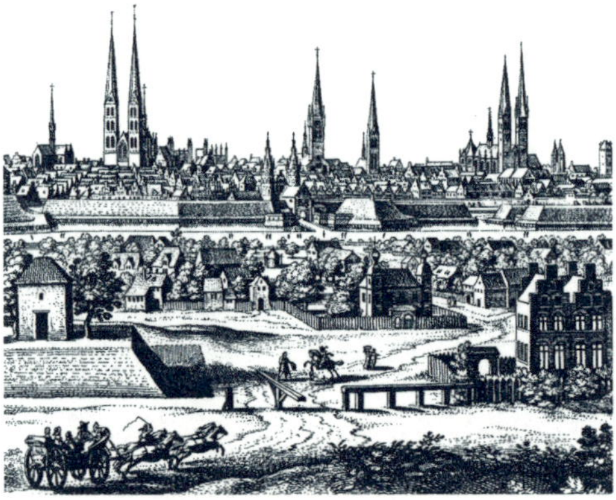

HANSESTADT LÜBECK (1987)

Ein außergewöhnliches Sinnbild der Macht und historischen Bedeutung der Hanse, des Bunds der Kaufmannsstädte. Die historische Struktur der Altstadtinsel mit ihrem klingenförmigen Grundriss aus der Gründerzeit der Stadt bezeugt die Entfaltung Lübecks zum Handelszentrum Nordeuropas.

SCHLÖSSER UND PARKS VON POTSDAM UND BERLIN (1990; ERWEITERT 1992 UND 1999)

Ein architektonisches wie landschaftliches Meisterwerk. 1990 in die UNESCO-Welterbeliste eingeschrieben, ist die Stätte zugleich Ausdruck königlicher Macht und Sinnbild der deutschen Wiedervereinigung.

KLOSTER LORSCH (1991)

Das Kloster Lorsch aus der Zeit der Karolinger gehört zu den bedeutendsten Relikten vorromanischer Baukunst in Deutschland. Es erinnert an die vergangene Größe eines einst mächtigen Klosters und seiner weitgreifenden Verbindungen in der Welt.

BERGWERK RAMMELSBERG, ALTSTADT VON GOSLAR UND OBERHARZER WASSERWIRTSCHAFT (1992; ERWEITERT 2010)

Meisterwerk der Bergbau- und Ingenieurskunst und hervorragendes Beispiel für Verwaltung und Handel in Mittelalter und Renaissance.

ALTSTADT VON BAMBERG (1993)

Die Altstadt von Bamberg stellt ein einzigartiges und sehr gut erhaltenes städtebauliches Kunstwerk dar, eine Synthese der Architektur aus Hochmittelalter und Barock. In dem historischen Stadtbild mit seinen zahlreichen Monumentalbauten aus dem 11. bis 18. Jh. bleiben architekturgeschichtliche Momente lebendig, die das gesamte Europa betrafen.

KLOSTERANLAGE MAULBRONN (1993)

Eine der am vollständigsten erhaltenen mittelalterlichen Klosteranlagen nördlich der Alpen. Sie übte großen Einfluss auf die Ausbreitung der gotischen Architektur aus. In seiner Gesamtheit ist Maulbronn weltweit ein Einzelfall, der es ermöglicht, ein zuverlässiges Bild von zahllosen zerstörten Klosteranlagen zu rekonstruieren.

STIFTSKIRCHE, SCHLOSS UND ALTSTADT VON QUEDLINBURG (1994)

Ein außergewöhnliches Beispiel für eine europäische mittelalterliche Stadt. Hiervon zeugen noch heute über 1.300 gut erhaltene Fachwerkhäuser aus sechs Jahrhunderten.

VÖLKLINGER HÜTTE (1994)

Die weltweit einzige erhaltene Hütte aus der Glanzzeit der Eisen- und Stahlindustrie im 19. und 20. Jahrhundert. Ausdruck der grenzüberschreitenden Industrialisierung in Europa.

FOSSILLAGERSTÄTTE GRUBE MESSEL (1995)

Die Fossillagerstätte Grube Messel bei Darmstadt gibt einzigartigen Aufschluss über die frühe Evolution der Säugetiere. Sie dokumentiert die Entwicklungsgeschichte der Erde vor 48 Millionen Jahren. Erhaltungszustand, Menge und Vielfalt der dort gefundenen Fossilien sind einzigartig.

KÖLNER DOM (1996)

Erbaut von 1248 bis 1880, ein Meisterwerk gotischer Architektur. Er gilt als Zeugnis der Stärke und Beständigkeit des christlichen Glaubens in Europa.

DAS BAUHAUS UND SEINE STÄTTEN IN WEIMAR, DESSAU UND BERNAU (1996; ERWEITERT 2017)

Zentrale Werke der radikalen Erneuerung von Architektur und Design. Sie stehen für die Blüte der Moderne, die hier ihren Ausgang nahm und weltweite Wirkung entfaltete.

LUTHERGEDENKSTÄTTEN IN EISLEBEN UND WITTENBERG (1996)

Orte entscheidender Ereignisse der Reformation und als solche von herausragender Bedeutung für das politische, kulturelle und spirituelle Leben der westlichen Welt.

KLASSISCHES WEIMAR (1998)

Ein einzigartiges Zeugnis der Kulturepoche der Weimarer Klassik, in welcher Weimar einen Brennpunkt europäischer Geistesströmungen darstellte.

WARTBURG (1999)

Entstehungsort der Luther-Bibel, mit kulturellen Werten von universeller Bedeutung verknüpft. Die Wartburg wurde 1999 unter anderem als ein hervorragendes Denkmal der feudalen Epoche in Mitteleuropa in die Welterbeliste aufgenommen.

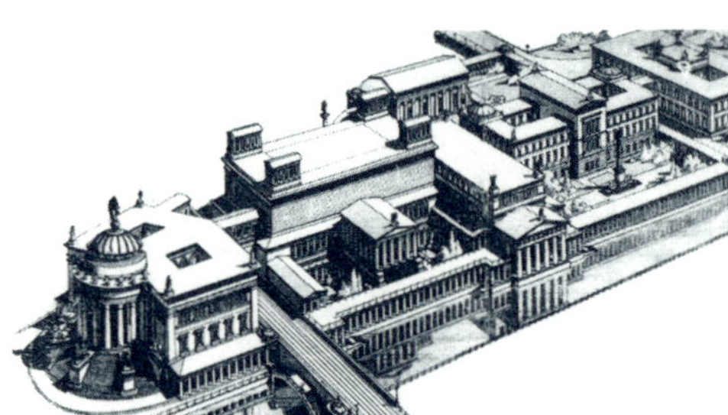

MUSEUMSINSEL BERLIN (1999)

Ein einzigartiges Ensemble historischer Museumsbauten. Sie ist ein eindrucksvolles Beispiel der Verschmelzung von Gebäuden und ausgestellten Sammlungen.

GARTENREICH DESSAU-WÖRLITZ (2000)

Als erster Landschaftsgarten nach englischem Vorbild auf dem europäischen Festland ist das Gartenreich Dessau-Wörlitz ein herausragendes Beispiel für die Landschaftsgestaltung zur Zeit der Aufklärung.

KLOSTERINSEL REICHENAU (2000)

Ein herausragendes Beispiel eines religiös und kulturell bedeutsamen Benediktinerklosters im Mittelalter. Das Ensemble der drei Kirchen auf der Insel stellt ein außergewöhnliches Beispiel einer integrierten Gruppe aus mittelalterlichen Kirchen dar, die Elemente der karolingischen, ottonischen und salischen Architektur bewahrt haben.

UNESCO

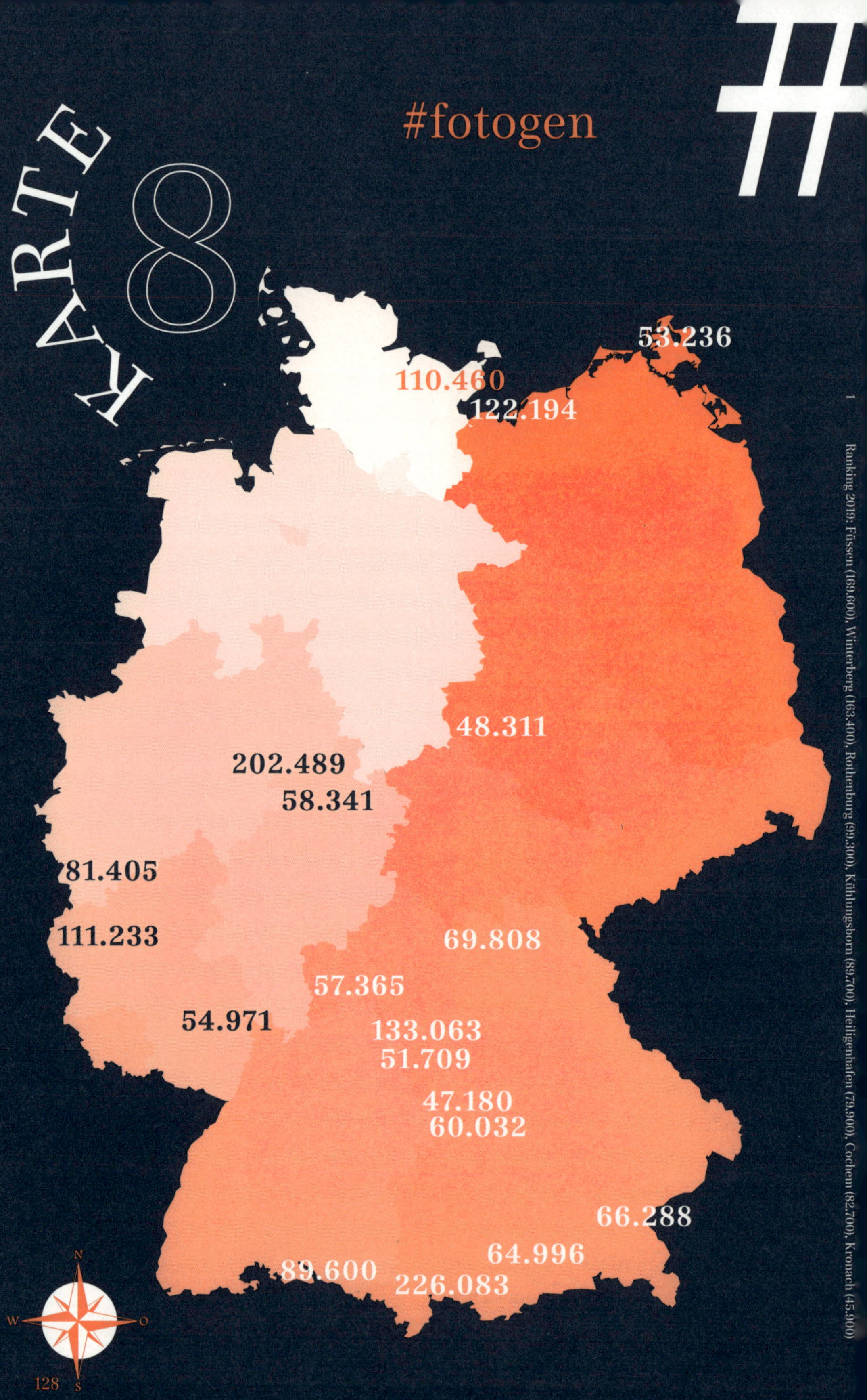

1 Ranking 2019: Füssen (169.600), Winterberg (163.400), Rothenburg (99.300), Kühlungsborn (89.700), Heiligenhafen (79.900), Cochem (82.700), Kronach (45.900)

DAS INSTAGRAM KLEINSTADT-RANKING

Die Reiseplattform *travelcircus.de* wertet alljährlich die Hashtags der auf Instagram veröffentlichten Fotos von 1.012 deutschen Kleinstädten aus.

Die fotogensten Kleinstädte Deutschlands im Jahre 2020 waren demnach[1]:

FÜSSEN:
226.083

WINTERBERG:
202.489

ROTHENBURG OB DER TAUBER:
133.063

KÜHLUNGSBORN:
122.194

COCHEM:
111.233

HEILIGENHAFEN:
110.460

MEERSBURG:
89.600

MONSCHAU:
81.405

KRONACH:
69.808

BURGHAUSEN:
66.288

BAD TÖLZ:
64.996

EICHSTÄTT:
60.032

BORKEN (HESSEN):
58.341

MILTENBERG:
57.365

BAD DÜRKHEIM:
54.971

SASSNITZ:
53.236

DINKELSBÜHL:
51.709

THALE:
48.311

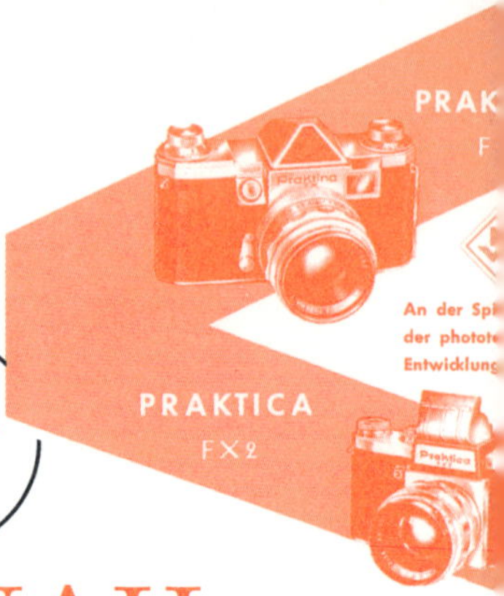

1957

STETS NAH HERANGEHEN

Aus einem Urlaubsfoto-Ratgeber der DDR

PRAKTICA B100

PRAKTICA super TL1000

PRAKTICA LTL3

In den 1950er und 1960er Jahren wurde der Urlaub zum Fotomotiv schlechthin, nicht zuletzt, weil Fotoapparate auf den Markt kamen, die komplikationslos zu handhaben waren.

Wie im Urlaub Fotos entstehen, „die wir voller Stolz unseren Freunden und Verwandten zeigen können", erläuterte Walter Dreizner 1957 in der von der Dresdner Foto-Industrie herausgegebenen Broschüre *Schöne Fotos, bleibende Erinnerungen.*

Dreizner, der als Betreuer von Amateurfotogruppen in der ganzen DDR aktiv war, befand sich 1961, als die Mauer gebaut wurde, bei seinem Bruder in den USA, kehrte nach langem Nachdenken zu seiner Familie in die DDR zurück. Mit dieser Entscheidung haderte er zeit seines Lebens. Er veröffentlichte Bildbände über die Insel Usedom und den Harz, schrieb Bücher über Fotografie, darunter die erwähnte Broschüre mit folgenden „Winken für das Fotografieren im Urlaub und Daheim":

WIR FAHREN AN DIE SEE

Das Strandleben bietet uns besonders viele Schnappschüsse. Nun liegt es an uns, mit offenen Augen zu beobachten, was hier vor sich geht. Spielende Kinder, aber auch Erwachsene beim Ball- und Ringspiel sind es, dann so manche originelle Szene und nicht zuletzt auch Aufnahmen von anderen Amateuren, die wir nun mit unserer Kamera belauschen und einfangen. Amateure zu beobachten, kann köstlich sein.

DIE SONNE IM BILD

Die für so schwer gehaltenen Fotos vom Sonnenauf- oder -untergang sind gar nicht so schwer, wie man immer glaubt. Beim Sonnenaufgang ist bestimmt das frühe Aufstehen weit schwerer.

Unser Bild gewinnt, wenn wir einen geeigneten Vordergrund finden: Fischerboote sind wohl am besten, sonst Strandkörbe oder Personen.

AUF DIE HORIZONTLINIE ACHTEN

Bei Personenaufnahmen ist es nicht schön, wenn die Horizontlinie die Köpfe schneidet. Dieses können wir schon durch einen höheren oder tieferen Standpunkt bei der Aufnahme vermeiden.

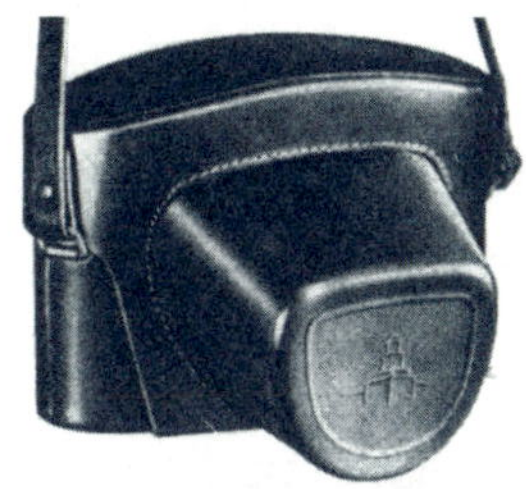

BERGE, WÄLDER UND SONSTIGE REISEZIELE

Wir wollen es vermeiden, immer gleich den ganzen Wald aufzunehmen. Baumgruppen, einzelne Bäume, ja sogar ein einzelner Zweig ergibt meist ein dankbareres Motiv, als es der ganze Wald zu geben vermag. Für die Fernaufnahme gilt das Gleiche wie an der See: Wir brauchen auch hier den betonten Vordergrund.

Schön ist es auch, wenn wir lange Schatten, die seitlich oder direkt auf uns zukommen, mit ins Bild nehmen. Beim Blick ins Tal unterstützen uns bei der Bildgestaltung diagonal verlaufende Wege.

STETS NAH HERANGEHEN

Bei allen Motiven sollten wir, wenn es irgendwie tragbar ist, nahe herangehen. Lieber Teilaufnahmen eines Objektes, als es irgendwo in der Ferne zeigen.

Auch bei Strandkorbaufnahmen heißt es herangehen, die Großaufnahme wirkt. Etwas anderes ist es, wenn wir die Lage unseres Strandkorbes oder der Sandburg zeigen wollen, dann geht es eben um ein Berichtbild, weniger um ein Wirkungsfoto.

DAS LICHT SELBST

Vorderlicht verwenden wir nur, wenn es um exakte Wiedergabe geht. Seitenlicht schenkt uns mehr Plastik, Gegenlicht mehr Effekt. Darum: Berge, Baumgruppen, Bauten und Plastiken und vieles andere mehr mit seitlichem Licht aufnehmen, dann wird uns auch das Foto nicht enttäuschen!

EIN WEITERES GEHEIMNIS

Lasse das Unwesentliche weg und placiere das Wesentliche gut!

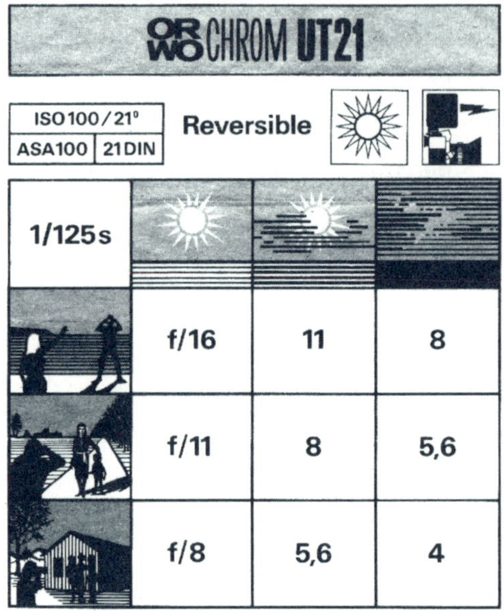

„DIE GANZE GEWOHNTE ORDNUNG IST GESTÖRT“

VON:
JOHANNA
SCHOPENHAUER

1828 Reisende Engländer im Rheinland

In den Jahren zwischen 2009 und 2019 hat Deutschland für internationale Reisende deutlich an Attraktivität gewonnen.[1]

Die Zahl der Übernachtungen von Gästen aus dem Ausland stieg in dieser Zeit von 54,8 Millionen Übernachtungen auf 89,9 Millionen.

Die meisten Gäste kommen aus den Niederlanden, der Schweiz, den USA und Großbritannien.

Die britischen Gäste galten einst als die „unübertroffenen Meister“ des Reisens, wie der nachfolgende Bericht von Johanna Schopenhauer zeigt, der auch ein zeitloses Zeugnis der Reibungen und Stereotype zwischen Gästen und Gastgebenden ist. Eine Seite reklamiert für sich Freundlichkeit und Offenheit und unterstellt der anderen Arroganz und Ignoranz. Eine Seite versteht sich als zuvorkommend, während sie der anderen „Geiz“ und anderen Unarten unterstellt. Eine Seite versteht sich als kultiviert, während sie auf der anderen den „Schmutz“ wahrnimmt.

1 Pressemitteilung Nr. 041 des Statistischen Bundesamtes vom 10. Februar 2020

Lästiger noch als die reisenden Kinder, sind vielleicht die reisenden englischen Familien, deren Anzahl, besonders in den Rheingegenden, an das Unglaubliche reicht, sodaß man kaum begreift, wer denn noch, außer dem Könige von England und seinem Hofstaat, dort zu Hause geblieben sein könnte.

Godesberg scheint besonders von ihnen begünstigt zu werden; frisch nach Steinkohlen duftend, wie eine englische Zeitung, langen sie mit Hilfe der Dampfböte oft am dritten oder vierten Tage, nachdem sie London verlassen, dort an und wissen, bei ihrer Unbekanntschaft mit der Sprache und Landesart, kaum wie ihnen geschehen, noch weniger, weshalb sie eigentlich gekommen. Alles erscheint ihnen seltsam und dabei grundschlecht, weil es nicht wie in England ist, und für die Leute, die so dumm sind, daß sie nicht einmal Englisch reden können, fühlen sie ordentlich ein verachtendes Mitleid.

Mehrere Stunden vor ihnen kommt der Courier auf dampfendem Pferde angesprengt, irgend ein in der Welt abgetriebener Abenteurer von der gemeinsten Art, der bei der Gelegenheit gelernt hat, sich zur Noth in mehreren Sprachen leidlich verständlich zu machen, und den sie irgendwo an der Grenze angenommen, um für sie überall das Wort zu führen. Mit wichtiger Miene und genügsamer Arroganz betritt er das Haus, läßt die Zimmer sich zeigen, tadelt Alles, fordert Vieles, was nicht zu haben ist, findet überall die Preise zu theuer, nach denen er bis in die geringsten Einzelheiten sich erkundigt, und wird am Ende doch mit dem Wirthe einig, wenn dieser die rechten gewichtigen Gründe zu finden weiß, die ihn von der Billigkeit der an ihn gerichteten Forderungen überzeugen können.

Endlich, gegen Abend kommt der große schwerbeladene Wagen nach; ein Haus auf vier Rädern, oben, hinten und vorn und an allen Seiten mit einer Menge zierlicher, genau ineinander passender Koffer und lederner Behältnisse bedeckt, die so ziemlich Alles enthalten, was man auf einer Reise um die Welt brauchen und nicht brauchen könnte, und denen man, wie dem Wagen ebenfalls, schon von Außen es ansieht, wie höchst bequem sie eingerichtet sind; denn in dergleichen bleiben die Engländer unübertroffene Meister und werden es noch lange sein. Der Wagen hält, doch Niemand sieht aus demselben heraus, der Courier eilt an den Schlag und stattet demüthig Rapport ab. Zuweilen sitzt ein Bedienter auf dem Bock, oft fehlt er auch, und der Courier vertritt im Gasthofe dessen Stelle, denn die englischen Bedienten verlassen ungern die Insel, und sind auch auf dem festen Lande nicht sonderlich brauchbar; aber die beiden englischen Kammermädchen mit großen Hüten und schottischen Mänteln fehlen nie in dem Anbau hinter dem Wagen, wo sie der Sonne, dem Regen und den von den Hinterrädern aufgewühlten Staubwolken auf das unbarmherzigste preisgegeben sind. Auch sieht man ihren mismuthigen Gesichtern deutlich es an, wie überdrüßig sie des Reisens schon jetzt sind, und wie gern sie wieder zu Hause wären.

Eine lange Pause entsteht, während welcher der Wirth ängstliches Herzklopfen empfindet, der, zwischen Furcht und Hoffnung schwebend, den Befehl erwartet, den Wagenschlag zu öffnen. Im Wagen wird deliberirt, der Courier erschöpft alle ihm zu Gebote stehende Beredtsamkeit. Endlich gibt die geöffnete Wagenthüre das Signal und Alles wird lebendig. Der Bediente springt vom Bock, die Kammermädchen klettern von ihrem Sitze herunter und schütteln den Staub aus ihren Mänteln; der Fußtritt wird niedergelassen, Mylord wälzt sich hinaus, man sieht es dem guten Mann an, wie sauer ihm das Reisevergnügen geworden; oft aber ist auch gar kein Mylord dabei, und die Damen reisen allein. Auf Mylord folgt Mylady und noch eine Lady, und nun noch ein paar Kinder, deren Erziehung auf Reisen vollendet werden soll. Denn Deutschlernen ist jetzt in England Mode; ich sah in Godesberg eine Familie mit drei oder vier Knaben und Mädchen, die den nächsten

Winter in Innsbruck zubringen wollte, um ihre Kinder dort in der deutschen Sprache unterrichten zu lassen.

Mit steifem Nacken und verachtendem Blicke auf uns vor der Thüre Sitzenden, die sich die Freiheit nehmen, dem Debarquement zuzusehen, zieht die Gesellschaft in das Haus – und läßt sich nicht wieder blicken, und sollte sie Wochenlang verweilen. Nur zuweilen in der größten Mittagshitze sieht man die Damen auf dem Felde hin und her gehen, was sie einen Morgenspaziergang vor dem Frühstück nennen, oder auch mit ihrer Mappe sich niederlassen, um die Ruine zu zeichnen.

Im Hause aber wird die Gegenwart dieser Unsichtbaren um so merklicher; des Salons, der sonst der ganzen Gesellschaft offen steht, haben sie sich gleich zu ihrem Frühstück- und Speisezimmer bemächtigt; die ganze gewohnte Ordnung ist gestört, alle Hausgenossen, vom Herrn des Hauses an, bis zu den letzten Kellnerburschen hinab, sind verdrüßlich, laufen auf Treppen und Gängen durcheinander, und wissen sich weder zu rathen noch zu helfen, denn Mylord und Mylady, Kinder und Kammermädchen verlangen tausenderlei, was ihnen nicht einmal dem Namen nach bekannt ist. Obendrein sind die hohen Herrschaften mit Allem unzufrieden, finden Alles ärmlich und schmutzig und das Essen ungenießbar, weil es nicht auf englische Art bereitet ist. Sie schlafen bis gegen Mittag, verlangen das Frühstück, wenn eben das Diner für die übrigen Gäste aufgetragen werden soll, essen spät gegen Abend zu Mittage und trinken Thee, wenn alle Welt zu Bette geht. Lauter Dinge, die sie allenfalls in den großen Hotels großer Städte verlangen dürften, ohne allzulästig zu werden. So spinnen sie immer enger und enger in ihre gewohnte Lebensweise sich ein, und kehren genau so wieder vom festen Lande zurück wie sie hingekommen, ohne um einen einzigen Begriff reicher geworden zu sein.

Was sie am meisten fürchten, ist, von Unbekannten angeredet zu werden, deshalb bemühen sie sich, so abstoßend als möglich zu erscheinen, sobald sie unter Fremde gerathen; und wenn Jemand, sei es Mann oder Frau, sich von der treuherzig freundlichen Gewohnheit der Deutschen verleiten läßt, sie im Vorübergehen zu grüßen, so sehen sie mit einer Miene ihn an, wie etwa am Ganges ein Bramine einen Paria ansehen mag, der unerwartet ihm in den Weg kommt.

Bei alledem sind Mylord und Mylady nichts weiter, als reiche Gewürzkrämer oder Ölhändler aus der City, die ebenso gut als im vergangenen Jahr ihr Nachbar der Bierbrauer, auch einmal auf dem festen Lande den Lord spielen wollen; was, wie sie gehört haben, mit den dazu gehörigen Guineen, die sie im Überfluß besitzen, gar nicht schwer hält. Die größere Hälfte der großen englischen Equipagen, welche Deutschland jetzt nach allen Richtungen durchkreuzen, ist mit Reisenden dieser Art angefüllt, die man, bei einiger Übung, an ihren übertriebenen Forderungen und an ihrer großen Unwissenheit sogleich für Das erkennt, was sie sind; besonders aber an dem wirklich unanständigen Geiz beim Bezahlen der Rechnung im Gasthofe. Sie kommen spät Abends an, halten, ohne zu soupiren, die Leute bis zwei, drei Uhr in der Nacht mit Anordnung der Zimmer und Betten auf, die ihnen nie gut genug sind, reisen ab, ohne zu frühstücken, und wundern sich unter lautem Schimpfen und Schelten, wenn der Wirth für alle seine Mühe und Unruhe entschädigt sein will.

Die wirklich Vornehmen sind zwar nicht minder stolz, nicht minder arrogant, mit einem Wort, nicht minder nationell als ihre Nachahmer, die im Auslande sich ihnen gleichzustellen trachten, aber der Stolz steht ihnen besser, weil er ihnen natürlicher ist, und das Bewußtsein des ihnen wirklich angebornen hohen Ranges schützt sie vor der Lächerlichkeit, ihn recht auffallend zur Schau tragen zu wollen. Auch sind sie gewöhnlich schon mit den Sitten außerhalb ihrer Insel einigermaßen bekannt, die sie zum

Theil selbst in ihren Kreisen angenommen haben, und werden dadurch vor zu groben Verstößen gegen dieselben bewahrt.

Übrigens verhalten sie sich nicht minder schroff und unzugänglich gegen Unbekannte als ihre Nachahmer, und möchten, eben wie diese auch, von ihrer gewohnten Lebensweise um keinen Preis auch nur um ein Haarbreit abweichen; aber was sie ganz besonders vor denselben auszeichnet, ist die Scheu, die sie vor ihren eigenen Landsleuten bezeigen, sobald diese und ihre Abstammung ihnen nicht wenigstens dem Namen nach bekannt sind. Sie gehen jeder Annäherung derselben auf eine wirklich beleidigende Weise aus dem Wege, um nur nicht in Bekanntschaften zu gerathen, durch die sie bei ihrer Heimkehr sich compromittirt fühlen können, und lassen, bei aller ihrer abstoßenden Zurückgezogenheit, sich doch noch weit eher mit den Landeseingebornen in ein Gespräch ein, wenn die Noth sie dazu zwingt. Solch ein in der Londner vornehmen Welt unbekanntes Geschöpf könnte ja nach seiner Rückkehr in London sich erdreusten, mit der Ehre ihrer Bekanntschaft groß zu thun, vielleicht gar einen Versuch wagen, sie zu besuchen und ihre Visitenliste durch seinen plebejen Namen entweihen; oder, was das Entsetzlichste wäre, in der Oper durch einen Gruß die momentane Bekanntschaft weltkundig machen!

1924

YOU WILL HAVE EVERY SATISFACTION

Aus einem Englisch-Lehrbuch für Kellner und Hotelangestellte

„Für einen strebsamen Gastwirtschaftsgehilfen sind heute praktische Sprachkenntnisse unentbehrlich und die erste Voraussetzung für sein Vorwärtskommen. Die vielen vorhandenen Sprachlehrbücher erweisen sich aber für seine Bedürfnisse als ungeeignet, weil sie keine Rücksicht auf den besonderen Wort- und Phrasenschatz seines Standes nehmen."

In diese Kommunikationslücke sprang ein 1924 in vierter Auflage erschienenes *Lehr- und Übungsbuch für den Selbstunterricht und zum Gebrauch an Fachschulen*. Die darin enthaltenen Lektionen geben einen Einblick in die Aufgaben der unterschiedlichen Hotelangestellten, zeigen die Ansprüche internationaler Tourist:innen wie auch den ihnen gebotenen Service. Von der Ankunft am Bahnhof bis zur Partie Billard – die zeigt was passiert, wenn im Urlaub ungewohnte Sportarten ausprobiert werden.

AT THE STATION

AUF DEM BAHNHOF

Are you from an hotel?

Sind Sie von einem Hotel?

Yes, Sir, I come from the "Rheinischer Hof". Do you wish to take rooms at our hotel? You will have every satisfaction.

Ja, mein Herr, ich bin aus dem „Rheinischen Hof". Möchten Sie bei uns absteigen? Sie werden mit allem sehr zufrieden sein.

Here, take my things, the handbag, the hat-box, and the portmanteau.

Hier, nehmen Sie meine Sachen, die Reisetasche, die Hutschachtel und den Handkoffer.

Have you any more luggage?

Haben Sie sonst noch Gepäck?

Yes, we have several large dress-baskets.

Ja, wir haben noch mehrere große Kleiderkörbe.

May I have your luggage-ticket?

Darf ich um Ihren Gepäckschein bitten?

Take good care that nothing is lost, and that everything comes safe to the hotel.

Geben Sie auf alles wohl acht, damit nichts verloren geht und alles sicher ins Hotel kommt.

You may depend on me.

Sie können sich auf mich verlassen.

We need not to wait for the heavy luggage. It will be fetched with a special car.

Wir brauchen nicht auf das große Gepäck zu warten. Es wird mit einem besonderen Wagen abgeholt werden.

I shall put your portmanteau on the roof.

Ihren Handkoffer will ich auf das Verdeck stellen.

I don't think there is another seat in the carriage.

Ich glaube, es ist kein Platz (Sitz) mehr in Ihrem Wagen.

ARRIVAL AT THE HOTEL

ANKUNFT IM HOTEL

I should like a room.

Ich möchte ein Zimmer haben.

We have received your telegram, and everything is prepared for you.

Ihre Depesche ist angekommen und alles ist für Sie bereit.

I want a sitting-room and a bedroom, not higher than the second floor, and quiet.

Ich brauche ein Wohnzimmer und ein Schlafzimmer, nicht höher als zwei Treppen und ruhig (gelegen).

We wish to stay here some weeks and should like to board here. What do you charge per day?

Wir wollen einige Wochen bei Ihnen bleiben und wünschen Pension zu haben. Was berechnen Sie für den Tag?

And what does it include?

Und was bekommt man dafür?

Lodging, breakfast consisting of coffee or tea with bread, honey, and eggs; dinner consisting of soup, roast meat, and dessert, and a meat supper.

Wohnung, Frühstück, bestehend aus Kaffee oder Tee mit Gebäck, Honig und Eiern, Mittagessen bestehend aus Suppe, Braten und Nachtisch, und Abendessen mit einer Fleischspeise.

We have electric light all through the hotel. You have only to turn this small handle, if you want light. Look, so!

Wir haben im ganzen Hotel elektrische Beleuchtung. Sie brauchen nur diese kleine Kurbel nach unten zu drehen, wenn Sie Licht haben wollen. Sehen Sie: so!

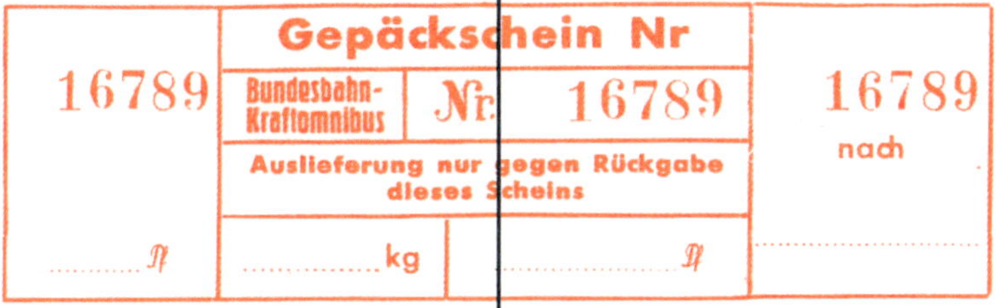

INTERNAL HOTEL SERVICE

John, how many covers have you today at the table d'hôte?

Up to now I have eighteen, but the occupants of Nr. 15 have not yet come down.

That makes twenty-one then; these gentlemen are never missing at table. Inform the head of it.

But he knows already.

Come, it is time to arrange the table. Tell the plate keeper to prepare the silver plate and the cook assistant to rinse the glasses.

Put the salt cellars and mustard pots in a straight line so that the table looks symmetrically arranged.

Give the serviettes the form of a mitre so that a few flowers can be put into them.

This knife rest is not clean. I am well dissatisfied with you.

Has the secretary written the menus?

IM INNEREN HOTELDIENST

Johann, wieviel Gedecke gibt es heute an der Gasttafel?

Bis jetzt habe ich 18, aber die Reisenden von Nr. 15 sind noch nicht herabgekommen.

Das macht also 21; diese Herren fehlen nämlich nie an der Tafel. Teilen Sie es dem Chef mit.

Ja, er weiß es schon.

Auf, es ist Zeit, die Tafel zu richten. Sagen Sie dem Silberkellner, das Geschirr vorzurichten und dem Küchenburschen die Gläser zu spülen.

Stellen Sie die Salz- und Senfgefäße in gleiche Linie, damit es gleichmäßig aussieht.

Den Mundtüchern geben Sie die Form einer Bischofsmütze, damit man einige Blumen hineinlegen kann.

Dieses Messerbänkchen ist nicht rein. Ich bin höchst unzufrieden mit Ihnen.

Hat der Sekretär die Speisekarten geschrieben?

THE BILLIARD MARKER

An excellent table! Marker, is there anybody here who would like a game of billiards?

You have just come right. The gentlemen there at the buffet is looking for a partner.

Do the gentlemen play French billions or at pyramids?

What? Eight points one after the other? You have made a good start and I gave you besides twenty points.

What is this? The red ball has a crack in it; bring another.

What a bad luck! I've lost the leather of my cue.

That was a clumsy stroke. The ball has sprung over the cushion.

Marker, please get the other table ready; I should prefer not to play further on this table, for there is a hole in the cloth, I see. Who has done that?

A stranger who always made such deep strokes without having any practice in playing.

DER BILLARDKELLNER

Ein ausgezeichnetes Billard! Kellner, ist jemand da, der gerne eine Party machen würde?

Das trifft sich gut. Der Herr dort am Buffet sucht einen Mitspieler.

Spielen die Herren Karambolage oder Kegel?

Wie, acht Bälle hintereinander? Sie fangen gut an. Und ich habe Ihnen noch 20 Bälle vorangegeben.

Was sehe ich? Der rote Ball hat ja einen Sprung, bringen Sie einen anderen.

Welches Pech! Jetzt ist das Leder von meinem Queue abgesprungen.

Das war ein ungeschickter Stoß.; der Ball ist über die Bande hinausgesprungen.

Kellner, machen Sie bitte das andere Billard fertig; auf diesem hier möchte ich nicht weiterspielen, denn es hat ein Loch im Tuch, wie ich sehe. Wer hat denn das gemacht?

Ein fremder Herr, der immer so tiefe Stöße macht, ohne Übung im Spielen zu haben.

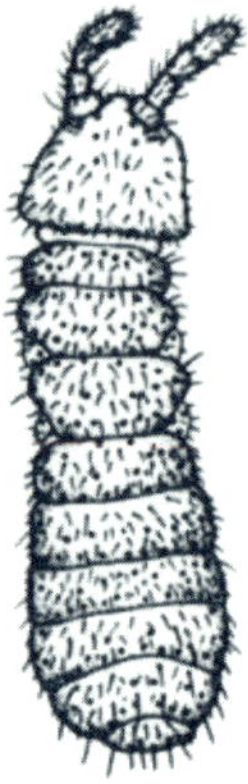

DAS ZIMMERMÄDCHEN PACKT AUS

2019

Enthüllung ekliger Ecken und schmutziger Geschichten

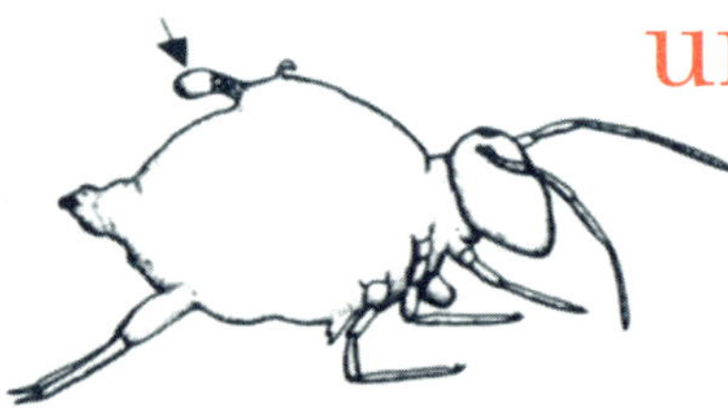

„Ich würde im Hotel niemals ein Handtuch benutzen, da ich als Zimmermädchen weiß: Die Zimmermädchen putzen damit die Armaturen, sie wischen Ablagen ab und hängen es wieder hin." Schauergeschichten wie diese sorgen in der Boulevardpresse und auf Internetseiten für Aufmerksamkeit. Belegbar sind sie nicht, wollen doch die „Zimmermädchen", die solche dreckigen Details enthüllen, stets anonym bleiben.

Nachfolgend eine Blütenlese aus der Boulevardpresse: Mythen, Horroranekdoten und üble Nachrede über die Hotelangestellten – in einigen Fällen mit „guten Ratschlägen" für Gegenmaßnahmen.

Vor der gruseligen Lektüre sei gesagt: Personal, das sich der geschilderten Vergehen schuldig macht, muss nicht nur mit der Kündigung, sondern auch mit Klagen des Arbeitgebers von der Schadensersatzforderung bis hin zur Anzeige wegen Körperverletzung rechnen.

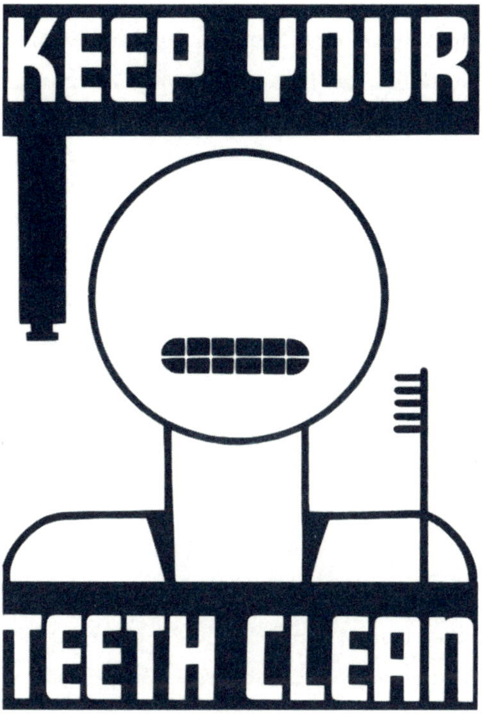

GAST-ZAHNBÜRSTE ZUR BADREINIGUNG

Wenn Gäste ihr Zimmer vermüllt oder stinkend hinterlassen, rächen sich die Angestellten gnadenlos, indem sie die Zahnbürsten der Gäste für das Reinigen der Bäder verwenden. Da sich hartnäckiger Schmutz mit einer Zahnbürste vom Waschbecken oder aus Kachelfugen entfernen lässt, sei es sowieso ratsam, die Zahnbürste nicht offen herumliegen zu lassen. Weil sonst das Reinigungspersonal lieber auf eine „bereitliegende" Zahnbürste zurückgreift als eine Bürste vom Putzwagen zu holen.

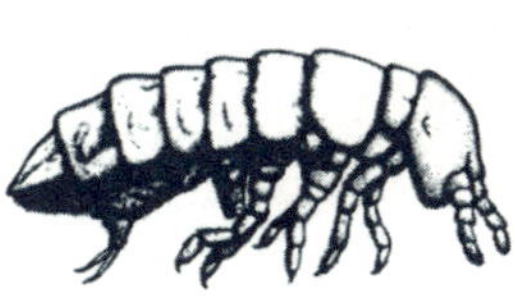

N°1

DER SCHMUTZIGSTE ORT IM HOTELZIMMER

... ist angeblich die TV-Fernbedienung – sie wandert durch viele, ungewaschene Hände und weise daher die meisten Keime auf. Deshalb sollte die TV-Fernbedienung immer mit einem Desinfektionstuch abgewischt werden.

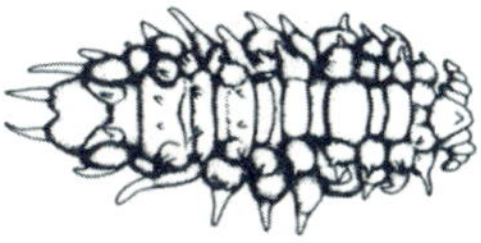

N°2

DER ZWEITSCHMUTZIGSTE ORT IM HOTELZIMMER

... ist angeblich das gefaltete Dreieck des Toilettenpapiers – weil sich das Reinigungspersonal nach dem Putzen des Bades nicht die Hände wäscht, bevor es das Toilettenpapier faltet.

WANNEN WERDEN NIE GESCHRUBBT

Weil Zimmermädchen unter permanentem Zeitdruck stehen, schrubben sie die Wannen nicht, sondern spülen sie nur kurz aus. Kontrolle: Geschrubbte Wannen riechen nach Bleichmittel oder Reinigungsmittel.

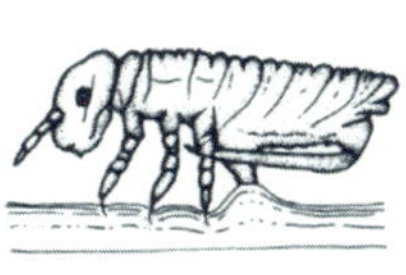

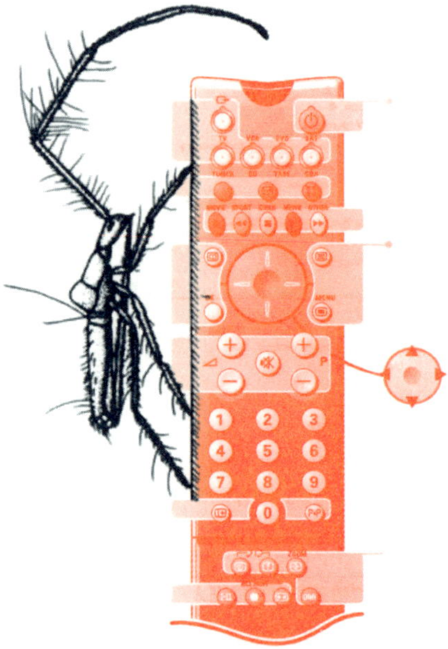

DIE DURCHGELEGENE MATRATZE

Weil in einem Doppelzimmer mit zwei Betten oder einem großen Doppelbett die Gäste am liebsten das Bett wählen, das dem Bad am nächsten ist, ist diese Matratze immer stärker durchgelegen. Deshalb für besseren Schlaf die andere Matratze wählen.

MUNDRAUB

Angeblich packen Zimmermädchen kein Mittagessen ein, stattdessen bedienen sie sich an den frisch zubereiteten Mahlzeiten der Zimmerservice-Bestellungen, bevor sie diese zu den Gästen bringen. Wirkt die Portion allzu klein, Rücksprache mit der Küche nehmen.

„GÄSTEBETT“ UND „GÄSTETOILETTE“

Besonders in großen Suiten, für deren Reinigung mehr Zeit zur Verfügung steht, gönnen sich Zimmermädchen oft ein Nickerchen oder benutzen, in entsprechenden Notfällen, das Badezimmer der Gäste – was dem Hotelpersonal verboten ist.

MODENSCHAU

Wenn weibliche Gäste edle Kleidungsstücke in den Hotelschrank hängen, müssen sie damit rechnen, dass das Personal diese anprobiert. In der Regel hängen sie die Kleidung nach der Anprobe und dem Vorführen wieder sorgfältig zurück.

REVIERVERHALTEN

Ältere Mitglieder des Reinigungspersonals eines Hotels übernehmen die teureren Hotelzimmer und Privatsuiten. Wenn Gäste etwas zurücklassen und es später nicht beim Hotel nachfragen, wandern die vergessenen Gegenstände in den Besitz des Personals, zu dessen „Revier“ das Zimmer gehört.

VORSORGLICHES AUSSPÄHEN

Hotels checken die Social-Media-Konten der Gäste, um sich einen Eindruck von deren Persönlichkeit zu verschaffen und einzuschätzen, ob sie es mit einem angenehmen oder unangenehmen Gast zu tun haben.

VERGESSENE LADEGERÄTE WERDEN LEIHGERÄTE

Der Fund von Gegenständen, insbesondere kleiner Elektronikgeräte, wird den Gästen nicht angezeigt, weil der Aufwand für das Nachsenden nicht im Verhältnis zum Wert, z.B. eines Ladekabels steht. Stattdessen werden die gefundenen Gegenstände gesammelt und späteren Hotelgästen geliehen.

ALLE HOTELANGESTELLTEN LÜGEN

Da sich alle Gäste willkommen und glücklich fühlen sollen, gibt es Standardlügen für das Personal, insbesondere: „Alle Zimmer sind gleich“, „in diesem Fall können wir leider nichts für sie tun“, „wir schätzen ihr Feedback“. Falsch ist auch das Lachen des Personals über die immer gleichen Witze der Gäste, z.B. über das Wetter.

HOTELS ÜBERBUCHEN BEWUSST, BILLIGBUCHER WERDEN ABGESCHOBEN

Angestrebt wird eine Zimmerauslastung von 110 Prozent, damit durch Stornierungen und Nichterscheinen kein Leerstand entsteht. Geht diese Rechnung nicht auf, werden Gäste, die über ein günstiges Hotelportal gebucht haben oder zum ersten Mal im Hotel übernachten würden, in Ausweichhotels abgeschoben.

KEINE WARNUNG VOR GEISTERN

Zuweilen stoßen Hotelangestellte bei der Zimmerreinigung auf eine Leiche oder begegnen dem Geist eines Menschen, der in diesem Zimmer gestorben ist. Im Internet finden sich zahlreiche Geschichten über Leichenfunde und Hotelgeister, die den Gästen aber vorenthalten werden, um sie nicht zu verschrecken.

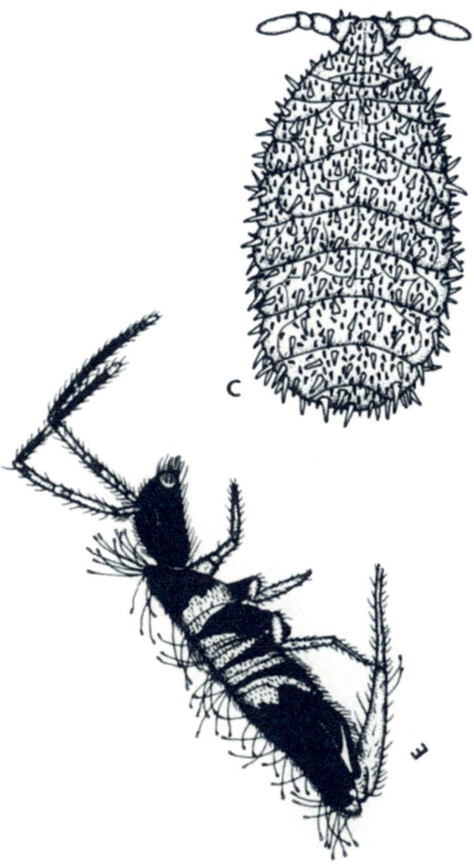

KARTE 9

FAHR ZUR HÖHLE!

SCHAUHÖHLEN – UNTERIRDISCHE NATURSCHUTZPARKS

Höhlen stehen in den meisten Ländern unter strengem Naturschutz. Das Konzept der Schauhöhle ist vergleichbar mit dem eines Naturparks: Teile der Höhle werden für eine touristische Nutzung freigestellt, um mit den Eintrittsgeldern die weitere Höhlenerkundung zu finanzieren. Aber auch, um die Naturschutzaspekte und den Wert einer Höhle den Besucher:innen nahezubringen.

A

ATTA-HÖHLE IN ATTENDORN (NORDRHEIN-WESTFALEN)

Die größte Tropfsteinhöhle Deutschlands, entdeckt von Steinbrucharbeitern im Juli 1907 bei Sprengungsarbeiten. Entstanden ist die Höhle im Devon vor etwa 400 Millionen Jahren.

Sie verfügt insgesamt über eine Länge von 6670 Metern, von der 500 Meter besichtigt werden können.

Besondere Spezialität: der Atta-Käse, der drei Monate bei konstanter Luftfeuchtigkeit von 95 Prozent in der Höhle reift.

B

TEUFELSHÖHLE IN POTTENSTEIN (BAYERN)

In der Fränkischen Schweiz befinden sich über 1.000 Höhlen, von denen die Teufelshöhle die größte ist. Sie wurde 1922 entdeckt von dem Geologen und Bergbauingenieur Hans Brand. Das Eingangsportal – das Teufelsloch – war lange zuvor bekannt, endete aber nach 85 Metern vor einer Wand.

In der Höhle wird ein komplettes Skelett eines Höhlenbären ausgestellt. In der Höhlenlandschaft werden außerdem von Mai bis Oktober verschiedene Konzerte oder Theaterstücke aufgeführt.

C

BINGHÖHLE IN STREITBERG (BAYERN)

Die Binghöhle gehört zur Erlebniswelt Jurahöhle. Sie wurde 1905 von dem Unternehmer Ignaz Bing aus Nürnberg entdeckt, nach dem sie auch benannt ist, und wird seit 1906 als Schauhöhle geführt. Da ein Gang durch die Binghöhle in unmittelbarer Nähe die verschiedensten Tropfsteinformationen zeigt, wird sie als „Tropfstein-Galeriehöhle“ bezeichnet.

Die Höhle bietet neben normalen Führungen auch Abenteuer- oder Märchenführungen für Kinder.

(Die Binghöhle und die Teufelshöhle von Pottenstein liegen nur ca. 25 Minuten Autominuten voneinander entfernt.)

D

KÖNIG-OTTO-TROPFSTEINHÖHLE IN VELBURG (BAYERN)

Die Tropfsteinhöhle befindet sich in der Oberpfalz und verdankt ihren Namen dem Tag ihrer Entdeckung: dem 30. September 1895, dem Namenstag des Bayernkönigs Otto. Die „Adventhalle“, ein Teil der Tropfsteinhöhle, die im Dezember 1972 entdeckt wurde – ist die Hauptattraktion der Höhle. Interessant sind hier die „Stalagnaten“ – Stalagtiten, die mit Stalagmiten im Laufe von über einer Million Jahren zusammengewachsen sind.

In der Höhle werden Trauungen durchgeführt.

E

SAALFELDER FEENGROTTE IN SAALFELD (THÜRINGEN)

Entstanden aus einem ehemaligen Bergwerk sind die Saalfelder Feengrotten heute für ihren Farbreichtum berühmt. Auf drei Stockwerken – sogenannten Sohlen – wandert man vorbei an Grottenseen und mehreren hundert Jahre alten Tropfsteinen, die hier besonders schnell wachsen. Forscher wiesen 40 verschiedene Materialien in der Höhle nach, die genau genommen ein Schaubergwerk ist. Mit dem „Grottoneum“ gibt es auch ein Erlebnismuseum. Als Ausflugsziel sind die Feengrotten vor allem für Familien geeignet. Die Feengrotten organisieren Führungen speziell für Kinder zwischen vier und neun Jahren, die mit roter Zwergenmütze und Grubenlampe auf Entdeckungstour gehen können.

F

EBERSTADTER TROPFSTEINHÖHLE (BADEN-WÜRTTEMBERG)

Diese Tropfsteinhöhle ist etwa drei bis fünf Millionen Jahre alt und ungefähr 600 Meter lang.

Entdeckt wurde die Eberstadter Tropfsteinhöhle erst 1971. Da die Höhle nach der Entdeckung verschlossen wurde und Führungen von Beginn an allein unter elektrischer Beleuchtung stattfanden, sind die Tropfsteine noch überwiegend kalkweiß erhalten, anders als in den meisten älteren deutschen Schauhöhlen, wo der Gebrauch von Kerzen und Fackeln die Tropfsteine einschwärzte. Die Eberstadter Tropfsteinhöhle gilt so als eine der schönsten Schauhöhlen in Deutschland.

G

DRACHENHÖHLE SYRAU IM VOGTLAND (SACHSEN)

Die einzige Tropfsteinhöhle in Sachsen wurde bei Steinbrucharbeiten im März 1928 entdeckt und noch im selben Jahr für das Publikum freigegeben. Die etwa 15 Meter tiefe Karbonatkarsthöhle erstreckt sich über eine Gesamtlänge von 550 Meter. Davon sind 350 Meter touristisch erschlossen. In den verschiedenen Sälen der Höhle befinden sich mehrere miteinander verbundene Höhlenseen.

Von Mai bis August finden in der Drachenhöhle zehnminütige Lasershows statt und in regelmäßigen Abständen auch Konzerte.

H

HERBSTLABYRINTH-ADVENTHÖHLE-SYSTEM IN BREITSCHEID (HESSEN)

Während einer vorweihnachtlichen Wanderung der *Speläologischen Arbeitsgemeinschaft Hessen e. V.* wurde am 11. Dezember 1993 am Rande des Abbaugebietes des Kalksteinwerkes Medenbach eine Tropfsteinhöhle entdeckt und „Adventhöhle" genannt.

Die Tropfsteinhöhle zeichnet sich durch einen extrem sauberen, weißen bis durchsichtigen und unberührten Sinterschmuck aus, der in weitem Umkreis seinesgleichen sucht. Insbesondere die Länge und Vielfalt der Tropfsteine ist einmalig in Deutschland. Die Höhle ist noch nicht vollständig erforscht. Ein kleiner Teil, die so genannte „Knöpfchenhalle", wurde 2009 als Schauhöhle eröffnet,

I

IBERGER TROPFSTEINHÖHLE IN BAD GRUND (NIEDERSACHSEN)

Die Höhle entdeckten um 1500 vermutlich Bergleute, die nach eingelagertem Brauneisenerz suchten, das nach archäologischen Befunden seit etwa 600 v. Christus am und im Iberg geschürft wurde. Die erste Beschreibung von 1737 schildert eine Höhlenbefahrung des Wolfenbüttler Arztes und Naturforschers Franz Ernst Brückmann am 30. März 1723. Im Jahr 1874 wurden Wege und Treppen angelegt und die Schauhöhle konnte über vorerst einen Zugang ihren Betrieb aufnehmen.

Die Iberger Tropfsteinhöhle und die weiteren im Iberg bekannten Höhlen sind Korrosionshöhlen, und zwar meistens der seltene Typ der Verwitterungshöhle. Bisher sind etwa 100 Höhlen im Iberg bekannt, von denen die Iberger Tropfsteinhöhle eine der größten ist.

In den Jahren 2006 bis 2008 wurde die Schauhöhle zum *Höhlen Erlebnis Zentrum Iberger Tropfsteinhöhle* erweitert.

J

DIE TIEFENHÖHLE IN LAICHINGEN BEI ULM (BADEN-WÜRTTEMBERG)

Die Laichinger Tiefenhöhle ist die einzige zur Schauhöhle ausgebaute Schachthöhle Deutschlands. Man steigt bis 55 Meter unter die Erdoberfläche hinab, womit sie eine der tiefsten Schauhöhlen in Deutschland ist.

Die Laichinger Tiefenhöhle liegt im Dolomit, der an der Oberfläche als Sand abgebaut wurde. Bei dieser Tätigkeit wurde die Höhle auch vom Laichinger Sandgräber Johann Georg Mack im Jahr 1892 entdeckt. Die Höhle wurde kurz darauf erforscht und bereits 1894 durch den Architekten Paul Kienzle vermessen. Das Begehen der Tiefenhöhle verlangt zweckmäßige Kleidung, insbesondere gute Schuhe, da der Führungsweg mehrere steile Eisentreppen aufweist. Auch eine warme Jacke wird dringend angeraten, die Höhle hat ganzjährig eine Temperatur von 8 °C.

Die Besucher erhalten am Eingang Gamaschen, die dem Schutz der Hosenbeine vor Verschmutzung mit Höhlenlehm dienen.

K

KLUTERTHÖHLE IN ENNEPETAL BEI WUPPERTAL (NORDRHEIN-WESTFALEN)

Die Kluterthöhle war vermutlich schon in vorgeschichtlicher Zeit ein Unterschlupf, Scherbenfunde deuten darauf hin, dass die Höhle ab mindestens dem 12. Jahrhundert genutzt wurde. Seit der Aufklärung dient die Höhle als Ausflugsziel. Im Zweiten Weltkrieg diente sie bis zu 4000 Menschen als Luftschutzraum. In der benachbarten Bismarckhöhle wurde sogar ein Kinderkarussell aufgestellt, um das Warten während der Bombennächte zu verkürzen.

Die Kluterthöhle hat eine Ganglänge von über 5845 Metern. Bis 1959 die Salzgrabenhöhle entdeckt wurde, war die Kluterthöhle die größte bekannte Höhle Deutschlands. Mit zahlreichen Seen und der „Klutertspring-Quelle" ist die Höhle wasserreich.

Große Teile der Höhle sind durch die jahrhundertelange intensive Nutzung stark entstellt. So sind nur noch an den unzugänglichsten Stellen Tropfsteine vorhanden.

L

RÜBELÄNDER TROPFSTEINHÖHLEN / „BAUMANNSHÖHLE" (SACHSEN-ANHALT)

Einer frei erfundenen Sage nach wurde die Höhle um 1536 durch den Bergmann Friedrich Baumann entdeckt, worauf auch der Name der Höhle zurückgehen soll.

1649 erteilten die Herzöge von Braunschweig dem Rübeländer Valentin Wagner und seiner Familie das Privileg, Besucher durch die Höhle zu führen. Dieser Zeitpunkt gilt als Beginn regulärer Führungen. Aufgrund der Zerstörung von Tropfsteinen erließ der Braunschweiger Herzog Rudolf August am 10. April 1668 eine Verordnung zum Schutz der Baumannshöhle. Die Höhle gilt daher auch als erstes rechtlich unter Schutz gestelltes Naturdenkmal in Deutschland. Um unbefugte Zutritte zu verhindern, sicherte man den Zugang 1688 durch eine Tür, so dass der Tropfsteinschmuck bis heute erhalten blieb. Zu den bekanntesten Besuchern zählte Johann Wolfgang von Goethe, der die Höhle 1777, 1783 und 1784 besuchte.

SPÜREN SIE DEN HAUCH MEINER ERHOBENEN STIMMUNG?

1903

Das erste Autoreisebuch der deutschen Literatur

VON:
OTTO JULIUS
BIERBAUM

„Es wird zwar, wie ich glaube, nicht mehr lange dauern, und das Reisen im Automobil ist etwas gewöhnliches; vor der Hand aber gehören längere Reisen dieser Art noch zu den Seltenheiten," schrieb Otto Julius Bierbaum im Vorwort seiner 1903 erschienen *Empfindsamen Reise im Automobil – Von Berlin nach Sorrent und zurück an den Rhein,* dem ersten Autoreisebuch der deutschen Literatur.

Der Journalist, Schriftsteller, Kabarettist und Herausgeber der Zeitschriften „Pan" und „Die Insel" schildert darin – angelehnt an Klassiker der Reiseliteratur wie Johann Gottfried Seume oder Laurence Sterne – in Briefform die Reise mit seiner Frau Gemma Pruneti-Lotti und Maschinist und Chauffeur Louis Riegel. Ihr Fahrzeug war ein vom Berliner Verlag August Scherl gestellter roter Adler-Phaeton, ein leichter, preiswerter „Laufwagen", dessen Höchstgeschwindigkeit 40 Kilometer pro Stunde betrug und für die Reise umgebaut werden musste.

Nachfolgend Auszüge aus Bierbaums Text, mit dem er die Lesenden davon überzeugen wollte, „dass wir jetzt im Automobil das Mittel an der Hand haben, die Kunst des Reisens aufs neue zu pflegen". Denn, so Bierbaum: das Wesentliche des Reisens sei die durch das Auto ermöglichte „Freiheit der Bewegung".

Bierbaum verstarb übrigens im Alter von nur 44 Jahren; offiziell an den Folgen einer Nierenkrankheit. Freunde sprachen davon, dass er sich zu Tode gearbeitet habe.

AN
HERRN ALF BACHMANN
IN MÜNCHEN

BERLIN, AM 1. APRIL 1902

[...]

Natürlich möchten Sie nun wissen, wie der Wagen aussieht. Rot, mein Herr, und zwar ist es ein Rot, wie ich es auf kolorierten Stichen aus der Biedermeierzeit an Reisekutschen gesehen habe. Ein braves, ungeniertes, ein ordentliches Rot. Gebe der Himmel, daß wir keinen Stieren und Truthähnen begegnen!

DIE FORM ABER IST DIE DES PHAËTONS.

Die Form aber ist die des Phaëtons. Sie wissen: Phaëton, Sohn des Helios, Patron der antiken Kutscher. Eigentlich sind es zweirädrige Wagen, die den Namen von ihm haben, und da der unsre vier Räder hat, neige ich mich der Meinung zu, es sei ein Doppelphaëton. Aber das ist einerlei. Gewiß ist, daß die Urform dieses Wagens die Muschelform war. Von der Muschel zum Motor! Per aspera ad astra!

Spüren Sie den Hauch meiner erhobenen Stimmung? Reiselaune, lieber Freund! Sollte ich noch einmal in diesem Briefe Ausrufe von zweifelhafter Hergehörigkeit riskieren, so denken Sie daran, daß ich im Begriffe bin, mich drei Monate lang durch fortgesetzte Benzinexplosionen vorwärts bewegen zu lassen. [...]

Nun möchten Sie auch wissen, wie wir selber uns equipieren. – Das ist eine Sache, über die ich mit keinem geringeren als Herrn Hoffmann in der Friedrichstraße konferiert habe, demselben Kleiderkonstrukteur, der den Grafen Waldersee, als er gen China zog, mit Kaki versehen hat. Sie finden, das sei Größenwahn? Gewiß, unserer Expedition ist nicht so kriegerisch und überseeisch wie die des Weltmarschalls, aber ich habe immer bemerkt,

NUR EIN SCHUTZGLAS GEGEN DEN LUFTZUG HABEN WIR NICHT

DER DOPPELSITZ FÜR MEINE FRAU UND MICH

daß, wenn einer Automobil fährt, beträchtliche Veränderungen in seiner Garderobe vor sich gehen. Er kleidet sich in Leder, wendet das Fell des Pelzes nach außen, setzt sich eine Maske und eine gigantische Mütze auf, – kurz, jedes Kleidungsstück ruft laut und vernehmlich: Töff! Töff! Auch Herr Hoffmann hatte mit mir weitgehende schneiderische Metamorphosen vor, aber er zeigte dabei zu sehr die Tendenz, mich gegen die Unbilden des sibirischen Wetters auszurüsten, als daß ich, der ich mehr nach Süden strebe, mich gänzlich hätte anschließen können. Zwar war es verlockend, die Haare einer glänzenden schwarzen Ziege oder junger Pferde nach außen zu tragen oder sich ganz in schwarzes Wichsleder zu hüllen, aber wir widerstanden dem Versucher. Wir beschränkten uns auf 1. ein Paar wasserdichte, aber sehr dünne Mäntel, die also gleichzeitig gegen Regen und Staub schützen sollen; 2. ein Sportkleid für meine Frau, kurzer Rockrand, Jacke, 3. einen Sportanzug für mich, Pumphosen und Joppe, 4. ein rohseidenes Kleid für meine Frau; 5. einen weißleinenen Anzug für mich; 6. zwei braunlederne Mützen; 7. ein Paar hohe Stiefel für meine Frau; 8. ein Paar hohe Stiefel für mich. Sie sehen, es ist Bedacht darauf genommen, daß wir es sowohl mit der Kälte vor, wie mit der Hitze nach dem Brenner aufnehmen können. Unsere gewöhnlichen Wintermäntel nehmen wir natürlich auch mit, und mein großer Koffer ist dazu bestimmt, Wäsche und Straßen- wie Gesellschaftskleider für drei Monate zu beherbergen. Außer ihm werden wir folgendes gen Süden schleppen: einen großen Handkoffer meiner Frau; einen großen Handkoffer für die „Effekten" bei kurzem Aufenthalt; einen Toilettenkoffer; einen Speisekorb mit Geschirr; eine Schirm- und Stocktasche; eine Gummibadewanne; drei Reisedecken. – Heiliger Himmel, – welch eine Bagage! Was hat man von seinem Kulturmenschentum? Eine Garnitur Koffer. Aber welche Wollust liegt in dem Gedanken: wir werden sie nie „aufzugeben" brauchen!

Überhaupt: eine wollüstige Perspektive! Wir werden nie von der Angst geplagt werden, daß wir einen Zug versäumen könnten. Wir werden nie nach dem Packträger schreien, nie nachzählen müssen: eins, zwei, drei, vier – hat er alles? Herrgott, die Hutschachtel! Sind auch die Schirme da? Wir werden nie Gefahr laufen, mit unausstehlichen Menschen in ein Kupee gesperrt zu werden, dessen Fenster auch bei drückender Hitze nicht geöffnet werden darf, wenn jemand mitfährt, der an Zug-Angst leidet. Wir werden keinen Ruß in die Lungen bekommen. (Aber Staub! Meinen Sie? Warten wir's ab!) Wir werden selber bestimmen, ob wir schnell oder langsam fahren, wo wir anhalten, wo wir ohne Aufenthalt durchfahren wollen. Wir werden ganze Tage lang in frischer, bewegter Luft sein. Wir werden nicht in gräulichen, furchtbaren Höhlen durch die Berge, sondern über die Berge wegfahren.

Kurz, mein Herr: Wir werden wirklich reisen und uns nicht transportieren lassen.

Reisen sage ich, nicht rasen. Denn das soll schließlich, um es kurz zu sagen, der Zweck der Übung sein: Wir wollen mit dem modernsten aller Fahrzeuge auf altmodische Weise reisen, und eben das wird das Neue an unserer Reise sein. Denn bisher hat man das Automobil fast ausschließlich zum Rasen und so gut wie gar nicht zum Reisen benützt.

Das Wesentliche des Reisens ist aber keineswegs die Schnelligkeit, sondern die Freiheit der Bewegung. Reisen ist das Vergnügen, in Bewegung zu sein, sich vom Alltäglichen seiner Umgebung zu entfernen und neue Eindrücke mit Genuß aufzunehmen. Der Reisende im Eisenbahnwagen vertauscht aber nur sein eignes Zimmer, das er allein besitzt, mit einer Mietskabine, an der jeder Quidam teil haben kann, und er gibt, statt Freiheit zu gewinnen, Freiheit auf. Der kilometerfressende „Automobilist" ist

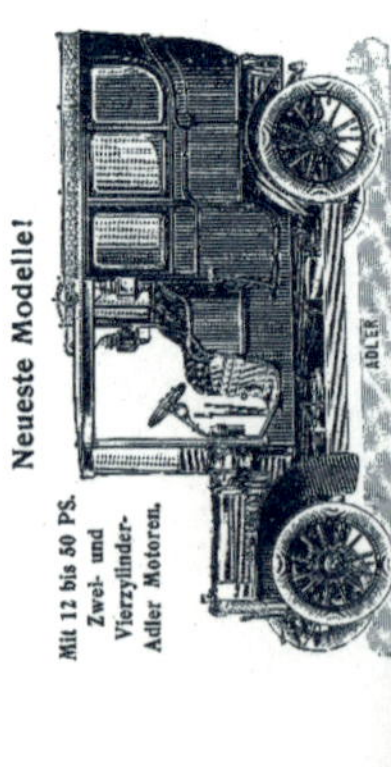

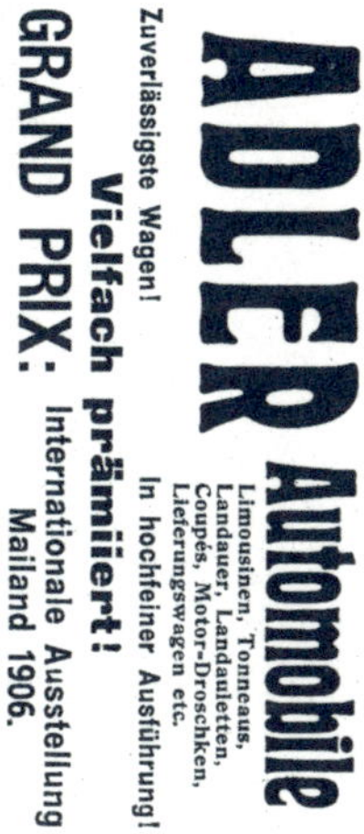

aber auch kein Reisender, sondern ein Maschinist. Das mag Verlockendes haben, wie jeder mit Lebensgefahr verbundene Sport, und ich begreife es, daß gerade die Reichsten der Reichen sich die Sensation gerne verschaffen, auf bisher noch nicht dagewesene Manier das Genick zu brechen. Aber mit der Kunst des Reisens hat das soviel zu tun, wie die Schnellmalerei mit der Kunst Böcklins.

Lerne zu reisen ohne zu rasen! heißt mein Spruch, und auch darum nenne ich das Automobil gerne Laufwagen. Denn es soll nach meinem Sinne kein Rasewagen sein. Und nun wollen wir sehen, ob das geht!

DAS WESENTLICHE DES REISENS IST ABER KEINESWEGS DIE SCHNELLIGKEIT

MUNDVORRAT UND WARME TÜCHER

AUS: DER GUTE TON

1900

Hinweise für einen Familienausflug

VON: FRANZ ALBRECHT

Der Sonntag, für welchen eine Landpartie in Aussicht genommen ist, wird von der ganzen Familie mit Sehnsucht erwartet. Täglich wird das Wetterglas mehr als einmal beobachtet, denn es wäre ja entsetzlich, wenn die Witterung das geplante Vergnügen verderben sollte. Aber nein, keinerlei Anzeichen droht einen Umschlag, und so können denn am Sonnabend die Vorbereitungen von der Hausfrau mit aller Umsicht getroffen werden. Diese Vorbereitungen werden sich in der Hauptsache auf den Mundvorrat beziehen, denn obwohl die Partie nicht in die Wüste geht, sondern an Orte, wo für gutes Geld in einem Restaurant an Speisen und Trank kein Mangel zu sein pflegt, ist es doch notwendig, vorzusorgen. Erstens ist die wenigstens teilweise eigene Vorproviantierung in Anbetracht der Kinder, die bekanntlich immer und gewöhnlich auch sehr bald wieder regen Appetit haben, eine Ersparnis, und zweitens dauert es ja auch geraume Zeit, ehe man an das Ziel der Ausfahrt gelangt. Ferner muss die Garderobe ausgewählt und bereitgelegt werden, damit der Aufbruch am nächsten Morgen pünktlich erfolgen kann. Pünktlich, dass keine Minute von dem Vergnügen versäumt wird, und in solchen Fällen pflegt ja selbst der notorische Langschläfer seine Gewohnheit zu bekämpfen und sich rechtzeitig aus Morpheus' Armen zu winden.

Natürlich werden, da ein warmer Tag zu erwarten ist, die hellen Sommertoiletten in erster Weise infrage kommen, dennoch ist zu raten, darunter nur widerstandsfähige Stoffe zu wählen. Ist doch dem Wetter nicht zu trauen, der jetzt so blaue Himmel kann sich plötzlich mit Wetterwolken überziehen, ein Gewitter zieht herauf und ein Platzregen stürzt herab, gegen den es möglicherweise nicht einmal einen besonderen Schutz gibt. Und was dann? Dann ist nicht allein die Toilette ruiniert, sondern wohl gar noch die Gesundheit gefährdet. Deshalb ist es nötig, auf solchen Ausflügen immer auch Tücher oder andere wärmere Kleidungsstücke mitzuführen, die bei einem Umschlag der Witterung Schutz gewähren; überdies kam es am Abend auf dem Heimweg empfindlich kühl werden, und eine Erkältung könnte ein böses Nachspiel bringen, wenn man nicht Vorsorge getroffen hat, sich dagegen zu schützen. Lieber mag die Vorsorge überflüssig gewesen sein, als dass man sich nachher bittere Vorwürfe machen muss. Und ganz abgesehen von solchen Fährlichkeiten sind diffizile Toiletten auch deshalb unpraktisch und nicht anzuraten, weil es bei den Spielen im Wald und auf der Wiese nie ohne kleine Unfälle abzugehen pflegt.

Unstrittig ist der Wagen bequemste Verkehrsgelegenheit für einen Ausflug, weil man für Aus- und Rückfahrt nicht an die Minute gebunden ist. Außerdem hat man den Wagen für sich allein, während man auf den anderen Verkehrsmitteln mit Hunderten und Tausenden gemeinschaftlich fahren und um die Plätze bisweilen förmlich kämpfen muss.

Das ist eine sehr unangenehme Zugabe, besonders bei der Rückfahrt, denn die meisten Menschen meinen, nach genossenem Vergnügen gar nicht schnell genug nach Hause kommen zu können, wollen womöglich die Ersten sein, die befördert werden und nehmen keinerlei Rücksicht auf andere. Es entsteht ein fast lebensgefährliches Gedränge, in welchem so manche Toilette, welche während des Tages noch leidlich erhalten wurde, nun völlig ruiniert wird. Schon deshalb soll man solches Gedränge meiden und lieber eine Zeit lang geduldig warten, bis die größte Menge befördert worden ist. Und nun erst die Wagenabteile: alles dicht eingezwängt, außer den vorhandenen Sitzplätzen noch jeder Raum mit stehenden Fahrgästen erfüllt, viele davon in angeheitertem Zustande und so weiter und so weiter. Durch dieses Nachspiel kann einem trotz allen vorangegangenen Vergnügens der ganze Tag vergällt werden. Alles dies hat man nicht auszustehen, wenn man den Ausflug im Wagen macht, obwohl auch hier mancherlei Unbequemlichkeiten mit in Kauf genommen werden müssen; und gerade ihre Rückfahrt, auf der einen dort der ganze Ausflug verleidet werden kann, gestaltet sich hier, im herrlichen Mondenschein, wohl noch zu einem der schönsten Teile des genossenen Vergnügens.

WO

GEHT'S

FANTASTI-
SCHEN

Deutsche Schuhstraße

Feldbergstraße

Keltenstraße

Osning-Route

Selfkant-Mühlenstra

Deutsche Fährstraße

Deutsche Spielzeugstraße

Klassikerstraße

Rheinischer Sagen

Bertha Benz Memorial Route

Deutsche Fehnroute

Niedersächsische Milchstraße

Liebfrauenstraße

Bayerische Ostmarkstraße

Bramgau-Route

Deutsche Ho

Nebenstraßen der Romanik
(in Altmark und Havelwinkel)

Käsestraße Schleswig-Holstein

Aischgründer Bierstraße

Beelitzer Spargelstraße

Brandenburger Bi

Die älteste deutsche Ferienstraße ist die 1927 gegründete *Deutsche Alpenstraße*. Bis 1950 entstanden in Deutschland vier weitere Touristische Routen: die *Deutsche Weinstraße* (1935), die *Schwarzwaldhochstraße* (1939), die *Grüne Küstenstraße* (1946), sowie die *Romantische Straße* (1950). In Deutschland gibt es zwar über 100 Ferienstraßen, jedoch haben es nur wenige davon geschafft, ins Bewusstsein der breiten Öffentlichkeit zu gelangen – oder wüssten Sie den Weg zur:

ballroute NRW

traße

Totenkopfstraße

Fürstenstraße der Wettiner

Ferienstraße „Handwerk erleben“

ZUR

Hohenzollernstraße

Viezstraße

traße

raße

Straße der Energie

Straße der Megalithkultur

Idyllische Straße

Erlebnisstraße der deutschen Einheit

Historische Raiffeisenstraße

Fränkische Wehrkirchenstraße

arschenweg

STRASSE

Schauinslandstraße

Deutsche Kohlstraße

Fantastische Straße

?

STAU UND STOCKENDER VERKEHR AUF FOLGENDEN AUTOBAHNEN

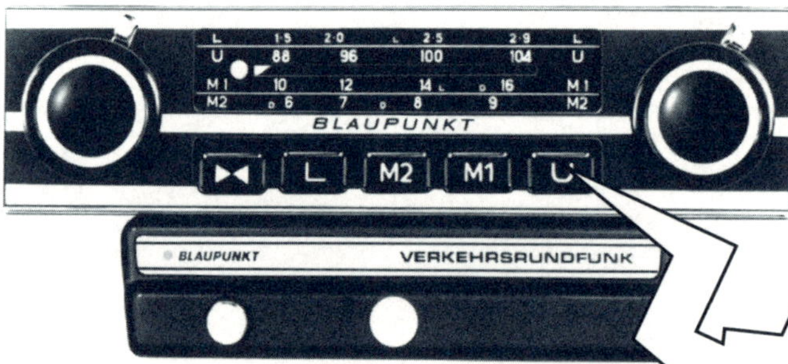

Kurze Geschichte des Verkehrsfunks

Hans Christoph Seeboom war von 1949 bis 1966 Bundesverkehrsminister, weist damit bis heute die längste ununterbrochene Amtszeit aller Bundesminister:innen auf – und schuf einen Klassiker des Rundfunks: die Verkehrsdurchsage. 1964 versprach er ab der Osterreisewelle die „Unterrichtung der Kraftfahrer über Rundfunk, wo sich Verkehrsstauungen gebildet haben und welche Strecken zur Vermeidung befahren werden können“. Dies war ein Eingriff in Programmhoheit und Unabhängigkeit der Rundfunksender, doch die ARD-Intendanten gaben nach, weil sie befürchteten, dass sonst eine Verkehrsfunk-Konkurrenz entstehen könnte.

Allerdings gestaltete sich die technische Umsetzung als schwierig, zum einen, weil nur jeder dritte Pkw Mitte der 1960er Jahre über ein Radio verfügte, zum anderen gab es Probleme mit der Frequenz. Als Anfang der 1970er Jahre bundeseinheitlich die in Deutschland wenig genutzten UKW-Frequenzen jenseits von 100 Megahertz belegt werden sollten, erhob die französische Feuerwehr Einspruch. Denn sie nutzte diese Wellen für ihren Sprechfunk und befürchtete im Grenzgebiet Funkstörungen durch deutsche Verkehrssender.

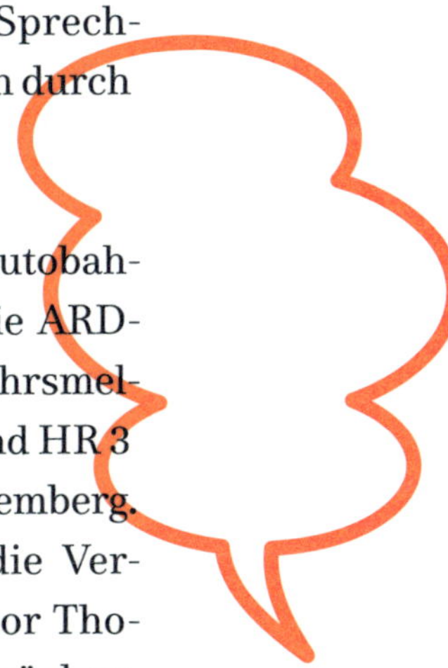

Angesichts des zunehmenden Verkehrs auf den Autobahnen und den damit verbundenen Staus schufen die ARD-Anstalten schließlich doch Servicewellen mit Verkehrsmeldungen und Popmusik; ab 1972 NDR 2 im Norden und HR 3 in Hessen, etwas später auch SWF 3 in Baden-Württemberg.

Zu größter Bekanntheit brachten es jedoch die Verkehrsmeldungen auf Bayern 3, weil dort Moderator Thomas Gottschalk die Verkehrsdurchsagen mit Sprüchen garnierte: „Achtung Autofahrer, auf der Autobahn Starnberg – Garmisch befinden sich Pferde auf der Fahrbahn. Wenn Sie vorbeikommen, halten Sie bitte ein Büschel Heu aus dem Fenster."

So begann die Karriere des später bekanntesten deutschen TV-Unterhalters am Stau-Mikrophon.

In den 1990er Jahren führten Privatsender Neuerungen ein, um Publikum von den ARD-Servicewellen abzuziehen. Die bekannteste ist die sog. „Blitzer-Meldung"; die Warnung vor Radarfallen, die zunächst von der Polizei als Beihilfe zur Raserei bekämpft wurde; inzwischen aber auch in den Verkehrsnachrichten von ARD-Sendern zu finden ist.

Große Bedeutung für den Verkehrsfunk hatte der „Hinz-Triller", benannt nach seinem Erfinder Werner Hinz, der ihn beim Deutschlandfunk (DLF) in Köln entwickelte. Hinz suchte nach einem dissonanten Ton, der in Natur und Musik nicht vorkommt, auf den das menschliche Gehör aber empfindlich reagiert. Der „Verkehrs-Piepser" wurde eingesetzt, um Autofahrende bei leise eingestelltem Radio auf die Verkehrsdurchsagen aufmerksam zu machen. Erklang der Ton, erhöhte das System die Lautstärke des Radios, wechselte von einem Sender *ohne* zu einem Sender *mit* Verkehrsdurchsage bzw. unterbrach das Abspielen einer Kassette oder CD und stellte auf Radioempfang um.

Der Deutschlandfunk schrieb ein zweites Mal Verkehrsfunkgeschichte, als er zum 1. Februar 2020 die bundesweiten Verkehrsdurchsagen einstellte. Kritisiert worden war u.a., dass die Verkehrsnachrichten zu lang seien, NRW in ihnen überrepräsentiert (Sitz des DLFs ist Köln) und ihre Sprache unästhetisch war, wobei Ausdrücke wie „zähfließender Verkehr" bemängelt wurden. Die durch den Wegfall der Staumeldungen eingesparte Zeit wird seitdem für mehr Nachrichten genutzt.

STTAAAUUUUU

Die letzte verlesene Verkehrsmeldung im DLF lautete:

> Deutschlandfunk, 23.08 Uhr, die Verkehrslage. Vorsicht bitte auf der A2 Hannover Richtung Dortmund zwischen Bad Eilsen und dem Kreuz Bad Oeynhausen fährt ein Schwertransport, der nicht überholt werden kann. Auf der A14 Halle Richtung Leipzig zwischen Halle-Peißen und Halle-Ost steht ein brennender Pkw auf dem Standstreifen. Staus und stockender Verkehr auf folgenden Strecken: A3 Köln Richtung Oberhausen zwischen Solingen und Kreuz Hilden zwei Kilometer Stau, A5 Heidelberg Richtung Karlsruhe zwischen Kreuz Walldorf und Kronau drei Kilometer Stau, die A5 Karlsruhe Richtung Basel ist zwischen Bühl und Achern nach einem Unfall gesperrt, zur Zeit zwei Kilometer Stau, A7 Flensburg Richtung Hannover zwischen Hamburg-Bahrenfeld und Hamburg-Waltershof zwei Kilometer Stau. Und unsere letzte Meldung: Die A100 Wilmersdorf Richtung Wedding ist zwischen Hohenzollerndamm und Siemensdamm wegen Bauarbeiten bis 5.00 Uhr morgens gesperrt, zur Zeit zwei Kilometer Stau ab Detmolder Straße.
>
> Mit dem heutigen Tag beendet der Deutschlandfunk nach fast 56 Jahren die Ausstrahlung der bundesweiten Verkehrslage. Bitte denken Sie tags wie nachts an angemessene Geschwindigkeit und ausreichenden Abstand. Fahren Sie vorsichtig und rücksichtsvoll und bilden Sie, sollten Sie – gewarnt oder unvorbereitet – in einen Stau geraten, die Rettungsgasse rechts der linken Fahrspur bereits ab Schrittgeschwindigkeit. Im Stau oder auch bei Fahrt bleiben Sie auch weiterhin mit dem Deutschlandfunk aktuell und umfassend informiert.
>
> Wir wünschen Ihnen aus dem Funkhaus in Köln allzeit gute Fahrt und sichere Ankunft.

KREUZ LOTTE/OSNABRÜCK

Orte, die durch den Verkehrsfunk bekannt wurden

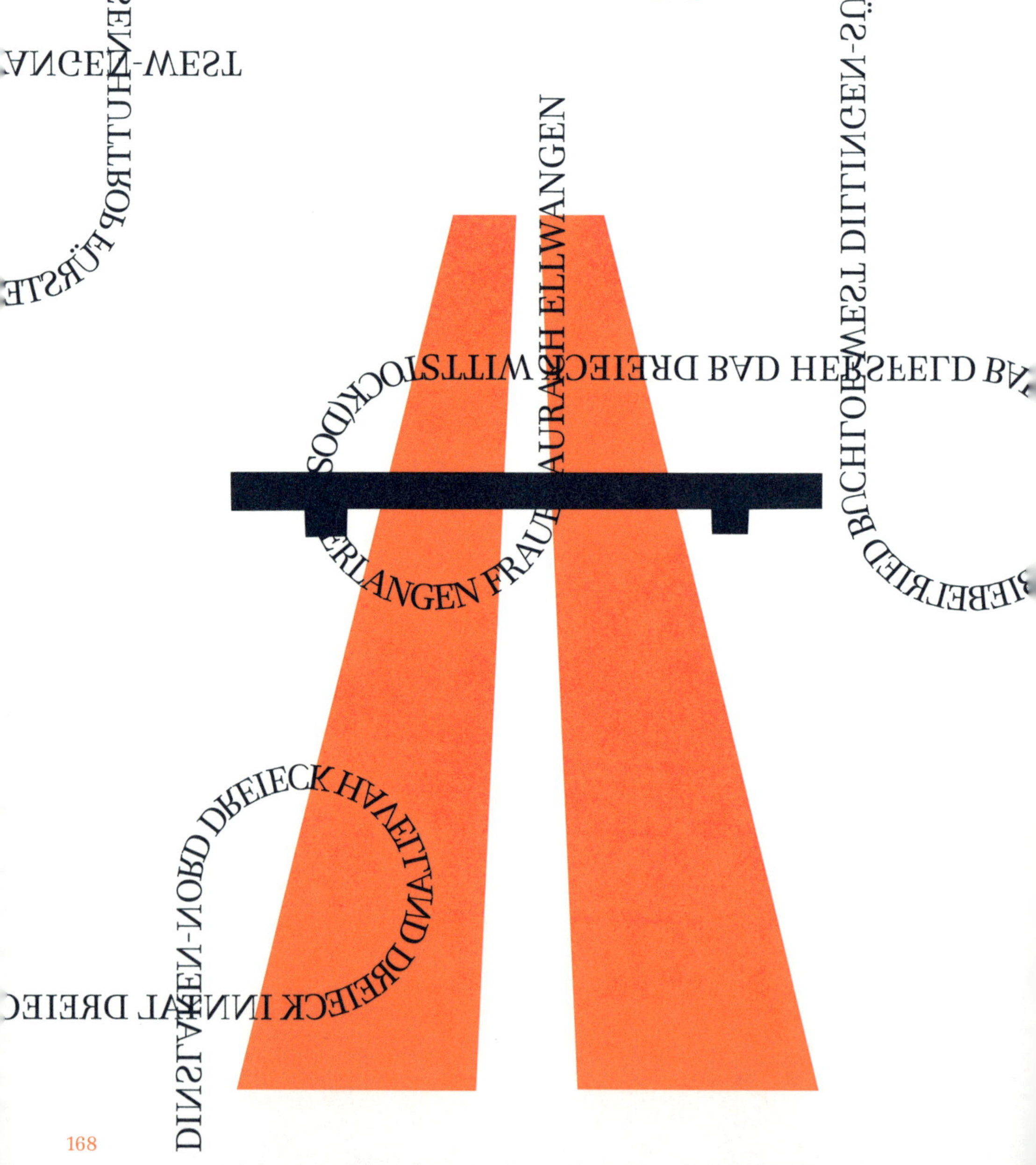

Bad Hersfeld
Bad Oldeslohe
Biebelried
Buchloe-West
Dillingen-Süd
Dinslaken-Nord
Dreieck Havelland
Dreieck Inntal
Dreieck Nuthetal
Dreieck Wittstock (Dosse)
Erlangen-Frauenaurach
Ellwangen
Erwitte/Anröchte
Essen-Huttrop
Fürstenwalde-Ost
Feuchtwangen-West
Groß Köris
Großburgwedel
Haan-Ost
Haiger/Burbach
Hamburg-Schnelsen-Nord
Heilbronn/Neckarsulm
Herzsprung
Irschenberg
Jena-Göschwitz
Kamener Kreuz
Karlsruhe-Durlach
Kiefersfelden
Kirchheim (Teck)-Ost
Kirchlengern
Klein Marzehns
Krefeld-Oppum
Kreuz Biebelried
Kreuz Kaiserberg
Kreuz Kerpen
Ladbergen
Lengerich
Markt Schwaben
Marktschorgast
Meinerzhagen
München-Daglfing
Natbergen
Nesselwang
Neu-Isenburg
Neuss-Reuschenberg
Niemegk
Nottuln
Oberelchingen
Oberhausen-Holten
Oberschleißheim
Roggosen
Sangerhausen-West
Sankt Augustin
Schönefelder Kreuz
Schwerte-Ergste
Siegburg
Sonnborner Kreuz
Stuttgart-Degerloch
Untereschbach
Vetschau
Westhofener Kreuz
Wiesloch
Wunstorf-Luthe
Wuppertal-Ronsdorf
Würzburg/Randersacker
Ziesar

SIND WIR BALD DAAA?

Spiele ohne Zubehör für unterwegs

GEDANKEN RATEN

Einer denkt an etwas – die anderen müssen raten woran, indem sie Fragen stellen. Diese werden nur mit Ja oder Nein beantwortet.

GESCHICHTEN SPINNEN

Eine fängt an, eine Geschichte zu erzählen. Nach ein paar Sätzen stoppt sie und nennt den Namen der Person, die weitererzählen soll. So wird die Geschichte immer länger. Sie kann auch unterbrochen bei nächster Gelegenheit weitererzählt werden. Vielleicht sogar den ganzen Urlaub hindurch.

BUCHSTABENWEGZAUBERN

Einer sagt, singt oder liest einen Satz vor und bestimmt, welcher Buchstabe daraus verschwinden soll. Die nächste muss den Satz wiederholen – ohne den Buchstaben.

Das Spiel kann mit dem gleichen Satz und weiteren wegzuzaubernden Buchstaben fortgesetzt werden. Oder mit einem neuen Satz.

WÖRTERDOMINO / BUCHSTABENDOMINO

Eine sagt ein zusammengesetztes Wort: „Kartenspiel". Der nächste muss den letzten Teil des Wortes aufnehmen und ein neues Wort bilden: „Spielplatz", dann „Platzregen"... usw.

Variante für kleinere Kinder: Domino mit dem letzten Buchstaben: aus dem letzten Buchstaben des einen Wortes wird der erste Buchstabe des folgenden: „Kartenspiel", „Limonade", „Eis" usw.

ICH ERINNERE WAS, WAS DU NICHT GESEHEN HAST

Variante von „Ich sehe was, was du nicht siehst" – als Erinnerungsspiel.
Kann gut nach Unterbrechungen der Reise gespielt werden. „Ich erinnere was, was du auf dem Rastplatz nicht gesehen hast und das war ...".

VORBEIFAHRENDE SÄTZE

Aus den Buchstaben auf den Nummernschildern der vorbeifahrenden Autos werden Sätze gebildet, z.B. OB – EB: „Oma Berta entdeckt Bayern".

KENNZEICHEN-BINGO (PAPIER UND STIFT NÖTIG)

Alle schreiben zehn Kfz-Ortskennzeichen auf einen Zettel. Die Kennzeichen der vorbeifahrenden Fahrzeuge werden vorgelesen. Stimmt ein vorgelesenes Kennzeichen mit einem aufgeschriebenen überein, wird es abgestrichen. Wer zuerst alle Kennzeichen abgestrichen hat, gewinnt einen Preis bei der nächsten Rast.

REISEDETAIL-BINGO (PAPIER UND STIFT NÖTIG)

Alle schreiben zehn Details auf, die während der Reise entdeckt werden müssen – z.B. drei gelbe Autos, zehn Pferde, ein ICE. Wer zuerst alle Details gesichtet hat, gewinnt. Das Spiel kann, wie das Kennzeichen-Bingo, die ganze Reise hindurch fortlaufen.

DIE WELT IN DEINER LIEBLINGSFARBE

Alle nennen eine (Lieblings-)Farbe. Wer zuerst zehn Dinge entdeckt hat, die diese Farbe tragen, gewinnt.

VON A BIS Z

Eine Kategorie wird festgelegt: Tiere, Zeichentrickfiguren, Städte, Hobbys.

Dann werden Wörter gesucht, die in diese Kategorie gehören – in alphabetischer Reihenfolge! (Schwierige Buchstaben dürfen übersprungen werden.)

KARTE 10

AUTOKINO DER EXTRAKLASSE

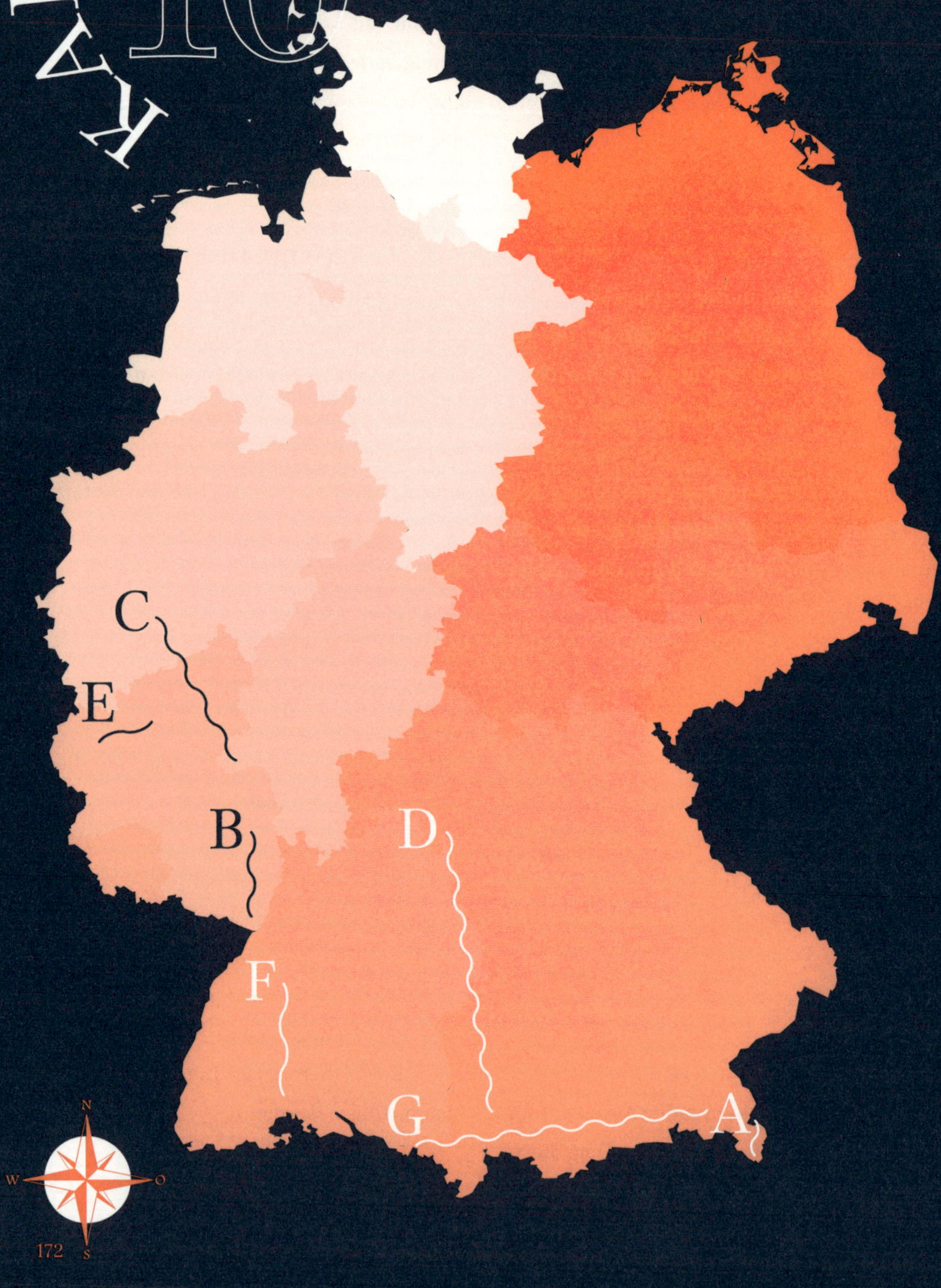

DEUTSCHE PANORAMASTRASSEN

Eine Sonderform der Ferienstraße ist die Panoramastraße, die Ausblicke auf landschaftliche Schönheiten ermöglicht. Solches Autokino der Extraklasse bieten:

A DIE ROSSFELDPANORAMASTRASSE IM BERCHTESGADENER LAND

Die höchstgelegene Ferienstraße Deutschlands, mautpflichtig, führt von Berchtesgaden zur Klaushöhe am Obersalzberg. Bei gutem Wetter Blick auf den Dachstein und den Watzmann.

B DIE DEUTSCHE WEINSTRASSE

85 Kilometer durch die „Deutsche Toskana", beginnend am Tor in Schweigen-Rechtenbach führt die Straße zum Haus der Deutschen Weinstraße in Bockenheim; durch mittelalterliche Dörfer, vorbei an majestätischen Burgen.

C ROUTE DER RHEINROMANTIK

360 Kilometer entlang des Flusses, mit Blick auf den Binger Mäuseturm, die Loreley, die Burg Stahleck in Bacharach – durch die als UNESCO-Welterbe ausgezeichnete Landschaft „Oberes Mittelrheinthal".

D DIE ROMANTISCHE STRASSE

413 Kilometer durch das idyllische Taubertal, die Jungmoränenlandschaft des Lechrain, im beständigen Wechsel von Flusstälern und dichten Wäldern mit Ausblick auf die Voralpen. Am Weg: Sehenswürdigkeiten wie Rothenburg ob der Tauber und Schloss Neuschwanstein.

DIE DEUTSCHE VULKANSTRASSE E

Vom Rhein bis in die Eifel, 280 Kilometer lang, durch vulkanische Landschaften. Sehenswert: Basaltsteinbrüche bei Mayen, die Dauner Maare, Kaltwassergeysire in Wallenborn.

DIE SCHWARZWALDHOCHSTRASSE F

Kurvenreiche, 60 Kilometer lange Strecke zwischen Freudenstadt und Baden-Baden mit Aussichten in die Täler des Schwarzwaldes, ins Rheintal und in die Vogesen.

DIE DEUTSCHE ALPENSTRASSE G

Vom Bodensee zum Königssee: Die älteste deutsche Panoramastraße bietet Ausblicke auf die Alpenwelt, vom idyllischen Lindau am Bodensee bis in das gemütliche Schönau am Königssee. Die Strecke zwischen Königssee und Bodensee kann auch auf einem der beliebtesten deutschen Radwege zurückgelegt werden.

KARTE 11

RADWEGE

Mir ist es eingefallen, während ich Fahrrad fuhr.

Albert Einstein über den Ursprung der Relativitätstheorie

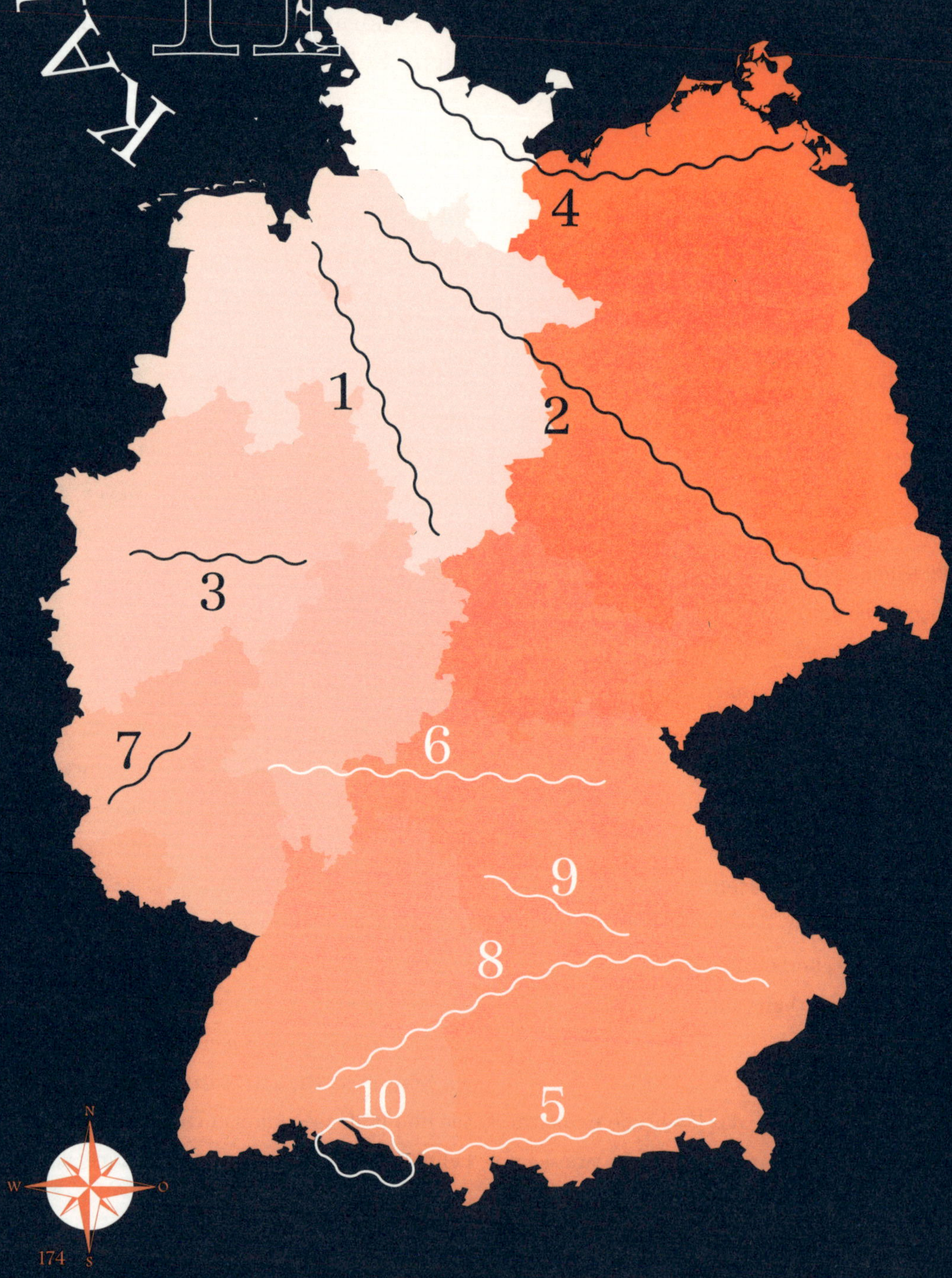

NUR LEICHTE STEIGUNGEN
Deutschlands beliebteste Radwege[1]

1 **WESER-RADWEG, Länge:** 520 km,
Schwierigkeitsgrad: Leicht

Verläuft von Südniedersachsen nach Cuxhaven, durch Flusslandschaften hin zur Nordsee, entlang der Deutschen Märchenstraße und durch viele Fachwerkdörfer.

2 **ELBERADWEG, Länge:** 1.280 km,
Schwierigkeit: Leicht

Der Elberadweg beginnt bei Špindlerův Mlýn (Spindlermühle) im Riesengebirge im Norden Tschechiens und endet in Cuxhaven an der Elbemündung in die Nordsee, auf dem Weg: Prag, Dresden, Magdeburg.

3 **RUHRTALRADWEG, Länge** 240 km
Schwierigkeitsgrad: Mittel

Der RuhrtalRadweg folgt der Ruhr von der Quelle im Sauerland bis zu ihrer Mündung in den Rhein in Duisburg, entlang des Weges: Industriekultur und Natur.

4 **OSTSEEKÜSTEN-RADWEG,**
Länge: 430 km, **Schwierigkeitsgrad:** Leicht

An Dünen und Meer entlang, von Flensburg nach Ahlbeck an der polnischen Grenze, durch die beliebtesten Ostseebäder.

1 Ranking des Allgemeinen Deutschen Fahrrad-Clubs (ADFC) im Jahre 2020.

BODENSEE-KÖNIGSSEE-RADWEG, 5
Länge: 453 km, **Schwierigkeitsgrad:** Mittel

Von Lindau nach Schönau am Königssee, durch Berglandschaften, an Bergseen entlang.

MAIN-RADWEG, Länge: 557 km, 6
Schwierigkeitsgrad: Leicht

Von Creußen nach Mainz, durch die Fränkische Schweiz und das Fichtelgebirge.

MOSEL-RADWEG, Länge: 239 km 7
Schwierigkeitsgrad: Leicht

Von Thoinville (Frankreich) nach Koblenz, vorbei an Weingütern und weltberühmten Weinlagen.

DONAURADWEG, Länge: 2.850 km, 8
Schwierigkeitsgrad: Leicht

Von Donaueschingen bis nach Sulina (Rumänien), entlang der antiken Römerstraße am Donaulimes.

ALTMÜHLTALRADWEG, Länge: 227 km 9
Schwierigkeitsgrad: Leicht

Von Rothenburg ob der Tauber nach Kehlheim durch die Fränkische Alb.

BODENSEE-RADWEG, Länge: 270 km 10
Schwierigkeitsgrad: Leicht

Einmal um den Bodensee herum.

EIN UNENTBEHRLICHER FAKTOR DES MODERNEN LEBENS

Ludwig Ganghofer über den Triumph des Fahrrades und das Tourenfahren

1897

Als der bayrische Heimatdichter Ludwig Ganghofer (1855–1920) das Radfahren lernen wollte, war er bereits 40 Jahre alt und quälte sich sehr der „kapriziösen Teufelsmaschine Herr zu werden“. Ganghofer besuchte eine Fahrrad-Fahrschule, um die seit August 1892 von der königlichen Polizeidirektion in München vorgeschriebene Radfahrerlaubnis, die „Velozipedkarte“, zu erwerben.

Er bestand – und verfasste 1897 eine Eloge[1] auf das Fahrrad als „unentbehrlichen Faktor des modernen Lebens“, den Zauber eines neugekauften Fahrrads und die Wonnen einer morgendlichen Radtour vor die Tore der Stadt.

1 Ludwig Ganghofer: „All Heil!“ in: Paul von Salvisberg (Hg.): Der Radfahrsport, Academischer Verlag, München: 1987, S. 1–7. „All Heil“ ist der historische Gruß der Radfahrenden.

VON: LUDWIG GANGHOFER

Zehn Jahre nur – und das Zweirad hat sich im Sturm die civilisierte Welt erobert, ist der ausgesprochene Liebling von Alt und Jung geworden, von Männlein und Weiblein in Stadt und Dorf, ein Mittel des sportlichen Vergnügens wie des praktischen Gebrauches, ein unentbehrlicher Faktor des modernen Lebens und ein reichsprudelnder Arbeitsquell für hunderte von Industrien. Es ist noch gar so lange nicht her, dass ein Tourenfahrer das Gaudium der lieben Dorfjugend und das Ziel für Steinwürfe und Peitschenhiebe abgeben musste, oder dass eine radfahrende Dame, sogar in der Großstadt, der Gegenstand brutaler und cynischer Insulten war – und heute ist die Zeit nicht mehr allzu ferne, in der man das Radfahren als etwas Selbstverständliches erlernen wird, wie man in seiner Kindheit das Gehen lernt, das Lesen und Schreiben.

Vorerst freilich werden der Fahrschule die Schüler und Schülerinnen noch aus den unterschiedlichsten Motiven zugeführt. Die Jugend fühlt sich zum Rade hingezogen aus Freude an der Sache, aus Lust am sportlichen Vergnügen und an dem flotten Sausen auf schöner Straße. Der vierzig- bis siebzigjährige Beamte, dem das geduldige Sitzen im Bureau alle Lebenssäfte stocken machte, schwingt sich seufzend auf das Rad, weil ihm der Arzt das „Strampeln" verordnete – doch sind die ersten Bitternisse der Schule überwunden , so findet er Vergnügen an dieser „Kur", denn er fühlt, dass er ein anderer, verjüngter Mensch zu werden beginnt.

Die schöne Frau X. bekehrt sich widerstrebend zu dem „unweiblichen" Sport, nur weil ihre Freundin, Frau Y., die doch fast um zwei Jahre älter ist, das Kunststück auch noch fertigbrachte – und da duldet es der Ehrgeiz nicht, dass man zurücksteht. Der Handwerker greift zum Rade, weil es ihm das lohnbringende Arbeiten in der Stadt und zugleich das billige Wohnen auf dem Lande ermöglicht.

Der „Gendarm zu Rad" will flinker sein als der ausreißende Dieb oder als der Radfahrer, der „auf verbotenen Wegen wandelt"; der Soldat hat das Rad in den Dienst der Vaterlandsverteidigung gestellt, der Dorfpfarrer radelt nach einem stundenweit entfernten Einödhof hinaus, um einem Schwerkranken den tröstenden Zuspruch zureichen; ihm begegnen der Doktor und der Briefbote und jagen an ihm vorüber mit „All Heil!" – aber neben all diesem Ernst und praktischen Bedürfnis werden nicht die wenigsten der Fahrschule nur deshalb zugeführt, weil das Radeln, wie sie mit verschämter Entschuldigung sagen, „nun einmal eine Mode wurde, der man sich beugen muss!"

[...]

Die Leiden und Aufregungen des behördlichen Examens wollen wir mit Schweigen übergehen, denn es scheint uns, dass die Tage der polizeilichen Radfahrer-Prüfung auch in den wenigen Städten, in denen diese zwecklose Folter noch besteht, bereits gezählt sind. Ein wichtiges Übergangsstadium aus der Schule in die schrankenlose Freiheit ist der Ankauf des eigenen Rades. Das ist ein Fragen und Wählen, ein Entschließen und Verwerfen ohne Ende. Die Wahl ist groß, also auch die Qual. Endlich ist die Entscheidung gefallen und ach, die Freude, die der schulentsprungene Radler an seinem funkelnagelneuen stählernen Rößlein findet!

Hell glitzern in der Sonne alle die polierten Nickelteile, das tadellose Email des Gestelles leuchtet wie schwarzer Diamant, und gleich mattem Silber schimmern die unbefleckten Reifen. Acht Tage später aber, und wie sieht das arme Rädlein aus! Dass Gott erbarm'! Die Räder windschief, die Lenkstange halbgeknickt und die Pedale verbogen! Unter schmerzlichen Gefühlen wird der beklagenswerte Patient zur Reparatur in die Werkstätte abgeschoben. Kommt er leidlich kuriert nach einer Woche wieder zum Vorschein, so ist er nach den abenteuerlichen Stadtfahrten, die ihm so übel bekamen, erst reif geworden für die erste, größere Tour.

Ach diese erste Tour! Gemeinhin pflegt sie als sonniges Lustspiel zu beginnen, um als dunkle Tragödie zu enden. Da will ich noch gar nicht von den kleinen Fährlichkeiten reden, z. B. vom Regen, der sich auf der ersten Tour mit Sicherheit einstellt und den Heimweg zu einem Greuel und Schrecken macht. Schlimmer gestaltet sich die Sache schon, wenn gleich auf der ersten Fahrt das erste Malheur mit dem Schlauch passiert. Und es passiert besonders gerne im Frühling, wenn der Winter noch in dem spröden Gummi steckt. Da heißt's dann nach bekannter Weise:

Im wunderschönen Monat Mai
als alle Schläuche sprangen,
da ist auch meinem Reifen
die Luft oft ausgegangen.

Trostlos sitzt man am Rande der Chaussee und versucht seine Künste als Schlauchchirurg. Man hat's wohl in der Schule gelernt, aber grau ist alle Theorie – und führt ein guter Stern nicht einen kundigen und hilfreichen Radgenossen des Weges, so setzt es unter Stolpern und Seufzen bei sinkender Finsternis einen trübseligen Marsch. Versucht man aber mit halbgenesener Maschine die Weiterreise, so pflegt jene Katastrophe nicht auszubleiben, von der das melancholische Volkslied singt:

In einem kühlen Grunde,
Da liegt ein Tourenrad.

Und gar nicht weit davon, im ebenfalls kühlen Grase, liegt der von seinem Ross getrennte Reiter. War nur das Gras recht linde und der Rasen gut gepolstert, so ist der Fall des Helden nicht so schlimm, im Gegenteil:

Selig muss ich ihn preisen,
der in der Stille der ländlichen Flur
fern von des Lebens verworrenen Kreisen,
kindlich liegt an der Brust der Natur!

Was ein echter Radler werden will, lässt sich durch all diese Lehrlingsleiden nicht verdrießen. Sie sind ihm die unerlässlichen Vorstufen der Vollkommenheit, sie bilden seine Fertigkeit zur sicheren Vollendung aus, verfeinern das Gefühl seiner Hand und schärfen sein Auge für Weg und Gefahr.

Aber man muss schon ein leidlich guter Tourenfahrer geworden sein, ehe man völlig eindringt in das tiefste Mysterium des Radfahrens und ein „Wissender" wird. Solch ein „Eingeweihter" mag dann auch von der geheimnisvollen „Seele" seines Rades reden. Gleich wie bei der Menschenseele, so weiß man auch bei der Radseele nicht, in welchem Glied der Maschine sie eigentlich steckt. Aber sie ist vorhanden, sie hat Leben und äußert sich, sie hat ihre guten und bösen Eigenschaften, sie ist willig und gehorsam, hat aber auch ihre Launen und ihren Eigensinn.

Erst wenn du diese Seele entdeckst und sie ganz verstehst, wenn du geheime Zwiesprache mit ihr zu halten lerntest und den ihr angeborenen Trotz dir so gefügig machtest, dass sie keinen anderen Willen mehr kennt, als nur den deinen, und sich leiten lässt von jedem leisen Druck deiner Hand, erst wenn du verwachsen bist mit ihr und dennoch frei – dann erst magst du dich völlig als Meister deines Rades fühlen! Und dann erst wirst du ganz und voll die herrliche Freude kosten, die eine sausende Fahrt ins Weite, solch eine ungebunden freie Reise auf deinem geflügelten Rade dir bereiten kann.

Der Morgen dämmert, wenn du in behaglichem Tempo die Stadt durcheilst, die erst mit schüchternem Leben aus ihrem müden Schlaf erwacht. Du bist ohne Last und Mühsal – alles, was drückt, hast du hinter dir gelassen. Jetzt die letzte Mauer, und du atmest auf. Offen liegt die Straße vor dir, die ins Blaue zieht, und mit goldigem Lichte grüßt dich der werdende Tag:“ All Heil!“ Auf Laub und Gräsern funkelt in Myriaden Perlen der Tau, hundert Vögel hörst du, als wäre es ein einziges Lied, Frische haucht dir von überall entgegen, und du trinkst sie in deine Brust mit dürstenden Zügen. Freundliche Dörfer huschen an dir vorbei; an lichten Feldern und Wiesen, an dunklem Wald, an blauen Seen und himmelhochragenden Bergen geht deine fliegende Fahrt vorüber – und all diesen Reichtum sammelt dein gleitender Blick. Wie unbeschreiblich ist der Gewinn solch eines Tages! Und wenn der Abend leuchtet in der Gluth seiner tiefen Farben, wenn du die Ruhe suchst, noch kaum ermüdet – was alles hast du genossen an tausendfältiger Schönheit, von der ein Nachglanz sich noch hinüberschleicht in deinen Traum! Ein gesunder Schlaf –und flink wieder auf, noch ehe der Morgen graut!

Und weiter geht die schöne Reise!

… JE WEITER SIE SICH VOM HAUSE ENTFERNT

Die Radfahrpionierin Amalie Rother über Frauen auf Ferntour

1897

Frau A. Rother — Berlin.
»Auf der Tour«.

Als „Emanzipator“ bezeichnetet die deutsche Journalistin und Frauenrechtlerin Lily Braun 1901 in ihrem Buch *Die Frauenfrage* das Fahrrad – durch das Radfahren hatten die Frauen eine neue Mobilität gewonnen.

Pionierin des Radfahrens war die Berlinerin Amalie Rother, die um 1890 mit dem Fahrradfahren begonnen hatte und den ersten Berliner Damenradklub gründete. In dem 1897 erschienen Buch *Der Fahrradsport* schrieb sie als einzige Frau einen Text[1] darüber, warum nur deutsche Frauen Radtouren machten, über Alkohol und über den Umgang mit Hotelangestellten, die Fahrradtourist:innen nicht rechtzeitig wecken.

1 Amalie Rother: „Das Damenfahren“ in: Paul von Salvisberg (Hg.): Der Radfahrsport, Academischer Verlag, München: 1987, S. 111–137. Der hier zitierte Auszug umfasst die Seiten 124–128.

Ich beabsichtigte, in diesem Abschnitt eine vergleichende Zusammenstellung des Damentourenfahrens auch der Nachbarländer zu bringen, auf meine Erkundigungen habe ich indes erfahren, dass Tourenfahren, wie wir es verstehen, bis jetzt nur von deutschen Frauen gepflegt wird. Der liebenswürdige Herr Walther vom Pariser *Cycle* gab mir eine interessante Ausführung über die Gründe des Nichttourenfahrens der Französinnen, die ich im Auszuge wiedergeben will, weil sie auch auf manche deutschen Verhältnisse passt. Hauptsächlich sei schuld die Erziehung der französischen Frau zur Unselbständigkeit. Die Dame der höheren Gesellschaft steckt im Kloster, bis sie ehereif ist. Dann wird der Gatte für sie gesucht und sofort die Ehe geschlossen.

Als Mädchen hat sie also keine Zeit zu fahren, als Frau treten sofort eine Menge gesellschaftlicher Verpflichtungen an sie heran, die eine längere Abwesenheit, wie die Tour sie verlangt, gar nicht gestatten. Man hat auch in Frankreich noch nicht vergessen, dass die ersten Fahrerinnen, die sich öffentlich zeigten, nicht immer ganz zweifellos waren, wie überhaupt Damen der hohen Aristokratie sich erst seit wenigen Jahren auf dem Rade öffentlich zeigen. Das war bei uns glücklicherweise umgekehrt. Hier hat sich die Demimonde erst seit kurzer Zeit des Rades bemächtigt.

Dann aber, fährt Herr Walther fort, wird die Französin nie zu bewegen sein, sich irgendwie in derangiertem Zustand zu zeigen. Und das sei doch auf der Tour unvermeidlich. Nun, dies ist ja unter gewissen Umständen natürlich unvermeidlich. Aber dafür befindet sich ja auf der Lenkstange der zweite Anzug, eine halbe Stunde nach der Ankunft kann man sehr wohl wieder präsentabel sein. Auch duldet der Gatte nicht, dass die Frau – sich den Teint ruiniert. Und endlich der Hauptgrund: Die Französin verzichtet auch für die Reise nie auf ihr Toilettenkabinett. Dessen gesamten Inhalt schleppt sie unbedingt überall mithin. Das geht natürlich unterwegs nicht an.

Also: Haupterfordernis ist die Bedürfnislosigkeit. Es heißt, auf eine ganze Reihe von Genüssen und liebgewordenen Gewohnheiten verzichten. Der Laie im Tourenfahren versucht dem Übelstande zunächst dadurch abzuhelfen, dass er neben der Maschine einen Koffer mitführt und diesen mit Bahn, Post oder sonst wie vorausschickt. Das hat nun eine ganze Menge Schattenseiten. Selbst wenn alles glatt und gut geht, so ist man unbedingt gezwungen, abends an einem vorher bestimmten Punkte zu landen, weil der Koffer dort ist oder – sein soll. Mag man ermüdet sein, was z. B. bei unvermutetem Eintritt von Gegenwind leicht eintritt, mag man aus einem anderen Grunde lieber unterwegs Nachtquartier nehmen mögen, das geht nicht an, man muss dem Koffer nach, man ist sein Sklave. Erreicht man ihn einmal nicht, so gerät man in die schlimmste Verlegenheit. Denn wenn man schon den Koffer mit sich schleppt, so wünscht man doch dafür auch mit möglichst freier Lenkstange zu fahren, hat also auf der Maschine befestigt wenig oder gar nichts. Das ist der eine schlimme Fall, die Fahrerin erreicht ihren Koffer nicht. Noch häufiger ist der andere: Der Koffer erreicht seine Herrin nicht. Du kommst an, fragst im bestimmten Hotel (auch das ist nicht angenehm, dass der Koffer immer genau adressiert sein muss, ich finde es viel hübscher, einen fremden, nicht allzu großen Ort erst zu durchfahren und mir die Unterkünfte wenigstens von außen anzusehen) nach deinem Koffer. Kein Mensch weiß etwas von ihm. Nun geht das Suchen, Telegraphieren, Botenschicken, u.s.w. los. Gehörige Unkosten und viel, viel Ärger! Gerade das Schönste der Radreise, die volle absolute Unabhängigkeit fehlt. Darum kommt schließlich jede Tourenfahrerin nach mehr oder weniger Befürchtungen und Bedenken zu dem endlichen Entschluss: Fort mit dem Koffer, so gut wie die Maschine dich trägt, muss sie auch deine Habe tragen! Und die Sache geht wirklich bedeutend besser, wie man anfangs glaubt. Ich habe meine Touren begonnen mit einem 72pfündigen Vollgummi-Quadrant-Dreirad. Da kam es auf ein paar Pfund Gepäck mehr oder weniger auch nicht so genau an. Hinten an der Maschine hing ein ziemlich umfangreicher, würfelförmiger Koffer, in den sich schon allerhand hineinpacken ließ. Vor allem wurde Sorge getragen für eine vollkommene Straßentoilette. [...]

Hier lassen sich Regeln nicht geben. Einem ist das unentbehrlich, dem andern das. Manche hat die Gabe, mit einem Mindestmaß von Toilette immer anständig und chik auszusehen, während andere trotz bedeutenden Aufwandes doch immer verraten, wo ihre Wiege gestanden hat. Kommt man schließlich in eine größere Stadt, findet dort Anschluss und etwa geselligen Verkehr, so ist eine bescheidene Toilette (eine andere verlangt kein vernünftiger Mensch von der Touristin) bald beschafft, geht es dann zu Rad weiter, so wird die Toilette mit der Post nachhause geschickt, wo man sie als angenehme Reiseerinnerung bei der Heimkehr vorfindet.

Als Kleiderstoff wählt man am besten Loden, ein stärkeres und ein leichteres Kostüm, Blouse und Hose. Dazu einen Rock, der, wenn man ihn nicht beim Fahren tragen will, sehr dünn und leicht sein kann. Auch lässt sich der unbedingt notwendige Regenmantel sehr bequem als Rock arrangieren. Ob man ein oder zwei Paar Schuhe mitnimmt, ist vom Wetter abhängig, Schuhe sind immer schwer zu verpacken, besonders nass gewordene. Bei gutem Wetter kommt man ja zur Not mit einem Paar und einem Paar leichter Filzpantoffel aus. Fällt aber ständiges Regenwetter ein, so fehlt das zweite Paar doch manchmal sehr. Für Fahren im Regenwetter noch eine goldene Regel: Dein trockener Anzug sei dein Heiligtum! Lass dich nie verleiten, wenn etwa morgens zur Abfahrzeit der gestern nass gewordene Anzug noch nicht wieder ganz trocken ist, nunmehr den feuchten einzupacken und dich mit dem trockenen auf die Maschine zu setzen. Das ist zunächst sehr angenehm. Aber der zweite Anzug regnet natürlich

auch sofort ein und nun hast du nichts trockenes mehr. Bist du bis dahin ohne Erkältung davongekommen, jetzt hast du sie wahrscheinlich weg! (...)

In der tauigen Morgenfrische wirkt eine schöne Landschaft immer am schönsten.

Die Morgenstunde hat aber auch einen bedeutenden praktischen Vorteil: Je früher man sich erhebt, desto weiter ist man bei Beginn der eigentlichen Tageshitze schon. An die Hitze gewöhnt man sich übrigens besser, als man denkt. Das liegt wohl daran, dass man durch die schnelle Bewegung sich einen scheinbar entgegenkommenden Luftzug verschafft. Viel unangenehmer wirkt die Hitze, sowie man das Rad verlassen muss. Darum, möglichst früh hinaus, auch wenn man sich zum Morgenkaffee mal mit altbackener Semmel behelfen muss. Man begnüge sich im Quartier nicht damit, beim Oberkellner oder sonst wem das Wecken zu bestellen, sondern verlange den Hausknecht, Zimmermädchen oder wer sonst die verantwortliche Person ist und schärfe dieser ein: Bei unpünktlichem Wecken kein Trinkgeld und unfehlbare schriftliche Beschwerde beim Wirt. Das hilft sicher.

Sonst meinen die dienstbaren Geister merkwürdigerweise oft, den Radfahrern käme es auf eine Stunde nicht so genau an, weil sie ja keinen Zug und keine Post versäumen. Ist einmal gar keine Aussicht auf den gewohnten Morgenkaffee, so thut es zur Not auch ein Glas Wasser und ein Butterbrot. Man lasse sich durch den Ärger über die nutzlose Kaffeerwartung nie verleiten, ganz nüchternen Magens abzufahren. Das bekommt unfehlbar schlecht. Ist es einmal unbedingt notwendig, so genieße man im nächsten Gasthause wenigstens eine Kleinigkeit, auch wenn es dort nicht gerade sehr appetitlich aussieht. [...]

Von all den vielgepriesenen Stärkungsmitteln, Kola u.s.w. habe ich nie eine erhebliche Wirkung verspürt. Dagegen ist ein Schluck vom allerbesten Cognac oder Rum von geradezu zauberhafter Wirkung bei äußerster Ermüdung und Abspannung. Lange hält diese Wirkung natürlich nicht an, es ist aber auch genug, wenn man durch sie an ein sonst vielleicht nicht erreichtes Ziel kommt. Milch, sowohl frische wie Buttermilch, ist fast überall zu haben und bekommt sehr gut, ebenso rohe Eier. Dass man unterwegs so oft wie möglich badet, ist selbstverständlich.

Unliebsame Begegnungen gibt es natürlich oft. Ein ganz mit Unrecht als grimmer Radfahrerfeind verschrienes Tier ist der Hund. Mir ist schon mancher Hund kläffend nachgelaufen und auch an mir hochgesprungen. Gebissen hat mich noch nie einer. Ich bin Hundefreundin und kann es nicht übers Herz bringen, das übliche Radikalmittel, den Tritt mit dem Absatz auf die Nase, anzuwenden. Ich rede vielmehr den Hunden ruhig und freundlich zu und bin dabei stets gutgefahren.

Beim Begegnen mit Rindviehherden und Schafen vermeidet man, die Tiere zu erschrecken, fährt man ruhig vorbei und redet ihnen gut zu, so sind sie auch verständig. Geradezu liebenswürdig und ungemein possierlich sind Ziegen, die mich manchmal lange Strecken begleitet haben. Im Übrigen verhält sich die Radtouristin eben sowie jede andere erfahrene Touristin.

ICH PACKE MEINEN KOFFER …

Was Damen und Herren 1897 auf Städtereisen nicht vergessen sollten

In vielen Reiseführern und -anleitungen finden sich Packlisten. So auch in der Reihe *Woerl's Reisehandbücher*, die im Verlag von Leo Woerl (1843–1918) erschienen, der an die 600 Reisehandbücher verlegte: oft über Städte „und ihre Umgebung". Die nachstehenden Listen sind dem 1897 erschienenen „Führer durch Chemnitz und Umgebung" entnommen.

MERKTAFEL FÜR DEN HERREN

Banknotentasche
Belegtes Brödchen ges. Eier (Salz)
Bindfaden
Zwickerbrille, Staubbrille
Cigarren und Tabak, Cigarrenetui, Cigarrenspitze, Tabakpfeife, Tabakdose
Cognac (Kirschwasser)
Compass
Krawatten
Eispickel
Fahrplanbuch
Feldflasche (Wein), in Leder oder Korbgeflecht mit Tragriemen
Fernrohr (Operngucker, Feldstecher)
Gamaschen
Gebetbuch (Brevier, für Geistl. Messlizenz)
Geldbörse (Portemonnaie)
Gummischuhe
Halstuch (Halsbinde, Schlips)
Handschuhe
Manschetten (Knöpfe)
Hemden (Nachthemden), Hemdkragen
Hosenträger
Insektenpulver
Kamm (Taschenkamm, Bürste, Seife, Zahnbürste)
Kissen (Luftkissen)
Kleidung (Rock, Hose, Weste, Hut etc. zum Wechseln, zu Besuchen)
Kleiderbürste
Kölnisches Wasser
Kopierapparat, Durchschreibheft

MERKTAFEL FÜR DIE DAME

Arbeitstäschchen für Handarbeit
Armband
Badeanzug
Beinkleider
Belegtes Brödchen, ges. Eier (Salz)
Benzin
Blumenpresse
Brausepulver
Brille, Staubbrille, Zwicker
Bürsten (Kleider-, Nägel-, Zahn- und Haarbürste)
Chemisette, Manschetten, Einheftstreifen
Essbesteck
Fächer
Fahrplanbuch
Fläschchen Wein
Gebetbuch
Geldtäschchen, Portemonnaie
Gamaschen, Gummischuhe
Haarnadel, Haaröl (Pomade), Haarpfeil, Haarband, Haarkräuselschere)
Häubchen
Halstuch
Handschuhe
Hemden (weisse – wollene – seidene)
Hüte, Hutnadeln
Jacket
Kochmaschine mit Spiritus
Kölnisches Wasser
Kosmetik
Leibbinden etc.
Leim, flüssiger
Lorgnette

Korkenzieher
Kleine Laterne
Leim, flüssiger
Messer (Taschenmesser)
Musikalien
Nadel, Nähfaden, Knöpfe
Notizbuch mit Bleistift, Notizblock
Pantoffeln
Papier (Briefpapier), Korrespondenzkarten,
Briefmarken, Unterlage
Passkarte
Pelzkragen, Pelzmantel
Photographie und Empfehlungsschreiben
Plaid (mit Riemen)
Rasierzeug und Spiegel
Reisebuch für die spezielle Reise
Reisekissen (Luftkissen)
Reise-Kopierapparat
Reiselektüre, Reiselexikon
Reisemütze (für Nachtfahrten)
Revolver
Rundreisebillet
Rucksack
Schere
Schirm (Regen-, Sonnen-)
Schlüsselring
Schreibmappe (Tinte, Feder etc.)
Schuhband
Schuhanzieher, Schuhknöpfer
Schutzbrille für Gletscherwanderungen
Schwamm
Sicherheitsnadeln (Stecknadeln)
Stiefel (Schuhe)
Stock (Bergstock, Steigeisen)
Strümpfe (Socken)
Taschenthermometer

Messer mit Pfropfenzieher
Mieder
Morgenhäubchen, Morgenkleid
Muff
Musikalien
Nachthemd, Nachtjacken, Nachthauben
Nähmaterial (Nähetui)
Negligehäubchen, Negligejacke
Notitzbuch mit Bleistift, Notizblock
Opern-Glas, Fernglas
Pantoffeln
Pelzkragen, Pelzmantel, Pelzstiefel
Regenmantel
Reisekissen, Luftkissen
Reiselektüre, Reiseplaid
Reisetasche, Umhängetäschchen
Ringe
Schirm (Regen-, Sonnen-)
Schleier
Schminken, Puder
Schmuck (Ohrringe, Armreif, Brosche,
Uhrkette, Halskette, Fingerringe)
Schreibmaterialien
(Briefpapier, Federn, Tinte, Postkarten und
Marken, Unterlage)
Schuhband
Schuhe
Schuhanzieher
Schürzen
Sicherheitsnadeln, Stecknadeln
Staubmantel
Stearinlicht
Stiefeletten (mit Schuhknöpfer)
Strümpfe (wollene), Strumpfband
Theatermantel
Tintenstift

Taschentücher
Tintenfass (Federn), Tintenstift
Trinkbecher, Teelöffel
Ueberzieher
Uhr (Weckuhr), Uhrschlüssel
Umhängetasche (Couriertasche)
Unterhosen, Unterjacke (Leibbinde)
Vorstecknadel
Wäsche
Wetter- (Regen-) Mantel
Zeichenmaterial (Skizzenbuch, Malkasten)
Zahnpulver, Zahnbürste
Zündhölzer

Toilette (Strassen-, Reise-, Gesellschaftskleid)
Toilettenetui (Spiegel, Kämmchen, Schwamm, Seife, Handschuhknöpfer, Puder, Schminken etc.)
Tuch, wollenes, für Kopf oder Schulter
Unterhaltungsspiele, Karten, Domino
Unterleibchen, Unterjacken
Unterröcke (weisse, farbige)
Visitenkarten (mit Täschchen)
Zeichenmaterialien (Skizzenbuch, Bleistifte, Malkasten, Feldstuhl und Feldstaffelei)
Zucker

Internationales Trachtentreffen Kröv

Der Weinort Kröv an der Mosel ist nicht nur bekannt für seine Weine, allen voran der bekannte *Kröver Nacktarsch,* sondern auch für sein großes Wein- & Folklorefestival am ersten Juliwochenende, das seit 1953 stattfindet. Im Mittelpunkt des viertägigen Festes steht seit Beginn die „Schwimmende Moselbühne" auf der Musik- und Tanzdarbietungen stattfinden. Sonntags zieht der große Festzug mit zahlreichen internationalen Trachtengruppen durch die Straßen von Kröv.

Christopher Street Day (CSD) Berlin

Der CSD erinnert an das erste bekannt gewordene Aufbegehren von Homosexuellen und anderen sexuellen Minderheiten gegen Polizeiwillkür in der New Yorker Christopher Street am 27. Juni 1969. So verstehen sich die CSD-Paraden bis heute als Demonstration für die Rechte von Lesben, Schwulen, Bisexuellen, Transgender, Intersexuellen und queeren Menschen. Der erste Berliner CSD fand am 30. Juni 1979 in Westberlin unter den Motti „Mach dein Schwulsein öffentlich!" und „Lesben erhebt euch und die Welt erlebt euch!" statt. 400 Personen nahmen daran teil. Heute zählt der Zug, der Ende Juli stattfindet, rund eine Million Besucher:innen, ist eingebettet in die *Pride Week,* das *Lesbisch-schwule Stadtfest* und die *Gay Night at the Zoo.*

Wacken Open Air

Das Wacken Open Air ist ein erstmals 1990 abgehaltenes Heavy-Metal-Festival, das jährlich am ersten Augustwochenende in der Gemeinde Wacken in Schleswig-Holstein stattfindet. Nahezu alle Spielarten des Hard Rock und Metal sind auf dem Festival vertreten. Das Festival verhalf der Gemeinde zum Ruf der „Welt-Hauptstadt des Heavy Metal“. Es zieht die Superstars der Szene und über 75.000 Besucher:innen an.

Wikingertage Schleswig

In der 1897 wiederentdeckten Wikingersiedlung Haithabu finden im August Wikingertage mit Hunderten von Wikingerdarsteller:innen aus ganz Europa statt. Im Mittelpunkt der Wikingertage steht das Wikingerdorf, an das eine Freilichtbühne angrenzt, auf der mehrmals täglich Wikingerkämpfe ausgetragen werden. Außerdem gibt es Feuershows und die Gelegenheit, mit einem nachgebauten Drachenboot aus der Wikingerzeit zu fahren. Die Wikingersiedlung befindet sich in der Gemeinde Busdorf und gehört seit 2018 zum UNESCO-Weltkulturerbe.

Further Drachenstich

Der Drachenstich in Furth im Wald in der Oberpfalz gilt als ältestes Volksschauspiel Deutschlands. In den Festspielaufführungen im Herzen der Stadt wird vom Leid und der Not der Menschen im Grenzland während der Zeit der Hussitenkriege erzählt. Das Böse manifestiert sich in einem gewaltigen Drachen, der Attraktion des Schauspiels. Das Spektakel wird alljährlich in Furth in mehreren Aufführungen während der Festwoche aufgeführt, die traditionell jedes Jahr im August beginnt. Neben dem Schauspiel mit weit über tausend Mitwirkenden in Originalkostümen und dem Festumzug haben sich mittlerweile noch weitere Feste um das Ereignis gruppiert: ein Volksfest sowie Turnier Cave Gladium und ein Kinderfest. Seit 2018 ist der Further Drachenstich immaterielles UNESCO-Weltkulturerbe.

Sehusa-Fest

Am ersten Septemberwochenende findet seit 1974 das größte Historienfest Norddeutschlands statt: auf der Burg Sehusa bei Seesen. Über 1000 Bürger:innen zeigen in stilechten Gewändern bei Spielen und Tänzen geschichtlich belegte Szenen aus Seesens Vergangenheit vom Mittelalter bis zum Rokoko.

Dürkheimer Wurstmarkt

Das 1417 erstmals veranstaltete Fest gilt heute mit über 600.000 Besucher:innen als das größte Weinfest der Welt. Herzstück des Dürkheimer Wurstmarktes sind die Schubkärchler, historische, mit Stoffplanen überdachte Weinstände mit jeweils über etwa 120 Sitzplätzen an hölzernen Tischen und Bänken. Seit den 1960er Jahren findet am ersten Montag des Wurstmarktes der Literarische Frühschoppen statt, bei dem Pfälzer Mundartdichter:innen ihre Muttersprache in Wort und Lied präsentieren.

Münchner Oktoberfest

Das Oktoberfest geht auf die 1810 veranstalteten Feiern zur Hochzeit von Kronprinz Ludwig von Bayern und Prinzessin Therese zurück. Heute ist d'Wiesn das weltweit größte Volksfest, zieht Gäste aus aller Welt an, von denen viele Trachtenmode wie Lederhosen und Dirndl tragen.

Feierlicher Auftakt ist der Einzug der Wiesnwirte und Brauereien, der von einer Frau in gelb-schwarzer Mönchskutte angeführt wird, dem Münchner Kindl. Nach dem Einzug sticht der Münchner Oberbürgermeister das erste Bierfass an. Mit dem Ruf: „O'zapft is! Auf eine friedliche Wiesn" gilt das Oktoberfest als eröffnet.

HAUS AM HAKEN AM SEE

Campen und seine Geschichte

Laut Statistischem Bundesamt übernachteten 2018 rund 34,5 Millionen Besucher:innen aus dem In- und Ausland auf einem der 2.979 deutschen Campingplätze, die insgesamt über 223.640 Stellplätze verfügen.

Die Geschichte des Campings in Deutschland beginnt in den 1920er Jahren, mit der sogenannten *Wochenendbewegung.* Da in der Weimarer Republik nur ein Anspruch auf drei oder vier Tage bezahlten Urlaub bestand, nutzen die Menschen die Wochenenden für Ausflüge in die nähere Umgebung ihrer Wohnorte. Auf der Suche nach einem preiswerten Urlaubsvergnügen lag es nahe, kostengünstig in der freien Natur zu logieren. In Zuge dieser Entwicklung brachten Faltbootfirmen neue Zelte auf den Markt. Hatten Zelte zuvor nur aus einfachen Stoffbahnen bestanden, gab es nun Zelte mit Gummiboden. Die Faltbootpioniere Carl Joseph Luther und Hans Berger erfanden schließlich noch das notwendige Camping-Zubehör: den Daunenschlafsack und die Luftmatratze.

Der im Jahr 1931 erfundene Wohnwagen konnte erst nach dem Zweiten Weltkrieg seinen Siegeszug antreten als *Stoffvilla* oder *Haus am Haken.* In den 1960er Jahren entstand dann eine regelrechte, auf das Camping spezialisierte Industrie, die Fahrzeuge wie den VW-Bus für das Camping umbaute, Neuerungen wie die Bordtoilette einführte.

In der DDR war der Camping-Urlaub wegen des Mangels an Hotelzimmern sehr populär; gab es Mitte der 1980er Jahre 529 Zeltplätze in der DDR mit 20 Millionen Übernachtungen. Überall in Deutschland lassen sich bis heute Campingplätze an malerischen Orten finden.

KARTE 12
CAMPINGPLÄTZE

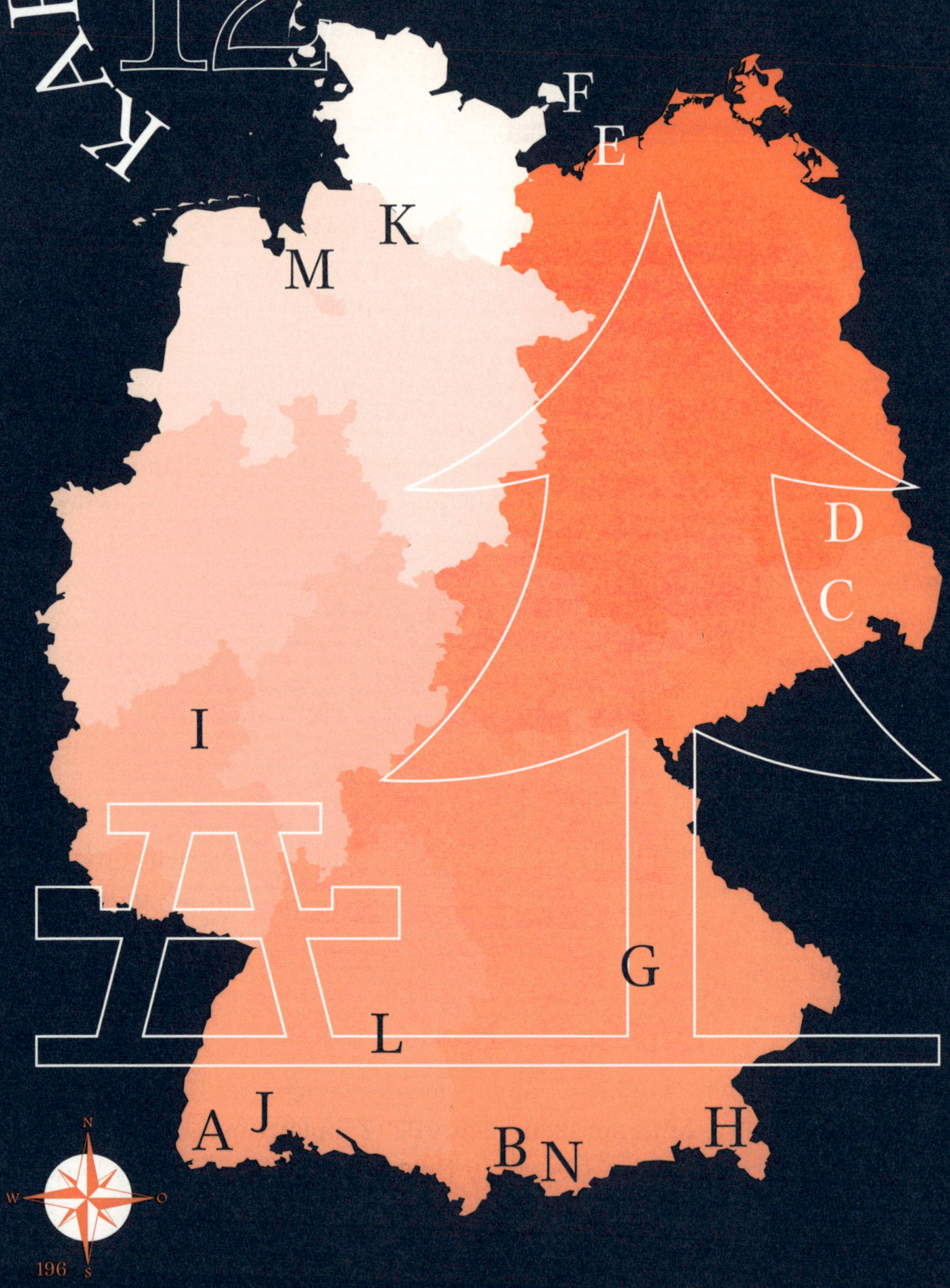

A

CAMPING MÜNSTERTAL (BW)

mit Panoramablick in den Schwarzwald.

B

CAMPING HOPFENSEE (BAYERN)

mit Aussicht auf die bayerischen Alpen.

C

CAMPING- UND FREIZEITPARK LUXOASE (SACHSEN)

an einem Stausee gelegen.

D

FAMILIENPARK SENFTENBERGER SEE (BRANDENBURG)

direkt am Senftenberger See.

E

CAMPINGPARK KÜHLUNGSBORN (MV)

direkt am Ostsee-Sandstrand gelegen.

F

INSEL-CAMP FEHMARN (SH)

unmittelbar am Ostsee-Strand.

G

CAMPINGPLATZ FREIZEITINSEL (BAYERN)

an der Donau.

H

CAMPING SCHWANENPLATZ (BAYERN)

am Fuße der Alpen.

I

KNAUS CAMPINGPARK RHEIN-MOSEL (RP)

gegenüber vom Deutschen Eck.

J

SCHWARZWALD-CAMP (BW)

an den Ufern des Schluchsees.

K

CAMPINGPLATZ NESSHOF (NI)

im Alten Land.

L

HOFGUT HOPFENBURG (BW)

auf einem jahrhundertealten Bauernhof.

M

ZELTPLATZ HARRIERSAND (BREMEN)

auf einer Weserinsel.

N

NATURCAMPINGPARK ISARHORN (BAYERN)

in einer Isarschleife gelegen.

CHEZ ZELT

Zubehör und Gerichte der Campingküche

Vorbei sind die Zeiten, als das Essen im Campingurlaub aus Stockbrot, Dosenravioli, Penne mit Pesto, Würstchen vom Grill und Pellkartoffeln bestand. Längst gibt es zahlreiche Kochbücher für die Campingküche, im Netz finden sich Lieblingsrezept-Sammlungen von Outdoor-Blogger:innen. Daraus zusammengestellt: Vorschläge für die „kleine" Grundausstattung der Campingküche und Gerichte, die sich „abwechslungsreich" und „leicht" beim Camping zubereiten lassen.

MIT LACH

GRUNDAUSSTATTUNG

Topf (ohne Plastikgriffe, mit Deckel)
Pfanne
Geschirr und Besteck
Schüssel
Kochlöffel & Pfannenwender
Schneidebrett und scharfes Messer
Nudelsieb
Dosenöffner und Korkenzieher
Sparschäler
Schere
Lunchbox oder Einmachgläser mit Deckel
Butterbrotpapier oder Bienenwachstücher
Zip-Beutel
Thermoskanne
Campingkocher und Campinggrill
Wasserkocher
Küchenwaage und Messbecher
Wäscheklammern (zum Verschließen offener Packungen)
Mülltüten
Geschirrtücher
Alufolie
Küchenpapier
Espressokocher/French Press/ Handfilter + Kaffeefilter

GRUNDZUTATEN CAMPING VORRAT

Pflanzenöl
Apfelessig
Honig oder Ahornsirup
Haltbare (Pflanzen-)Milch
Abgepacktes Brot
Haferflocken
Marmelade
Apfelmus
Nudeln
Kartoffeln
Reis
Kichererbsen
Linsen
Mehl
Gemüsebrühe in Pulverform
Ketchup und Senf
Pesto
Thunfisch (Dose)
Bockwürstchen
Nüsse

GERICHTE

Pastrami Sandwich mit Pfirsich & Pfeffermayo
Bauernsalat – Horiatiki
Schnelle Wraps mit Rote Beete und Räucherforelle
Schnelles Surfer Chili
Graupenrisotto mit Zucchini und mariniertem Feta
Poké Bowl mit Lachs, Wakame, Edamame, Mango, Gurke und Zucchini
Möhren-Haselnuss-Salat mit Dill
Obstspieße vom Grill
Banana Boats
Marinierter Frischkäse
Schinken-Käse-Galette
Couscous mit Rauchmandeln
Gulasch im Dutch Oven
Friesisches Leuchtfeuer
Ungarischer Sauerkrauttopf
Weißes Bohnengericht à la Cassoulet
Lyoner Omelette, Saarländer Art
Roggen-Zwiebel-Burger

KARTE 13

BADESEEN

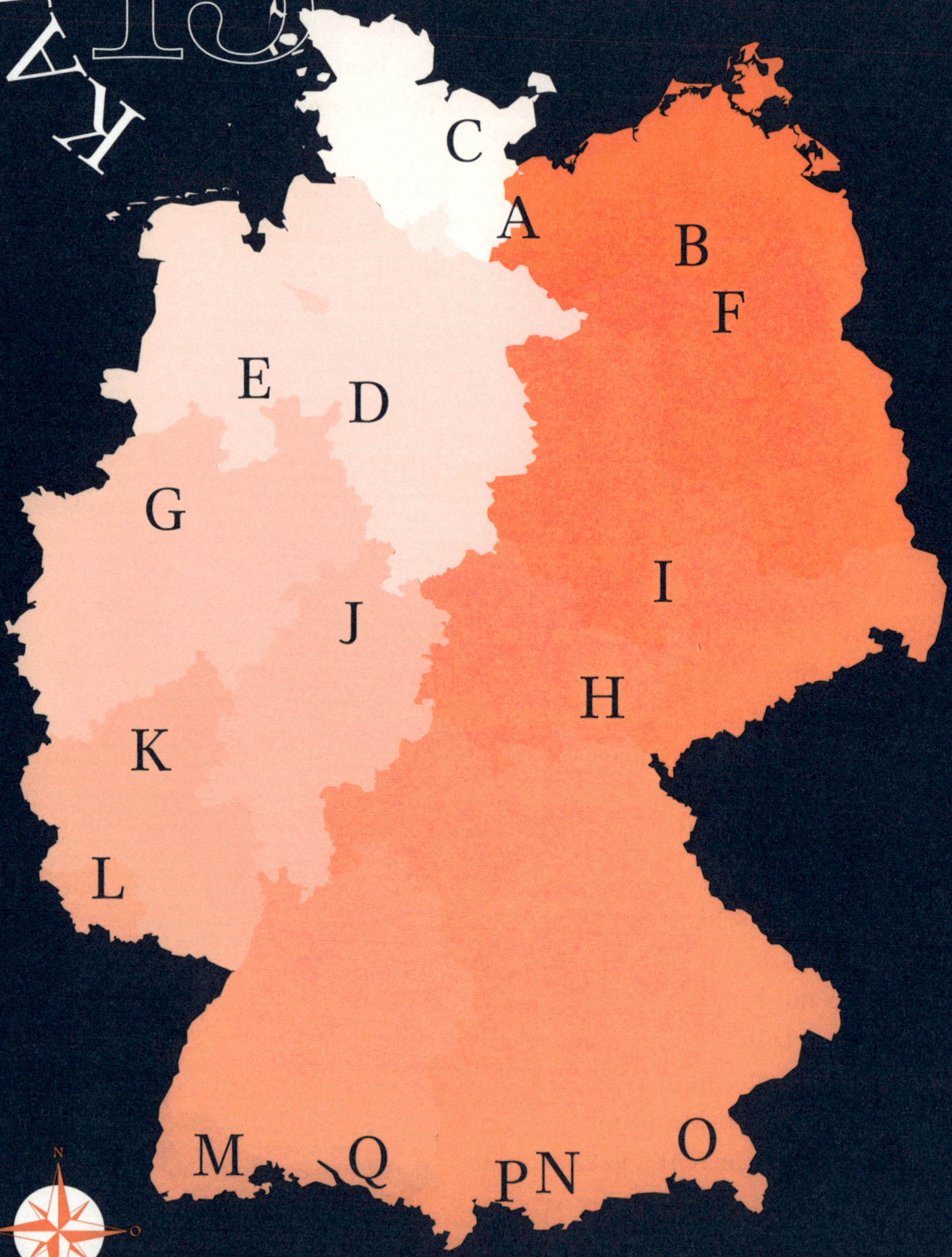

BLAUER HIMMEL, GUTE LAUNE

2015 Beliebte Badeseen

In der Badesaison 2015 gab es in Deutschland 2.292 Badegewässer, die nach der EG-Badegewässerrichtlinie überwacht wurden. Davon lagen 367 an der Küste von Nord- und Ostsee, 1.925 an Binnengewässern (1.893 an Seen; 32 an Flüssen).

Im Ranking der schönsten Badeseen werden auf den verschiedenen Webseiten die folgenden besonders häufig genannt:

A
SCHAALSEE (SH/MV)

Der Schaalsee, einer der tiefsten Seen in Deutschland, ist eingebettet in ein Biosphärenreservat. Aufgrund seiner Lage inmitten des früheren innerdeutschen Grenzgebietes war der Schaalsee jahrzehntelang ein Rückzugsgebiet für viele Tier- und Pflanzenarten. Um ihren Lebensraum zu schützen, ist das Baden nur an ausgewiesenen Badestellen erlaubt.

B
MÜRITZ (MV)

Das Wort „Müritz“ ist slawischen Ursprungs und bedeutet „kleines Meer“. Mit 112 Quadratkilometern ist die Müritz der größte vollständig innerhalb Deutschlands liegende See. Als Teil der Mecklenburgischen Seenplatte ist sie mit anderen Seen verbunden. Im Osten des Sees liegt der Müritz-Nationalpark. Deshalb sind Teile des Sees als Naturschutzgebiet ausgezeichnet. Um den See herum finden sich zahlreiche Bademöglichkeiten.

C
GROSSER PLÖNER SEE (SH)

Der Große Plöner See liegt im Naturpark Holsteinische Schweiz. Baden ist aufgrund der Lage im Naturschutzgebiet nur an ausgeschilderten Stellen erlaubt. Eine besonders beliebte Badestelle ist das Prinzenbad auf der Prinzeninsel in Plön, das nur zu Fuß erreichbar ist. Dort badet es sich mit dem Blick auf das Plöner Schloss, das majestätisch über dem See thront.

D
STEINHUDER MEER (NI)

Das Steinhuder Meer ist das Herzstück des Naturparks Steinhuder Meer, deshalb darf der See nicht von überall her betreten werden. Anlaufstellen sind deshalb zwei Badestrände:

die *Weiße Düne* am Nordufer sowie eine riesige, künstlich angelegte Insel mit Sandstrand.

E

DÜMMER SEE (NI)

Der Dümmer See im niedersächsischen Landkreis Diepholz wird auf seiner Gesamtlänge von über 12 Kilometern kaum tiefer als anderthalb Meter, d.h. er ist komplett zu durchlaufen. In den Sommermonaten kann es durch übermäßige Hitze, Trockenheit und auch Windkonstellationen dazu kommen, dass sich Algen bilden.

F

GROSSER STECHLINSEE (BRANDENBURG)

Neben Schwimmer:innen fühlen sich im Großen Stechlinsee auch Taucher:innen wohl, denn der Große Stechlinsee bietet eine Sichtweite von bis zu 11 Metern. Der See gehört zum Rheinsberger Seengebiet und ist umgeben von einer vielfältigen Moorlandschaft.

G

SILBERSEE II IN HALTERN AM SEE (NW)

Als Silbersee I, II, und III werden die Ausgrabungsseen nördlich von Haltern am See bezeichnet. Dort wurde früher Quarzsand abgebaut. Zusammen kommen die drei Seen auf eine Wasserfläche von über 200 ha. Der feine Sand und die Lage zwischen Kiefernwäldern und Naturschutzgebieten macht die Seen zum beliebtesten Badestrand des Ruhrgebiets.

H

BLEILOCHTALSPERRE (THÜRINGEN)

Ganze 28 Kilometer ist die Bleilochtalsperre in Thüringen lang. Der Stausee, der die Saale staut, ist der größte in ganz Deutschland und erinnert durch seine schmale, sich windende Form an die Fjorde Skandinaviens.

I

COSPUDENER SEE (SACHSEN)

Am südlichen Stadtrand Leipzigs, umgeben vom Auenwald der Metropole, liegt der über 400 ha große Cospudener See. Der See entstand zwischen 1993 bis 2000 als ein ehemaliger Braunkohle-Tagebau geflutet wurde. Am Strandpavillon *Seeblick* am Ostufer besteht die Möglichkeit für Menschen mit Handicap, mit dem Baderollstuhl ins Wasser zu fahren und von dort aus zu schwimmen.

J

EDERSEE (HESSEN)

Wie ein riesiges blaues Band zieht sich der See durch die bergige Landschaft, links und rechts eingerahmt von dichtem Urwald, weit oben überragt vom mächtigen Schloss Waldeck. Das rund 70 Kilometer lange Ufer ist nahezu überall frei zugänglich. Dabei sollte jedoch beachtet werden, dass einige Ufer steinig und teils sehr steil verlaufen.

K

LAACHER SEE (RP)

Der Laacher See ist vulkanischen Ursprungs, deshalb rund und besonders mineralreich.

Mit einer Gesamtfläche von 21 km^2 einschließlich seiner Kraterrandbereiche ist der Laacher See das größte Naturschutzgebiet in Rheinland-Pfalz. Weil der Schutzbedarf im Sommer geringer ist, erstreckt sich die Schutzzeit von Oktober bis März und der See kann im Sommer auch als Naherholungsgebiet touristisch genutzt werden.

L

BOSTALSEE (SAARLAND)

Idyllisch eingebettet in die Mittelgebirgslandschaft des Naturparks Saar-Hunsrück liegt der 120 Hektar große Bostalsee, der über zwei große Sandstrände und etliche Liegewiesen verfügt.

M

SCHLUCHSEE (BW)

Der größte See des Schwarzwalds ist wegen seiner Lage bei 930 Meter über Normalnull zugleich der höchstgelegene Stausee Deutschlands. Das Wasser erwärmt sich durch die Höhe nur langsam und bleibt auch im Sommer recht kühl. Die Ufer sind zum großen Teil gut zugänglich.

N

WALCHENSEE (BAYERN)

Einer der tiefsten und größten Alpenseen in Deutschland, fasziniert durch türkisfarbenes Wasser und das Alpenpanorama. Aufgrund seiner Lage im Talkessel ist der See größtenteils vor Windströmungen geschützt. Neben dem Badestrand am Südufer des Walchensees finden sich auch einige abgelegene Buchten, die ausschließlich zu Fuß erreichbar sind.

O

CHIEMSEE (BAYERN)

Im Volksmund wird der Chiemsee, der größte See Bayerns, auch das „bayrische Meer" genannt. Gelegen in der malerischen Kulisse des Voralpenlandes, finden sich etliche Strandbäder rund um das das 80 Quadratkilometer große Gewässer, das mit bester Wasserqualität aufwartet.

P

EIBSEE (BAYERN)

Der Eibsee findet sich auf tausend Metern Höhe, direkt am Fuß der Zugspitze. Er lockt mit kristallklarem, blau-grün schimmerndem Wasser. Wegen der vergleichsweise hohen Lage wärmt sich das Wasser des Sees nur langsam auf. Diejenigen, die eher Wassertemperaturen über 20 Grad bevorzugen, finden diese im Eibsee erst in den späteren Sommermonaten.

Q

BODENSEE (BW/BAYERN)

63 Kilometer lang und 14 Kilometer breit – mit einem Umfang von 273 Kilometern ist der Bodensee der größte See Deutschlands. Naturbelassene Badestrände, aber auch Strand- und Freibäder umgeben ihn. Das komfortable an den Strandbädern am Bodensee ist, dass eigentlich immer ein Restaurant, wenigstens aber ein Kiosk in Reichweite ist.

RAIMUND FRÖHLICHS
HUMORIGER
REIMRATGEBER

EIN GEDICHT VON EINEM URLAUB

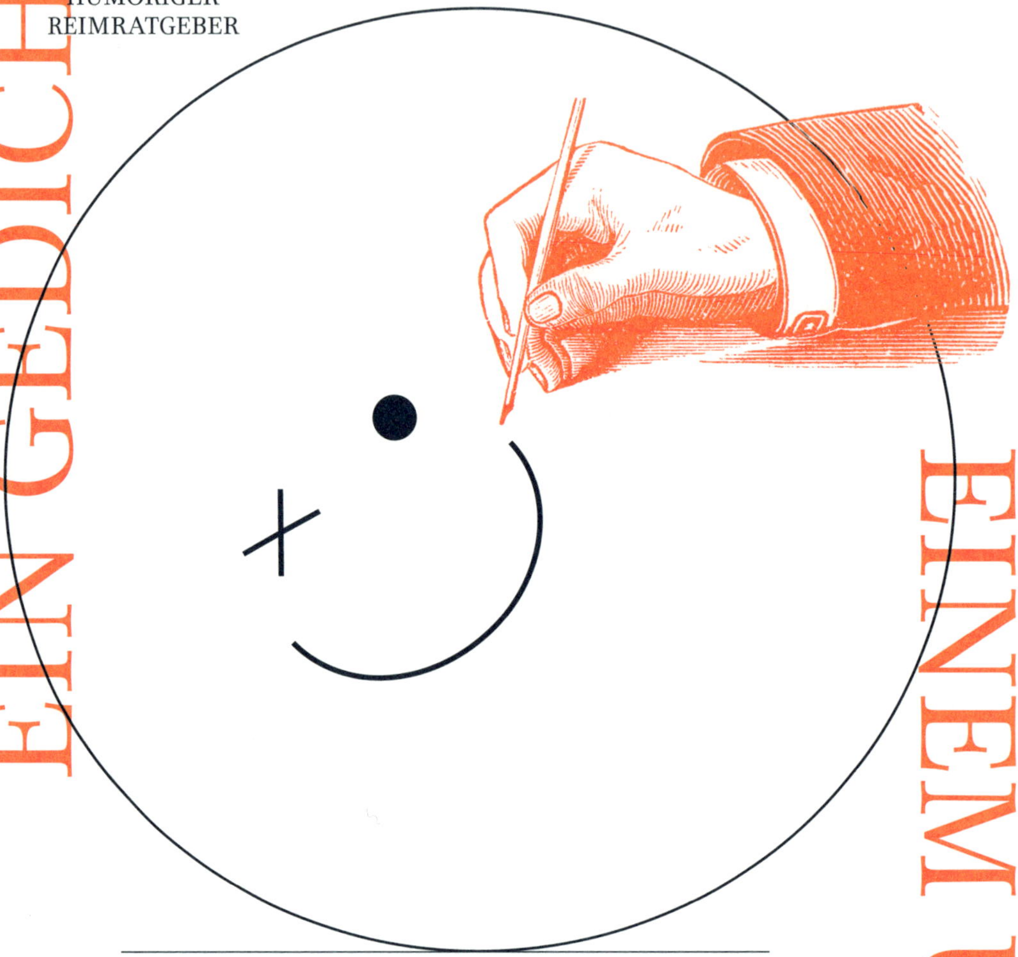

DER ERNST DES LEBENS IN REGENBOGENFARBEN GETAUCHT

Aus einer Anleitung für humoristische Reisepostkarten

1897

Postkarten sind „Herzenslabsal“ – befand Raimund Fröhlich im Vorwort seines Ratgebers *Wie schreibe ich humoristische Postkartengrüße?* Das 1897 erschienene Büchlein enthält *100 Original-Hilfs-Verse und Muster-Texte zur Abfassung humoristischer Ansichtspostkarten.*

Fröhlich nennt die Ansichtspostkarte ein „neues Genre“ der Literatur: „Ein gelungener Zwei- oder Vierzeiler auf einer Postkarte kann mehr des echten poetischen Goldes enthalten als ein langer und langweiliger lyrischer Erguß im Goldschnittband“.

Das Versmaß der Postkartenpoesie ist der „Knüttelvers“, denn „er ist in seiner legeren Form für diesen Zweck sogar ansprechender und besser angebracht, als das feierlich strenge Versmaß“.

Fröhlichs gutgelaunte Theorie der Grußpostkarte lautet: „In leicht fließender Form, und in einer glücklichen Stimmung geboren, die auch den Ernst des Lebens in Regenbogenfarben taucht, ist so ein Kartengruß wie ein buntbefiedertes Paradiesvögelchen, das uns zugeflattert kommt.“

Die Verse, die er vorschlägt, wirken allerdings wenig herzlich, eher selbstherrlich. Selten glücklich, meist gallig. Besteht wohlmöglich das „poetische Gold“ der Urlaubspostkarte in der Einsicht, dem Ernst des Lebens genausowenig wie sich selbst an keinem Ort der Welt entkommen zu können?

AUS DEN ALPEN

Auf Bergesgipfeln o wie schön,
Auf der Gletscher Scheiteln und Flanken!
Noch schöner ist's auf des Geistes Höhn,
In der Alpenregion der Gedanken.

AUS EINEM BAUERNDORF

Hier lieg ich wie in Kiautschou*
Die Henne gackert, es brüllt die Kuh,
Es blökt das Schaf, die Ziege meckert,
Der Hausknecht mit der Stallmagd schäkert.
Ich schicke Dir meine Grüße zu,
Accompagniert von Mäh und Muh.

(sprich: Kiautschuh)

AUS EINEM BADEORT

Komme vom Bade,
Sitze bei der Schokolade,
Schmauche meine Havanna,
Und grüße Dich, mein süße Anna.

AUS EINEM ENTLEGENEN ORT

In diesem elenden Nest
Fühl' ich mich wie im Arrest,
Wie in Comi der verbannte Ovid.
Menschen beschränkt, stupid,
Wie Kälber,
Unterhalte mich am besten mit mir selber.

AUS HEIDELBERG

„Alt Heidelberg, du feine",
Dein ist das Faß aller Fässer;
Doch wäre es voll vom Weine,
Gefiel' es mir noch besser.

AUS BREMEN

Zu Ehren von Wilhelm Hauff
Stieg ich in des Ratskellers Tiefe,
Von Weinseligkeit ich triefe.
Komm' allein. Kaum wieder hinauf.

VON DER HOCHZEITSREISE

Mein Glück getrübt von feinem Hauch
Nur eins bekümmert mich:
Daß nicht die Menschen alle auch
So glücklich sind wie ich.

ZWEIERLEI WIRKUNG

Prächtiges Wetter,
werde immer fetter
Doch immer mägerer, o jemine,
Wird's Portemonnaie.

LÄSTIGER REISEGENOSSE

Heute auf der Bahn
Hat sich mir gesellt
Ein Menschenpavian
Und mir die Reise vergällt.
Ich hört' ihm eine Weile zu,
Dann sagte ich: „Entre nous:
Mein Herr, ich hab die Schwarzen Pocken"
Erschrocken
Macht' sich der Kerl auf die Socken;
Wie der Blitz
Verließ er den Sitz
Auf der nächsten Station,
Und rannte auf und davon.

SCHLECHTES WETTER (I)

Mutter Natur hatte ihre Migräne,
Machte uns heute eine schreckliche Szene:
Donner und Blitz und Schloßen[1] wie Nüsse,
Sintflutmäßige Regengüsse –
Großer Schaden auf der Flur.
Nenne sie deshalb *Stief*mutter Natur

1 Hagelkörner

SCHLECHTES WETTER (II)

Vermelde Dir per Karte:
Das Wetter uns narrte;
Strömender Regen!

AUF SCHMUTZIGEN WEGEN

Kamen wir an und rasten hier
Bei elendem Bier
Und Betten mit ganzen Armeen
Von Flöhen!

AUS DER SOMMERFRISCHE

Dies Leben à la Schlaraffen,
Ich halt's nicht lange aus.
Wirken muss ich, schaffen.
Ich komme bald wieder nach Haus.

PACK BLOSS DIE RICHTIGE BADEHOSE EIN!

1932

Die Staatsmacht im Kampf gegen anstößige Strandmode

VON:
FRANZ BRACHT

„Unvorteilhaft eingezwängte Körperteile beiderlei Geschlechts zeichnen sich unter nasser, enganliegender Badebekleidung äußerst detailgenau ab." Dies war dem stellvertretendem Reichskommissar Franz Bracht aufgefallen, der am 18. August 1932 eine Polizeibadeverordnung erließ, in der das öffentliche Baden geregelt werden sollte – das aufgrund der in den 1920er Jahren immer freizügiger gewordenen Bademode konservativen Kreisen als Gefahr für die öffentliche Ordnung galt. Brachts Verordnung lautete:

§ 1

Das öffentliche Nacktbaden oder Baden in anstößiger Badekleidung ist verboten.

Als öffentlich im Sinne dieser Bestimmung gilt das Baden, wenn die Badenden von öffentlichen Wegen oder Gewässern aus sichtbar sind.

§ 2

Im und am Wasser ist jedes Verhalten zu unterlassen, dass in sittlicher Beziehung Ärgernis zu geben geeignet ist.

§ 3

Es ist verboten, nur mit einem Badeanzuge bekleidet, öffentliche Gaststätten zu betreten oder sich in diesen aufzuhalten, es sei denn, dass die Gaststätten nur vom Badestrand oder den Badeeinrichtungen aus zugänglich sind.

§ 4

Die nachgeordneten Polizeibehörden können weitergehende Bestimmungen erlassen.

§ 5

Gegen die Nichtbefolgung der Polizeiverordnung wird hiermit die Festsetzung von Zwangsgeld bis zu 150 Reichsmark angedroht.

§ 6

Diese Polizeiverordnung tritt am Tage nach ihrer Veröffentlichung in Kraft.

Berlin, den 18. August 1932
Der Preußische Minister des Innern.
Mit Wahrnehmung der Geschäfte
beauftragt: Bracht.

Es erwies sich jedoch, dass die Formulierung „anstößige Badebekleidung" einen zu großen Interpretationsspielraum ließ. Deshalb folgte am 28. September 1932 folgende *Polizeiverordnung zur Ergänzung der Polizeiverordnung.*

Zudem wurden zu Ansichtszwecken die Polizeidienststellen mit unanstößigen Musterbadehosen – und -badeanzügen ausgestattet.

§ 1

Der § 1 der Badepolizeiverordnung vom 18. August 1932 (Gesetzsamml. S. 280) erhält folgende Fassung:

(1) Das öffentliche Nacktbaden ist untersagt.

(2) Frauen dürfen öffentlich nur baden, falls sie einen Badeanzug tragen, der Brust und Leib an der Vorderseite des Oberkörpers vollständig bedeckt, unter den Armen fest anliegt sowie mit angeschnittenen Beinen und einem Zwickel versehen ist. Der Rückenausschnitt des Badeanzugs darf nicht über das untere Ende der Schulterblätter hinausgehen.

(3) Männer dürfen öffentlich nur baden, falls sie wenigstens eine Badehose tragen, die mit angeschnittenen Beinen und einem Zwickel versehen ist. In sogenannten Familienbädern haben Männer einen Badeanzug zu tragen.

(4) Die vorstehenden Vorschriften gelten nicht für das Baden in Badeanstalten, in denen Männer und Frauen getrennt baden.

(5) Die Vorschriften des Abs. 2 gelten entsprechend für den Strandanzug der Frauen.

§ 2

Diese Polizeiverordnung tritt mit dem 1. November 1932 in Kraft.

Berlin, den 28. September 1932.
Der Preußische Minister des Innern.
Mit Wahrnehmung der Geschäfte
beauftragt: Bracht.

Dieser sogenannte „Zwickelerlass“ wurde in der Presse verhöhnt, man sprach in Anlehnung an den Verfasser von einem „brachtvollen“ Erlass, der lange Zeit als Beispiel für das unangemessene Eingreifen des Staates in persönliche Angelegenheiten galt.

WIR BRAUCHTEN FRÜHER KEINE GROSSE REISE

Ein Medley aus Hits der 1970er und 1980er Jahre über den Sommer

Auf den Sommer bezogene Texte, ein tanzbarer Rhythmus (meist lateinamerikanisch wie Samba, Salsa und Merengue), dazu eine eingängige Melodie – das sind die Zutaten für einen Sommerhit. Mit Mungo Jerrys *In the Summertime* beginnt die Liste der Sommerhits der 70er und 80er, auf der auch etliche Songs aus beiden Teilen Deutschlands zu finden sind. Zur Erinnerung und zum Mitsummen hier ein Medley.

Der Sachse liebt das Reisen sehr
Nu nee, nich das in den Knochen.
Drum fährt er gerne hin und her
in sein drei Urlaubswochen.
Jürgen Hart: *Sing mei Sachse, sing*

Und der nasse Asphalt bebt
Wie ein Schleier staubt der Regen
Bis sie abhebt und sie schwebt
Der Sonne entgegen
Reinhard Mey: *Über den Wolken*

Nie mehr zurück
in Kälte und Verlogenheit
Nie mehr zurück
in Starre und Verlorenheit
Stern Meißen: *Wir sind die Sonne*

Wir gingen beide hinunter an den Strand
und der Junge
Nahm schüchtern ihre Hand
Doch als ein Mann sah ich die Sonne aufgehn.
Und es war Sommer.
Peter Maffay: *Es war Sommer*

Schöne Sommernacht um uns her die Welt
war klein
Draußen schlief die Stadt. Alles schien still
zu sein
Doch in den Gedanken sprach alles von ihr
Quer durch diese Sommernacht gehn sie zu ihr
Puhdys: *Sommernacht*

Das war ein super Sommer in jedem Augenblick
Wir ließen unsre Träume einfach schweben
Und wenn mich heute einer fragt: Wie definierst du Glück?
Dann brauch ich gar nicht lang zu überlegen
Udo Jürgens: *Die Sonne und du*

Als die Sonne kam, kamst auch du,
kommst schon Morgen früh auf mich zu,
hast so viele, so zärtliche Worte für mich,
wenn du immer bei mir bist, erfüllen sie sich.
Gerti Möller: *Als die Sonne kam*

Etwas später lag ihr Fahrrad im Gras
Und so kam es, dass sie die Zeit vergaß
Mit der Gitarre hab ich ihr erzählt von meinem Leben
Jürgen Drews: *Ein Bett im Kornfeld*

Rauchiger Sommer verweht, was war ist vorbei
Alles nach Hause geht und wird wieder treu
„Liebste, erzähl mir, was war?", fragt er von zu Haus
Nichts war, ich weiß es nicht mehr, es war so viel Rauch
Veronika Fischer & Band: *Rauchiger Sommer*

Manchmal schließe ich die Augen
Stell' mir vor ich sitz' am Meer
Dann denk' ich an diese Insel
Und mein Herz das wird so schwer
Die Ärzte: *Westerland*

Sommer, Sonne, Sonnenbrand
Kleckerburg im Kieselsand
Ja die Ostsee macht was her
Was soll'n wir denn am Schwarzen Meer?
Possenspiel: *Sommer, Sonne, Sonnenbrand*

Ob FKK, ob hochgeschlossen
Ob barfuß oder in Gummiflossen
Am weißen Strand herrscht buntes Treiben
Sich braune Körper aneinanderreiben
UKW: *Sommersprossen*

Hoch stand der Sanddorn am Strand von Hiddensee
Micha, mein Micha, und alles tat so weh
Dass die Kaninchen scheu schauten aus dem Bau
So laut entlud sich mein Leid in's Himmelblau
Nina Hagen: *Du hast den Farbfilm vergessen*

Fahrbahn ist ein graues Band
Weiße Streifen, grüner Rand
Kraftwerk: *Autobahn*

Ach am liebsten würde ich am Nordpol sein
Aber welche Glut wird heute dort wohl sein
Heißer Sommer in diesem Jahr
Ist ein heißer Sommer wie wunderbar
Chris & Frank: *Heißer Sommer*

Trotz allem glaub ich unbeirrt
Dass unser Wetter besser wird, nur wann
Und diese Frage geht uns alle an
Rudi Carrell: *Wann wird's mal wieder richtig Sommer?*

WAS, WENN DIE SONNE NICHT SCHEINT?

VON:
INA RUDOLPH

2015

Gecoacht für den Urlaub

Alles, was wir glauben, alles, was wir als wahr einstufen, hat Auswirkungen auf das, was wir fühlen. Belastende Gedanken, sogenannte „Glaubenssätze“ zu hinterfragen und „eine bessere, freundliche, liebevollere Sichtweise“ zu erlangen ist Ziel einer Coaching-Methode namens *The Work.* Sie besteht darin, dass Glaubenssätze mit vier Fragen gefunden und aufgelöst werden können. Diese Fragen lauten „Ist es wahr? Kann ich absolut sicher sein, dass dieser Gedanke wahr ist? Wie reagiere ich, was passiert, wenn ich diesen Gedanken glaube? Wer wäre ich ohne diesen Gedanken?“

Ina Rudolph, Schauspielerin, Autorin und Coach für *The Work* beschäftigt sich im folgenden Text ihrer Homepage mit Glaubenssätzen, die den Urlaub vermiesen können.

Neulich plauderte ich nach einer Einzelsitzung noch ein wenig mit Klaus. Wir standen im Flur, er zog seine Schuhe an und war guter Dinge. Er hatte sich etwas Großes vorgenommen und nach unserer Sitzung konnte er frohgemut darauf zugehen.

Nun ging es aber erstmal in den Urlaub. Er schwärmte davon, wie er die Sonne genießen werde, wie seine Frau sich freuen wird, dass er nun guter Dinge ist und dass er, so befreit, wie er sich jetzt fühlt, der Charmebolzen sein kann, den sie so mag. Dann bräuchte er nur noch ein bisschen Ruhe, gutes Essen und frische Luft und der Urlaub wäre perfekt. Er strahlte mich an und gab mir die Hand. Ich nahm sie und zögerte einen Augenblick. Unsere Sitzung war beendet, er war schon fast aus der Tür und fröhlich schien er auch zu sein.

Allerdings hatte ich, die ich eine geübte Hörerin von belastenden Glaubenssätzen bin, in seinen Abschiedsworten potentiellen Stress gehört. Ich wollte mich vergewissern und fragte nach: „Und was, wenn nicht? Was, wenn die Sonne nicht scheint? Was, wenn Dir gar nicht danach zumute sein sollte, der Charmebolzen zu sein? Wenn die Luft nicht frisch, das Essen nicht lecker und der Urlaubsort nicht wirklich ruhig ist?“

Also ich hatte solche „Überraschungen“ schon erlebt. Nicht, dass ich vorhatte, ihm die Laune zu verderben oder ihm den Urlaub madig zu machen. Dennoch schaute Klaus plötzlich unglücklich drein. Er knickte im Körper etwas ein. Dann sah er mich verständnislos an. „Was meinst Du damit?“

Ich fragte: „Kannst Du Dir denn sicher sein, dass all diese Dinge auf Deiner Urlaubs-Checkliste auch eintreten?“

„Nö“, sagte er kleinlaut, „kann ich nicht.“

„Und wie ist Dein Urlaub nachher, wenn Du diese Dinge nicht bekommst?“

„Ja blöd“, sagte er und sein Gesichtsausdruck war ein großes Fragezeichen.

Ich atmete einmal tief ein und fragte: „Wer wärest Du jetzt, vor dem Urlaub, OHNE Dein Konzept, wie Dein Urlaub zu sein hat? Ohne die Idee, wie Du sein musst und was Du brauchst, damit das ein schöner Urlaub wird? Ohne diese möglicherweise stressige Urlaubs-Checkliste?"

Denn die hatte er unbewusst: eine stressige Urlaubs-Checkliste.

„Hm", sagte Klaus und setzte sich auf den Stuhl in meinem Flur. Er stellte sich vor, wie es wohl ohne seine genauen Vorstellungen über den Urlaub wäre. „Also, wenn ich keine Bedingungen an den Urlaub habe, meinst Du das?"

Ich nickte. Oft sind Konzepte, die wir uns zurechtlegen, gut gemeint. Wir wollen nur das Beste. Und wenn wir bekommen, was wir uns wünschen – fein. Aber was, wenn nachher alles anders ist? Muss dann der ganze Urlaub im Eimer sein?

„Na ja", sagte Klaus. „Ohne meine Bedingungen wäre ich ganz offen. Dann packe ich meinen Koffer, fahre woanders hin – und mal sehen, was passiert."

„Und wie ist das für Dich?"

„Ganz gut", sagte er und sein Gesicht hellte sich wieder auf. „Nein, warte mal – ich merke, das ist nicht nur ‚ganz gut'. Das ist richtig toll. Dann lass ich das Leben rein. Dann MUSS die Sonne nicht scheinen. Und ich muss nicht charmant sein. Dann stehen ganz andere Punkte auf meiner Urlaubs-Checkliste. Ich darf dann sein, wie ich halt gerade bin ... einfach da sein, und mal sehen ... dann lass ich mich überraschen, was so passiert. Krass", sagte er und sprang auf. „Das ist ja noch besser! Sogar viel besser!"

Ich lachte, freute mich aufrichtig und reichte ihm die Hand. „Na dann, schönen Urlaub, wünsch ich Dir!"

Und Du?

Hast Du genaue Vorstellungen über Deinen Urlaub und wie der verlaufen muss?

Was steht auf Deiner Urlaubs-Checkliste?

Und wärest Du unglücklich, wenn diese Vorstellungen sich vor Ort nicht einlösen?

Wenn das Essen nicht so ist, wie Du möchtest, Dein Partner sich nicht von seiner obercharmanten Seite zeigt, die Sonne nicht scheint?

Es zu heiß oder zu kalt ist?

Das Hotel auf einer Baustelle liegt?

Und liegt all das in Deiner Hand?

Kannst Du wirklich machen, dass Du diese Dinge bekommst?

Wenn nicht, probiere doch mal, wie es wäre, wenn diese Bedingungen nicht auf Deiner Urlaubs-Checkliste stünden. Am Ende sind diese Bedingungen ja nur Gedanken. Gedanken, die Du glaubst. Und das Leben (und vielleicht auch der Urlaub) machen am Ende ja doch, was sie wollen.

Neulich durfte ich schon ein Stück von diesem Kuchen kosten. Ich war unterwegs, eine Art Kurzurlaub, wollte zurück nach Berlin und kam pünktlich 15 Minuten vor Abfahrt meines Zuges am Münchner Hauptbahnhof an. Wer nicht kam, war mein Zug. Aber nicht nur mein Zug kam nicht, sondern überhaupt kein Zug kam. Keiner! Wie ich erfuhr, brannte es auf den Gleisen kurz vor München und verständlicherweise wollte die Bahn die Stelle erst einmal räumen, bevor dort wieder Züge fahren konnten.

Und?

Hab ich mich geärgert? War ich sauer und habe geschimpft, dass die Dinge nicht so liefen, wie ich sie mir gedacht hatte?

Nein. Fasziniert stand ich vor der Anzeigetafel. Nichts ging mehr. Und das für alle. Höhere Gewalt, quasi. Mein Plan für diesen Tag wurde durcheinandergebracht und in mir stellte sich ein kleines Abenteuergefühl ein. Ändern konnten wir die Situation sowieso nicht.

Ich griff zum Telefon und verschob die drei Termine, die für diesen Abend noch im Kalender standen. Immer noch stand an der Anzeigetafel: „Züge fallen heute aus …“ Und das fühlte sich gut an. Ich kann nicht immer alles beeinflussen und unsere Welt ist keine Maschine, die auf Hochleistungsexaktheit arbeitet. Alles lebt, bewegt sich, arbeitet, verändert sich, und lehrt uns, dass es nicht sinnvoll ist, Dinge zu fest zurren zu wollen. Es gibt keine Sicherheiten. Für niemanden.

Ich kann es gar nicht hinkriegen, dass mein Leben immer so läuft, wie ich mir das ausgedacht habe. Unmöglich. Na bloß gut!

DER KLEINE SCHREIENDE NACHBAR

1828

Unbeliebt seit eh und je: Eltern mit Kindern

Johanna Schopenhauer (1766–1838), die Mutter des Philosophen Arthur Schopenhauer, unternahm im Jahre 1828 einen *Ausflug an den Niederrhein und nach Belgien*, über den sie einen Reisebericht veröffentlichte, um damit ihren Lebensunterhalt zu bestreiten. Johanna Schopenhauer war eine der ersten Frauen, die von der Schriftstellerei lebten – gezwungenermaßen, hatte sie doch durch den Bankrott eines Bankhauses ihr Vermögen verloren und wollte unabhängig sein von ihrem Sohn, mit dem sie sich überworfen hatte.

Johanna Schopenhauers Reisebericht sind in diesem Buch die Schilderung der enervierenden englischen Touristen (S. 133), sowie der Fahrt mit einem Dampfschiff durch das Rheintal (S. 98) entnommen.

Sehr interessant ist auch der folgende Text, in dem Johanna Schopenhauer die Entwicklung des Reisens Revue passieren lässt und auf ein Thema zu sprechen kommt, an dem sich bis heute die Gemüter entzünden können: lärmende Kinder, die die Urlaubsruhe stören.

Freilich vor dreißig bis vierzig Jahren, als man im größten Theil von Deutschland auf sandigen oder sonst unwegsamen Straßen sich langsam hinschleppen lassen

und zufrieden sein mußte, wenn man mit Extrapost in anderthalb Stunden eine Meile zurücklegte, sich glücklich schätzte, wenn man in den Posthäusern nur eine Stunde auf frische Pferde zu warten hatte, die erst von der Feldarbeit hereingeholt wurden, und Abends im Nachtquartier erst mit Bitten oder Schelten um reine Betttücher einen Kampf mit der Gastwirthin zu bestehen hatte: damals mußte das Vergnügen des Reisens mit zu großen Aufopferungen und Unbequemlichkeiten erkauft werden, um bei unsern Großmüttern eine Sehnsucht danach aufkommen zu lassen. Sie blieben gern zu Hause bei ihren Kindern; sie ließen von ihren weitgereisten Männern sich erzählen, wie es in fremden Ländern aussähe, die sie weder kannten noch zu kennen begehrten, und das kleinliche Getreibe ihres Wohnortes war Alles, was sie von der Welt und dem Leben in ihr zu erfahren verlangten.

Eine vom Arzte verordnete Badereise nach Pyrmont, Karlsbad oder Aachen, die einzigen Bäder, die damals eigentlich recht bekannt waren, erschien ihnen fast wie ein Todesurtheil, denn eine solche Kur wurde zu jener Zeit als das letzte Mittel, als der letzte Versuch zur Lebensrettung betrachtet. Unter heißen Thränen, von den Ihrigen mit dringenden Bitten bestürmt, riß endlich dann die Mutter von ihren Kindern sich los, die mit sich zu nehmen ihr nicht in den Sinn kommen konnte, um mit Gottes Hülfe sich ihnen noch einige Jahre zu erhalten.

Wie so ganz anders ist das Alles jetzt geworden; die Welt ist heut zu Tage auch den Frauen aufgethan, und sie dürfen mit frischem Sinn und heiterem hellen Blick alles des Schönen und Herrlichen, was Kunst und Natur ihnen bieten, sich eine Weile erfreuen, um bei ihrer Heimkehr das Glück, das ihr häusliches Leben ihnen gewährt, um so inniger zu empfinden; denn jede Reise ist jetzt nichts weiter als eine etwas verlängerte Spazierfahrt, und wenigstens alle acht Meilen ist ein Gasthof anzutreffen, in welchem man beinahe eben so gut sich befindet, als im eigenen Hause.

Keine zärtliche Mutter braucht sich mehr eine Badereise zu versagen, um einen leichten rheumatischen Schmerz, einen hartnäckigen Schnupfen zu heilen, und vor Allem, um das namenlose unerklärbare Heer von Nervenübeln zu bekämpfen, das gleich heimtückischen Gespenstern die Welt durchzieht, die oft ungläubig genug ist, sogar seine Existenz bezweifeln zu wollen. Eine solche Reise bedarf jetzt keiner weitläufigen Anstalten für die Verpflegung der Kinder; die lieben Kleinen werden sämmtlich mitgenommen, und lernen bei Zeiten die große Welt und ihre Vergnügungen kennen. Auch geht die Reise gewöhnlich nicht weit, in der Nähe fast jeder namhaften Stadt sind seit den letzten Jahren wunderwirkende Heilquellen entdeckt worden; sodass es wirklich zum Verwundern ist, dass nicht alle Leute hundert Jahre alt werden, und man noch an etwas Anderem als an Altersschwäche sterben kann.

Ob aber die liebenden Mütter ihren Kindern wirklich damit einen Dienst erweisen, dass sie dieselben auf Reisen mit sich nehmen, ob die Kleinen physisch und moralisch nicht mehr dadurch verlieren als gewinnen, das ist eine andere sehr ernste Frage, die sowohl der Raum, als die eigentliche Bestimmung dieser Blätter, hier umständlich zu erörtern, mir verbieten.

Aber wehe, und dreimal wehe dem Unglücklichen, den ein heimtückischer Zufall auf der Reise, oder vollends bei längerem Verweilen, neben einer solchen ambulirenden Kinderstube, Thüre an Thüre mit derselben, sein Quartier angewiesen hat! Des Nachts, wenn er schlafen möchte, das Summen und Singen der Wärterin anhören muss, die dicht neben ihm seinen kleinen schreienden Nachbar einzulullen versucht, und am Tage von dem unschuldigen muntern Spielen der lieben kleinen Engel aus seinem eigenen Zimmer hinauslaufen möchte, um nur einigermaßen zur Besinnung zu kommen. Wenn er darüber unwirsch wird und im Unmuth sogar ein klein wenig flucht, es ist ihm in der That nicht sehr zu verdenken.

Godesberg besonders wimmelt von solchen kleinen Gästen, deren Zahl bisweilen bis an zwanzig reicht, die alle im Hause wohnen; und bei aller Vorliebe für den Aufenthalt daselbst, muss ich doch gestehen, dass dieser dadurch an Annehmlichkeit nicht besonders gewinnt. Indessen mag dafür zur Entschuldigung dienen, dass Godesberg, wie ich schon früher erwähnte, von vielen, etwa eine starke Tagereise von demselben entfernt wohnenden Familien als ein Landsitz betrachtet wird, wo man gern mit, von den Seinen umgeben, einen Theil der schönen Jahreszeit zubringt; auch verweilen die Kinder den Tag über gewöhnlich mit ihren Spielen im Freien, was allerdings ihren nächsten Nachbarn eine große Erleichterung gewährt. Nur bei der Mittagstafel wird ihre große Anzahl besonders lästig, denn eine Reihe von drei bis vier Kindern, zwischen Erwachsenen eingeschaltet, kann auf die gesellige Unterhaltung nicht anders als störend einwirken. Eine besondere „table d'hôte" für die Kleinen, an der sie unter der Aufsicht ihrer Mütter eine Stunde früher als die übrige Gesellschaft, mit ihrem Alter zusagenden Speisen abgefüttert würden, wäre gewiss, sowohl für die Kinder selbst, als für die übrigen Gäste, eine höchst ersprießliche und erfreuliche Anstalt.

KARTE 14

IM LAND DER SOMMERRODELBAHNEN

Die ersten modernen Sommerrodelbahnen wurden von Skiliftbetreibern entwickelt, die nach einer Nutzungsmöglichkeit ihrer Anlagen in den schneefreien Monaten suchten. In Deutschland gibt es europaweit die meisten Sommerrodelbahnen: 131.[1] Die spektakulärsten sind:

1 Zum Vergleich – Frankreich: 51, Österreich: 44, Schweiz: 24, Großbritannien: 9. Quellen: Wikipedia, www.tranvanto.de

A **ALPSEE COASTER Immenstadt im Allgäu**
Mehr als hundert Kurven, Wellen und Jumps.

B **ALPINE COASTER AM HASENHORN Todtnau**
Die längste Sommerrodelahn Deutschlands; Wellen, steile Kurven und Kreisel.

C **SOMMERRODELBAHN GARMISCH-PARTENKIRCHEN**
Spektakuläre Kurven und Steilkurven, Megakreisel.

D **SOMMERRODELBAHN WASSERKUPPE Gersfeld (Rhön)**
Zwei Bahnen nebeneinander: Doppel-Rodelbahn und Röhnbob.

E **ALPINE COASTER AM KOLBENSATTEL Oberammergau**
Die höchstgelegene Sommerrodelbahn Deutschlands, Panorama-Aussicht.

F **HÖLLENCOASTER FAMILIEN FREIZEIT EDELWIES Neukirchen**
Drei 360-Grad-Kreisel, Jumps teils fast auf der Höhe der Baumwipfel.

G **INSELRODELBAHN Bergen auf Rügen**
Am nördlichsten gelegene Sommerrodelbahn Deutschlands, rasante Abfahrt.

H **BAYERWALD COASTER St. Englmar**
Witterungsunabhängige Schienenbahn, zu jeder Jahreszeit geöffnet.

I **BLOMBERGBAHN Bad Tölz**
6 Steinkurven, 4 Wellen, Doppelwelle und Kreisel.

J **SOMMERRODELBAHN AN DER ALPSPITZE Nesselwang**
13 Kurven und Fahrt durch einen Tunnel im oder Einzel- und Doppelsitzer.

K **SOMMERRODELBAHN Willingen**
Mehrere langgezogene Geraden, viele rasante Kurven und einige Jumps.

L **SOMMERRODELBAHN HOCHECK Oberaudorf**
Gebirgsachterbahn mit 16 Meter hohem 360 Grad-Kreisel.

M **SOMMERRODELBAHN BOCKSBERGBOB Goslar**
Zahlreiche Wellen, viele scharfe Kurven, riesiger Kreisel vom Bocksberg.

FENSTER AUF, ALTER KÄSE

AUS: DER GUTE TON

1895

VON: OTTO BERGERT

Verhalten im Zugabteil – aus einem Anstandsbuch

Wir wollen nur sagen, was schicklich ist, von dem Augenblick an, wo der Reisende den Eisenbahnwagen betritt. Im Abteil nimmt jeder den Platz ein, der ihm als der beste erscheint, vorausgesetzt, dass er noch frei, noch von keinem anderen Mitreisenden belegt worden ist. Niemand hat das Recht, zu verlangen, dass ein bereits vorher von einem anderen belegter oder eingenommener Platz ihm eingeräumt werde; aber trotzdem wird jeder Herr auf eine mitreisende Dame oder auf eine bejahrte Person so viel Rücksicht nehmen, dass er, wenn diese an ihrem Platz dem Zugwinde oder den Sonnenstrahlen ausgesetzt sind, Abhilfe zu schaffen suchen oder sich gar selbst der kleinen Unbequemlichkeit aussetzen und seinen geschützten Platz preisgeben wird, um besonders eine Dame nicht leiden zu lassen. Reist ein alter Herr mit uns, der einen Platz in der Mitte der Bank eingenommen hat, und sieht man, dass der bejahrte Mitreisende müde ist, so räumt man ihm willig den Eckplatz ein, damit er ruhen kann. Derartige Rücksichten machen stets einen guten Eindruck. –

In Bezug auf das Schließen und Öffnen der Wagenfenster soll man sich den Wünschen der Mitreisenden fügen; es bestehen hierüber auch noch besondere Vorschriften, die beachtet werden müssen. Man kann wohl verlangen, dass wenigstens auf einer Seite des Zuges ein Fenster ganz oder teilweise geöffnet werde; man kann aber auch verlangen, dass die Fenster auf der einen Seite zu schließen sind, falls sie auf beiden Seiten geöffnet wurden.

Das Handgepäck bringe man so unter, dass niemand dadurch belästigt wird. –

In jedem Zuge befinden sich Wagen, die bestimmte Abteilungen für ‚Nichtraucher' oder für ‚Damen' enthalten. Es ist einleuchtend, dass kein Herr das Damenabteil betreten noch im Abteil für Nichtraucher eine Zigarre anstecken darf. Befindet sich eine Dame allein im Rauchabteil, so wird der gebildete Mann, bevor er die Zigarre in Brand setzt, die Dame stets erst um Erlaubnis bitten. Verwehren wird sie es nicht – auch hat sie keine Macht dazu –, aber die ihr erwiesene Rücksicht wird ihr wohltun.

Mit den übrigen Reisenden ein Gespräch anzuknüpfen, ist stets erlaubt; freilich hängt es von den anderen ab, ob sie darauf eingehen wollen, und sehr bald hat man sich überzeugt, ob es dem unbekannten Nachbar angenehm oder unangenehm ist, ein wenig zu plaudern. Jedenfalls wird durch eine Unterhaltung die Langeweile der Reise gekürzt, nur muss sich jeder hüten, persönliche Angelegenheiten, weder eigene noch der Mitreisenden, der Erörterung zu unterziehen. Es gibt ja der Stoffe genug, über die man plaudern kann, und die Gegend, durch die man gerade fährt, wird wohl in der Regel den ersten Unterhaltungsstoff bieten. Dann reihen sich daran Vergleiche mit anderen Reisen, erlebte Abenteuer und dergleichen. –

Einen Mitreisenden kann man nach dem Ziel seiner Reise befragen, wenn man von ihm über gewisse Städte, Gasthöfe oder dergleichen Auskunft zu erhalten hofft, und sicher wird niemand eine dahinzielende Bitte ablehnen, sofern er eben selbst in der Lage ist, sie zu erfüllen.

Kommt man in ein lebhafteres Gespräch und findet man aneinander Gefallen, derartig, dass eine nähere Bekanntschaft erwünscht ist, so tauscht man miteinander die Besuchskarten aus und stellt sich gegenseitig vor. Haben wir einen Imbiss mitgenommen und wollen uns während der Reise damit stärken, so müssen wir es so tun, dass wir dem Nachbar dadurch nicht lästig fallen. Speisen, die einen scharfen Geruch haben, wie alter Käse oder dergleichen, soll man zu diesem Zwecke nicht mitnehmen.

Es ist durchaus keine Beleidigung, wenn wir von unseren Vorräten einem Mitreisenden etwas anbieten, sofern es nur in höflicher Form geschieht und mit wirklich appetitlichen Sachen. Es ist aber auch nicht verletzend, wenn der andere das Gebotene ablehnt.

D-ZUG 1901

REH
STEA
KS
IN
WACH
HOL
DER
TUN
KE

1
9
1
3

OCHSENSCHWANZSUPPE ZUM FRÜHSTÜCK

1957

Das kulinarische Angebot der MITROPA

Die Mitteleuropäische Schlafwagen- und Speisewagen-Aktien-Gesellschaft kurz MITROPA wurde 1916 durch die Eisenbahnverwaltungen aus Deutschland, Österreich und Ungarn gegründet, um die Dominanz der französisch-belgischen Internationalen Schlafwagengesellschaft (CIWL/ISG) zu brechen.

Nach dem Ersten Weltkrieg erschloss sich die MITROPA weitere Geschäftsfelder, bewirtschaftete die Restaurationsbetriebe auf den Schiffen der Donaudampfschifffahrtsgesellschaft und in den Flugzeugen der Lufthansa. Nach dem Erwerb einer Weinkellerei an der Mosel bot die MITROPA ab 1923 sogar drei „Hausmarken" an: *MITROPA Kupfer, MITROPA Silber* und *MITROPA Gold.*

In der DDR bewirtschaftete die MITROPA Speise-, Buffet- und Schlafwagen, sowie die gastronomischen Einrichtungen in den größeren Bahnhöfen. Zudem gab es auf vielen Bahnhöfen MITROPA-Frisörsalons, zeitweise war die MITROPA auch für die Intershopläden verantwortlich. Ab 1954 übernahm sie die gastronomische Versorgung auf den Schiffen der Weißen Flotte in Berlin und der Sächsischen Dampfschifffahrt Dresden sowie den Eisenbahnfähren auf der Ostsee. 1961 wurden ihr dann auch die Autobahnraststätten übertragen.

Ein wichtiger Werbeträger war ab dem Jahre 1972 das vom VEB Colditzer Porzellanwerk hergestellte Geschirr „rationell"; Speisewagen, Bahnhofsrestaurants und -bistros waren damit ausgestattet. Heute ist das Geschirr ein beliebter Sammelgegenstand, wie auch andere Gebrauchsgegenstände der MITROPA. Eine Speisenkarte wie die hier nachgebildete aus der Bahnhofsgaststätte Eisenach aus dem Jahre 1957 hat im Original einen Sammlerwert von 20 Euro aufwärts.

MITROPA

BAHNHOFSGASTSTÄTTE
EISENACH

NEBENBETRIEB:
WARTHA, BAD SALZUNGEN, MÜHLHAUSEN,
LANGENSALZA, IMMELBORN

SPEISENKARTE

Preisstufe II

STAMMGERICHTE DER WOCHE

MONTAG

Geback. Schweinebauch
mit Mayonnaisesalat
DM 2.00

DIENSTAG

Gekochte Rippchen
mit Kraut und Kartoffeln
DM 2.15

MITTWOCH

Makkaroni mit Schinken-
würfeln und Salatbeilage
DM 2.00

VORGERICHTE

Bierhappen (Fisch, Wurst und Ei)	1.65
2 halbe Eier auf Salatteller	1.85
Ragout fin in Muschel mit Brötchen	2.10
Gefüllte Schinkenröllchen	3.50

SUPPEN

1 große Tasse Fleischbrühe	0.30
1 große Tasse Fleischbrühe mit Eigelb	0.65
1 Teller Nudelsuppe mit Fleischeinlage	0.65

EIERSPEISEN

2 Rühreier mit Weißbrot	1.70
2 Rühr- oder Spiegeleier mit Bratkartoffeln	1.95
Omelette naturell (3 Eier)	2.55
2 Spiegeleier mit Schinken und Bratkartoffeln	2.80
Omelette gefüllt mit Ragout fin	2.90

TAGESKARTE

III/1957 3

GEDECK – DM 3.20

Tagessuppe
Gebr. Bockwurst mit Zwiebeln
Rotkraut – Kartoffeln
Speise

GEDECK – DM 4.10

Tagessuppe
Kassler Braten
Weinkraut – Salzkartoffeln
Vanillespeise

Teller weiße Bohnensuppe mit Fleischeinlage	0.75
Wellfleisch mit Kraut und Kartoffeln	1.70
½ Hackbraten mit Gemüse und Kartoffeln	1.85
½ Kassler Braten mit Rotkohl und Kartoffeln	1.95
Deutsches Beefsteak mit Kartoffeln und Salat	2.25

DONNERSTAG	FREITAG	SONNABEND
Gebratene Leber mit Kartoffelbrei und Beilage	Bratwurst mit Sauerkraut und Kartoffelbrei	Pikanter Sülzensalat in Essig und Öl mit Bratkart.
DM 2.95	DM 2.50	DM 2.00

Schweinebraten mit Bayrisch Kraut und Kartoffeln	2.55
Hackbraten in Sahnesauce mit Blumenkohl und Kartoffeln	2.60
Schweinegoulasch mit Kartoffeln und Salatbeilage	2.70
Kassler Rippenspeer mit Weinkraut und Kartoffeln	2.95
Rindsroulade mit Gemüse und Kartoffeln	3.20
Schweinskotelett in Paprikasauce mit Makkaroni	3.15
Kalbssteak natur mit Gemüsen garniert	4.00
1 Portion Krautsalat	0.50
1 Portion Mischgemüse	1.00
1 Portion Vanillespeise mit Schokoladensauce	0.90

PFANNENGERICHTE

(Zubereitung ca. 15 Minuten)

Schweinskotelett natur mit Salzkartoffeln	2.75
Schweineschnitzel mit Gemüse und Kartoffeln	3.25

Kalbsschnitzel natur mit Makkaroni	3.40
Wiener Schnitzel mit Bratkartoffeln und Kompott	4.10
Kalbsschnitzel mit Ragout fin und Kartoffeln	4.20
Filetstück mit Ei und Bratkartoffeln	4.05
Rumpsteak mit Salat und Pommes frites	4.80

SALATE UND BEILAGEN

1 Portion Kartoffelsalat	0.35
1 Portion Mayonnaisesalat	0.60
1 Portion Bratkartoffeln	0.35
1 Portion Kartoffelbrei	0.35

DIÄT UND KINDERKOST

Terrine Fleischbrühe mit Grieß und Eierflocken	1.20
Makkaroni mit Salat und Bratensauce	1.15
Gemüseteller mit Kartoffelbrei, Makkaroni, Salat	1.85

KALTE SPEISEN

Butterbrot mit 40 % Käse	1.05
Butterbrot mit Schweinebraten	1.65
Butterbrot mit Kochsalami	1.70
Butterbrot mit gekochtem Schinken	1.80
Hackepeter mit Butter, Brot und Beilage	1.95
Hausmacher-Sülze mit Remoulade und Bratkartoffeln	1.95
Wiener Hackbraten mit Mayonnaisesalat	2.50
Kasseler Bratenplatte mit Mayonnaisesalat	3.05

FRÜHSTÜCKSKARTE

von 7 bis 11 Uhr

KLEINES FRÜHSTÜCK – DM 1.20

1 Tasse Bohnenkaffee mit Milch und Zucker,
10 g Butter, 2 Brötchen

WIENER FRÜHSTÜCK – DM 2.75

1 Tasse Milchkakao, 1 gekochtes Ei,
50 g Konfitüre, 20 g Butter, 2 Brötchen

MITROPA-FRÜHSTÜCK – DM 3.90

Ochsenschwanzsuppe,
Prager Schinkenbrot mit Setzei, Salatbeilage,
Kleine Tasse Kaffee mit Milch und Zucker

1 große Tasse Fleischbrühe	DM 0.30,
mit Eigelb und Brötchen	0.70
½ Portion Aufschnitt mit Butter und Brot	1.80
Butterbrot mit 40 % Fettkäse	1.05
½ Portion kalten Hackbraten mit Mayonnaisesalat	1.60
Butterbrot mit Kochsalami	1.70
Butterbrot mit gekochtem Schinken	1.80
Bockwurst mit Mayonnaisesalat	1.90
Kleines Schnitzel mit Brötchen	1.95
Frühstücksgoulasch mit Brötchen	1.95
50 g Konfitüre	0.38

Sülzkotelett mit Bratkartoffeln	3.05
Appetitbrot	3.40
Schwedenplatte (6 Schnittchen)	3.40
Mitropa-Platte (12 Schnittchen)	7.00

Das Bedienungspersonal ist berechtigt, sofort zu kassieren und gehalten, auf Pfennigrechnung zu achten. Wir bitten Beschwerden und Wünsche der Geschäftsleitung vorzutragen.

SCHNELLIMBISS=NACHTKARTE

von 22.30 bis 7 Uhr

1 große Tasse Fleischbrühe mit Brötchen – DM 0.35
1 große Tasse Eiereinlaufsuppe – DM 0.60
1 große Tasse Fleischbrühe mit Eigelb – DM 0.65
Sülzkotelett mit 2 Brötchen – DM 2.85
Kasseler Bratenplatte mit Mayonnaisesalat – DM 3.05
1 Bockwurst mit Brötchen – DM 1.29
1 Bockwurst mit Mayonnaisesalat – DM 1.90
Schweinebauch mit Brot und Beilage – DM 1.80
Hausmacher-Sülze mit Remoulade und Brötchen – DM 1.65

WIR WÜNSCHEN EINEN GUTEN APPETIT!

EIN GEDICHT VON EINEM GERICHT

ALS DAS GASTRONOMISCHE ANGEBOT NOCH HIMMLISCH WAR

Ein Gedicht aus der MITROPA-Zeitung

Nicht wirklich einladend wirkt es heutzutage, wenn die Zugchef:innen nach vollzogener Begrüßung der Fahrgäste im ICE „auf das gastronomische Angebot hinweisen". Dieses wurde einst im wahrsten Sinne vielseitig beworben – mit der MITROPA-Zeitung, die seit 1926 zur Ausstattung jedes Speisewagens gehörte. Darin findet sich auch das nachfolgende Gedicht eines Autors namens Peter Plemm, das die Wonnen des Verzehrs einer Bouillon mit Eierstich („Kraft mit Ei") beim Zugfahren ausmalt.

VON:
PETER PLEMM

1926

ENTDECKUNG IM SPEISEWAGEN

Ich sitze gern an schönen Tagen,
so mittags zwischen zwölf und zwei,
im weiß gedeckten Speisewagen
bei einer Tasse Kraft mit Ei.

Ich mache stets bei dieser Stärkung,
die sich ja ziemlich preiswert stellt,
die sehr erregende Bemerkung,
dass Sonne in mein Süppchen fällt.

Mir ist, als ob auf jedem Schlückchen,
das meine Zunge zu sich nimmt.
ein allerliebstes kleines Stückchen
hineingebrockten Himmels schwimmt.

Vielleicht behauptet ein Banause,
dass ihm der gleiche Anblick winkt,
wenn er am Fensterbrett zuhause
die schon zitierte Brühe trinkt.

Er soll das nur einmal versuchen,
teil mit und teils auch ohne Ei. –
Ich sage ihm schon jetzt: – Ja. – Kuchen!
Der Himmel lässt sich nicht herbei.

Ich kann das selber nicht so sagen,
woran das eigentlich nun liegt,
dass man das nur im Speisewagen
und nirgends sonst zu sehen kriegt.

In Anbetracht der Eierpreise,
die man um diese Zeit notiert,
empfiehlt sich eine kleine Reise,
bei der man das dann selbst probiert.

Es lässt sich einfach gar nicht sagen,
wie gut das Stückchen Himmel schmeckt,
das eben nur im Speisewagen
in einer Tasse Brühe steckt.

KARTE 15

BELIEBTE BIERGÄRTEN

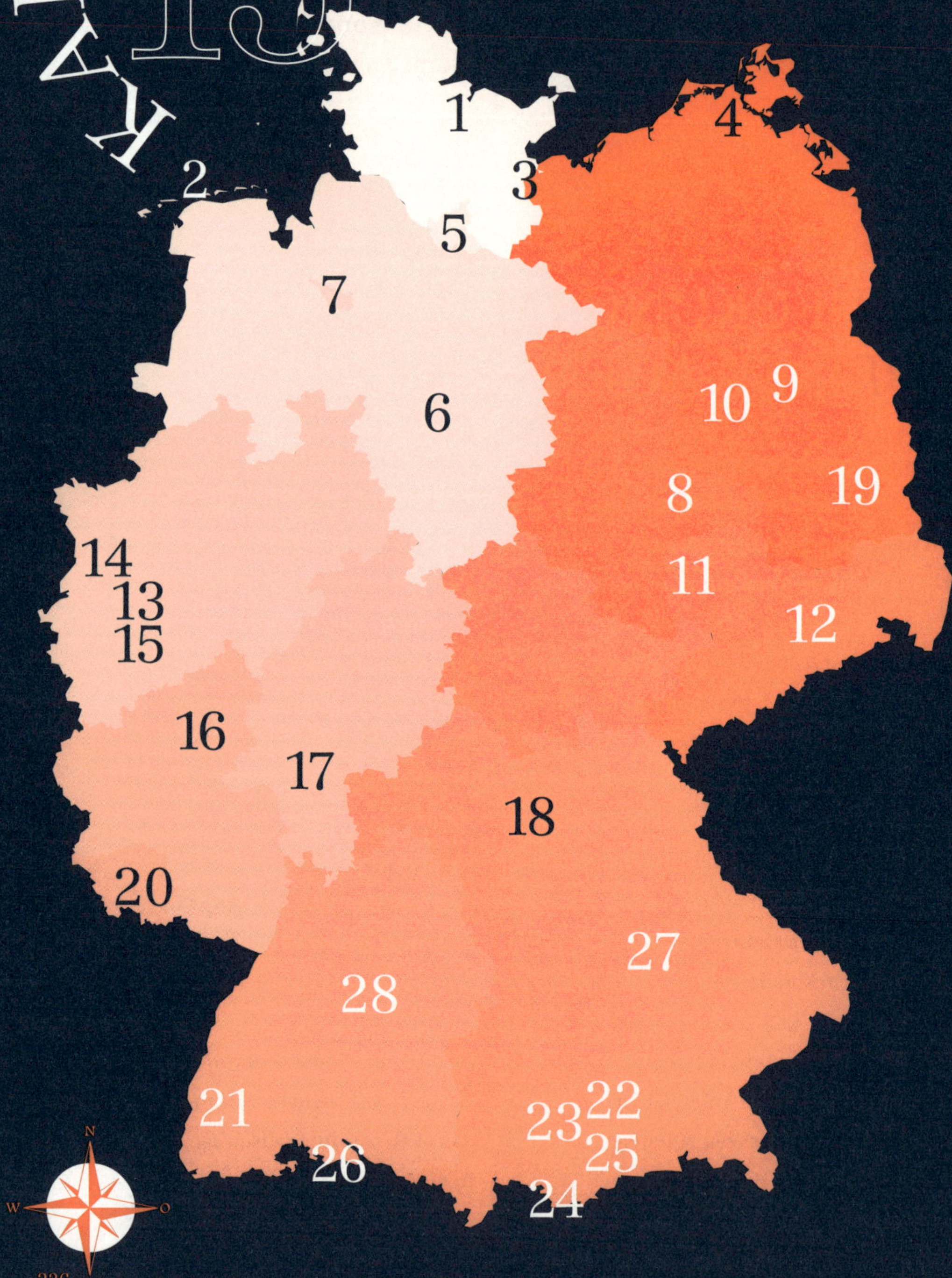

Quellen: Deutsche Welle, www.travelbook.de, www.falstaff.de

TRINKEN UNTERM STERNENZELT

1 BIERGARTEN FORSTBAUMSCHULE, KIEL

2 DÜNE 13, NORDERNEY

3 IM ALTEN ZOLLN, LÜBECK

4 STÖRTEBECKER BRAUQUARTIER, STRALSUND

5 ALTES MÄDCHEN, HAMBURG

6 WATERLOO BIERGARTEN, HANNOVER

7 SCHLACHTHOFKNEIPE, BREMEN

8 ZUM GOLDENEN ANKER, LUTHERSTADT WITTENBERG

9 PRATERGARTEN, BERLIN

10 GASTHAUSBRAUEREI MEIEREI IM NEUEN GARTEN, POTSDAM

11 BIERGARTEN IM SCHREBERS, LEIPZIG

12 SCHILLERGARTEN, DRESDEN

13 BASTION, DÜSSELDORF

14 STADTWALDHAUS KREFELD

15 BIERGARTEN ODONIEN, KÖLN

16 BIERGARTEN AM DEUTSCHEN ECK, KOBLENZ

17 GERBERMÜHLE, FRANKFURT AM MAIN

18 SPEZIAL-KELLER, BAMBERG

19 BIERGARTEN AM SPREESCHLÖSSCHEN, LÜBBENAU

20 ZUM PFERCHTAL, BLIESKASTEL

21 KASTANIENGARTEN, FREIBURG

22 BIERGARTEN AM CHINESISCHEN TURM, MÜNCHEN

23 SEEHOF HERRSCHING AM AMMERSEE, BAYERN

24 GIPFELALM, ZUGSPITZE

25 HERZOGLICHES BRÄUSTÜBERL, TEGERNSEE

26 HAFENHALLE, KONSTANZ

27 BIERGARTEN ALTE LINDE, REGENSBURG

28 BIERGARTEN IM SCHLOSSGARTEN, STUTTGART

WAS AN DER MOSEL GESCHIEHT, BLEIBT AN DER MOSEL

Kegeltour-T-Shirt-Sprüche

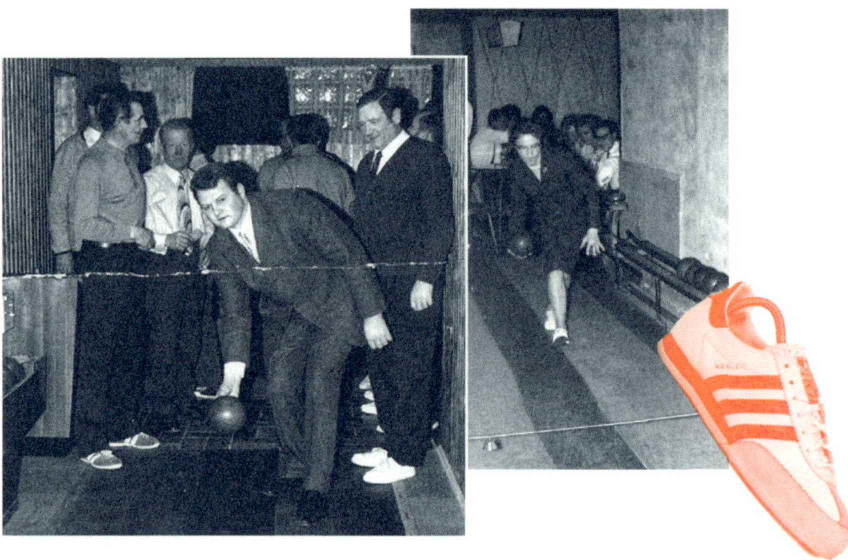

In den 1970er und 1980er Jahren gehörte das Kegeln für viele Deutsche zum festen Freizeitprogramm, war eine beliebte Möglichkeit, Sport und Geselligkeit zu verbinden.

Mittlerweile scheint das Kegeln seinen Reiz verloren zu haben; die Zahl der Mitglieder im Deutschen Kegler- und Bowlingbund ist von 250.000 im Jahr 2002 auf 69.000 im Jahr 2020 zurückgegangen.

Trotzdem erfreuen sich Kegeltouren als Vereinsreise nach wie vor großer Beliebtheit. Viele Hotels im ländlichen Raum verfügen über hauseigene Kegelbahnen, Reiseveranstalter bieten umfassende Programme für Kegeltouren als „All inclusive Partys“ an.

Die Zugehörigkeit zur Kegelgruppe wird auf der Tour oft dadurch zum Ausdruck gebracht, dass alle Kegler:innen ein T-Shirt mit dem gleichen Aufdruck tragen, wie ...

BILDUNG IST WICHTIG,
ABER KEGELN IST
WICHTIGERER

MEIN TRINKTEAM HAT EIN
KEGELPROBLEM

MEIN VORGLÜHEN IST DEINE
ALKOHOLVERGIFTUNG

ES GIBT WICHTIGERES
ALS KEGELN. NUR WAS?

KEGELGOTT

BRAVE MÄDCHEN KOMMEN IN
DEN HIMMEL. BÖSE FLIEGEN
NACH MALLORCA.

TRINK MAL MEHR!
DIE LEUTE GUCKEN SCHON.

ALS GOTT KLAR WURDE,
DASS NUR DIE BESTEN KEGELN,
SCHUF ER FÜR DEN REST DEN
FUSSBALL.

WENN KEGELN EINFACH WÄRE,
WÜRDE ES KEGELN HEISSEN.

WER SAGT,
GLÜCK KÖNNE MAN NICHT
ANFASSEN, HATTE NIE EINE
BOWLINGKUGEL IN DER HAND.

RUHE!
DER MENSCH WIRFT.

DAS IST SO EIN
KEGELCLUB-DING. DAS MUSST
DU NICHT VERSTEHEN.

ZUM KEGELN GEBOREN.
ZUM ARBEITEN GEZWUNGEN.

KEGELSAU LASS' KLINGELN!

DON'T MESS WITH
BOWLASAURUS!

KEGELN & PEGELN –
SO LAUTEN DIE REGELN!

ACHTUNG, ICH KÖNNTE SPON-
TAN ÜBER KEGELN SPRECHEN.

LÖCHER, DIE DIE WELT BEDEUTEN

Verzeichnis der Golfplätze in Deutschland im Jahre 1954

A—

Z

1957

In seinem *Praktischen Reisebuch* pries der als Autor, Rundfunksprecher, Dramaturg, Schauspieler und schließlich als Chefdramaturg des Heidelberger Stadttheaters tätigte Bernd Boehle 1954 Deutschland als „Reiseland der Mannigfaltigkeit“: „Der deutsche Landschaftscharakter wechselt beinahe von Kilometer zu Kilometer. ein schönes Landschaftsbild reiht sich an das andere, es gibt Steigerungen und Höhepunkte, und alles, was der Mensch sich nur wünschen kann, findet er auf verhältnismäßig kleinem Raum neben einander glücklich verteilt.“ Auch Golfplätze, zu denen Boehle aber einräumen muss: „Golfplätze kann man nicht anlegen wie ein Freibad oder einen Tennisplatz, auf dem Tummelplatz der Skifahrer weiden im Sommer sowieso die Kühe. (...) Golfplätze verlangen Weite und Ausdehnung, sie verlangen Pflege, die sehr teuer ist, sie verlangen vor allem eine landschaftliche Atmosphäre, die den Spieler beruhigt und harmonisch stimmt. Golfplätze sind daher in Deutschland selten, man muss wohl in den meisten Fällen zu ihnen fahren und kann sich dem Spiel nur am Wochenende oder in den Ferien widmen.“ Im Anschluss an seine Ausführung gibt Boehle folgende Übersicht der zur Zeit des Erscheinens seines Buches im Jahre 1954 existierenden Golfplätze in Deutschland:

Aachen	9 Löcher
Baden-Baden	9 Löcher
Berchtesgaden-Obersalzberg	9 Löcher
Berlin-Wannsee	9 Löcher
Bielefeld	9 Löcher
Braunschweig	9 Löcher
Bremen	9 Löcher
Burgsteinfurt	9 Löcher
Bad Ems	13 Löcher
Feldafing	9 Löcher
Frankfurt	18 Löcher
Freudenstadt	9 Löcher
Garmisch	9 Löcher
Gutach	9 Löcher
Hahnenklee	5 Löcher
Hamburg	18 Löcher
Reinbek b. Hamburg	9 Löcher
Hannover	9 Löcher

Bad Homburg	9 Löcher
Bad Kissingen	9 Löcher
Kitzeberg bei Kiel	9 Löcher
Köln	9 Löcher
Krefeld	18 Löcher
Kronberg, Schloßhotel	9 Löcher
Lindau	9 Löcher
Lübeck-Travemünde	9 Löcher
Mannheim	9 Löcher
München	6 Löcher
Bad Nauheim	9 Löcher
Norderney	9 Löcher
Bad Salzuflen	9 Löcher
Stuttgart	9 Löcher
Wiesbaden	9 und 18 Löcher
Wuppertal	9 Löcher
Wyk auf Föhr	9 Löcher

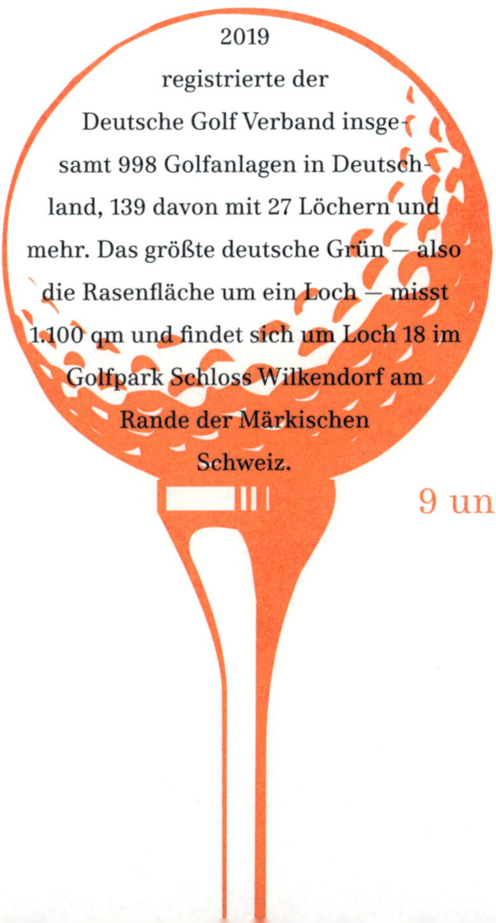

2019 registrierte der Deutsche Golf Verband insgesamt 998 Golfanlagen in Deutschland, 139 davon mit 27 Löchern und mehr. Das größte deutsche Grün – also die Rasenfläche um ein Loch – misst 1.100 qm und findet sich um Loch 18 im Golfpark Schloss Wilkendorf am Rande der Märkischen Schweiz.

KARTE 16

OFF THE MAP

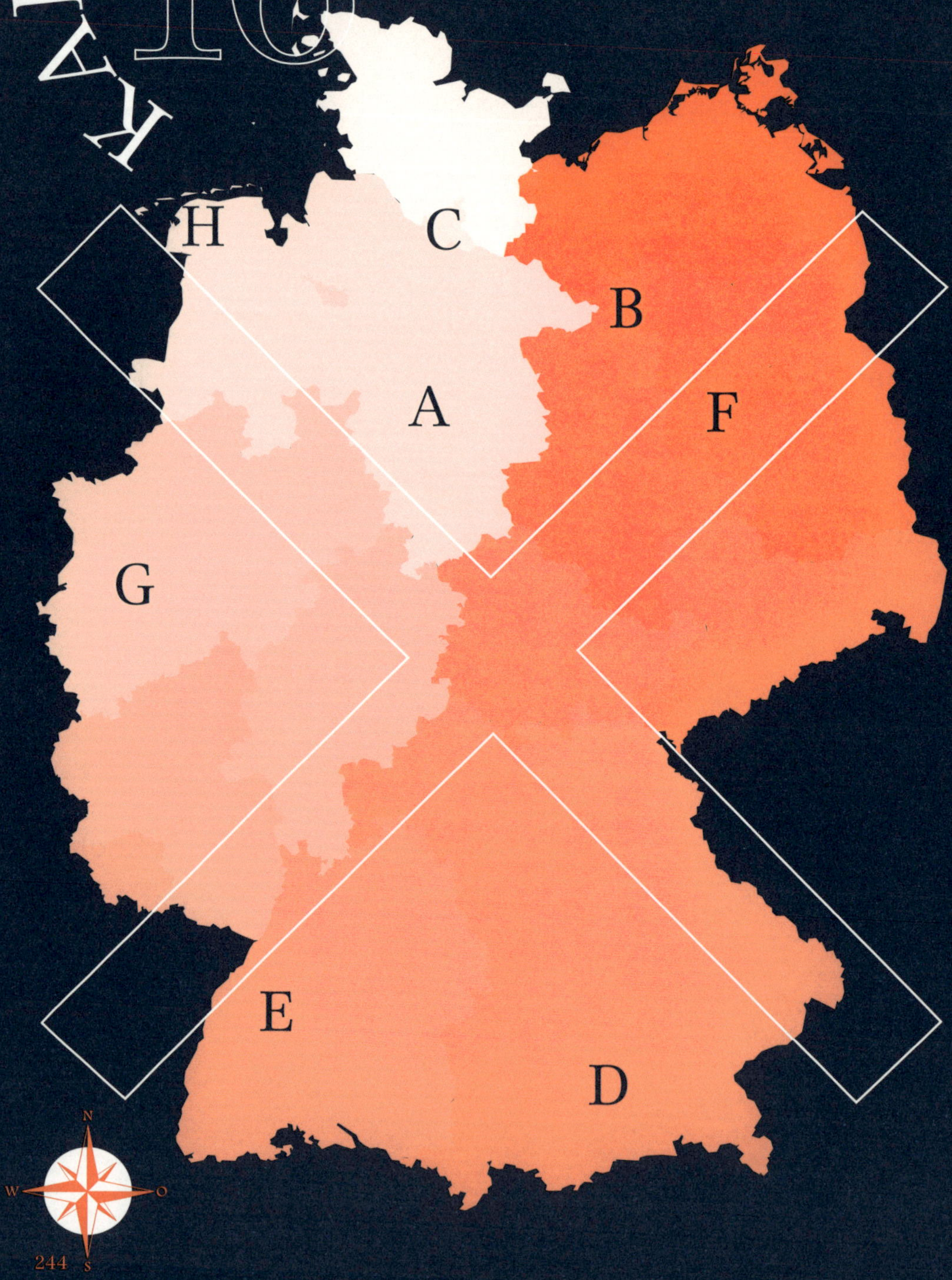

„Lost Places“ und Urban Exploring

Nichts als Fußspuren hinterlassen: Nichts verändern, beschmutzen oder entwenden.

Niemals einbrechen: Keine Fenster zerschlagen und keine Türen aufhebeln. Wenn es keinen Zugang gibt, verschwindet man wieder.

Auf sich aufpassen: Morsche Böden und Balken stellen hochriskante Verletzungsrisiken dar.

Keine genauen Adressen nennen: Um die Lost Places vor Vandalismus zu schützen, werden keine Adressen genannt.

So lauten die Regeln des Urban Exploring, der Besichtigung von verlassenen Orten, die mit einem Pseudoanglizismus *Lost Places* genannt werden. Der tatsächlich im Englischen verwendete Begriff für verlassene Gebäude, die entweder noch nicht historisch aufgearbeitet worden sind oder aufgrund ihrer geringen Bedeutung kein allgemeines Interesse finden, lautet „abandoned premises“ – aufgegebene Liegenschaften, oder umgangssprachlich: *off the map*. Meistens handelt es sich dabei um Industrieruinen, Militärische Anlagen, Bildungseinrichtungen.

Gewissenhafte Urban Explorer – kurz Urbexer – informieren sich im Vorfeld darüber, wem die verlassenen Orte gehören und holen die **Erlaubnis ein, die leerstehenden Gebäude zu betreten.** Denn: bei fehlender Erlaubnis handelt es sich beim Betreten solcher Orte in der Regel um **Hausfriedensbruch.** Da mittlerweile die Attraktivität vieler Lost Places bekannt ist, werden oft Fototouren angeboten, die den Vorteil haben, dass die Lokalitäten in Ruhe und in Sicherheit erkundet werden können.

Faszinierende Orte *off the map* sind:

A

HOLLÄNDISCHER PAVILLON DER EXPO 2000, HANNOVER

Der Pavillon der Niederlande war das höchste Gebäude auf dem Areal der EXPO 2000 in Hannover. Das Konzept des Pavillons: „Gestapelte Landschaften“ auf insgesamt acht Etagen, offen und ohne Außenwände. Die verwendeten Materialien Beton, Holz und Metall sollten Beispiel sein für die Verbindung von Ökologie und Ökonomie. Das Erdgeschoss war als Dünenlandschaft angelegt, duftende Blumenfelder im ersten Stock und auf der dritten Ebene ein Wald, dessen Wurzeln das Netz der Wege, Häfen, Kanäle Hollands symbolisieren sollten. Auf dem Dach: Windräder. Nach dem Ende der Weltausstellung blieb der Pavillon ungenutzt, mehrere – vermutlich durch Brandstiftung entstandene – Brände zerstörten Teile des Baus. Eine Sanierung und Nutzung als Studentenwohnheim ist in Planung.

B

NÄHMASCHINENWERK WITTENBERGE

Bis zu seiner Liquidation nach der deutschen Wiedervereinigung im Jahre 1992 wurden in dem 1903 eröffneten Werk Millionen jener schwarzen Singer-Nähmaschinen mit der einprägsamen Form produziert. Der wuchtige Baukomplex besteht aus acht großen Gebäuden, neoklassizistische Architektur, ausgeführt sowohl in Stahlbetonbauweise als auch in norddeutschem Backsteinstil. Der weithin sichtbare Uhrturm wurde von 1928 bis 1929 ursprünglich als Wasserturm errichtet und diente der Versorgung des Nähmaschinenwerkes. Er gilt mit einer Höhe von 49,40 m als die größte freistehende Turmuhr in Deutschland und ist gleichzeitig auch der zweitgrößte freistehende Uhrturm Europas. Seit der Schließung des Werkes stehen die Gebäude größtenteils leer.

C

SCHILLEROPER HAMBURG

Erbaut ursprünglich als Zirkustheater, 1891 vollendet – in der Form angelehnt an ein Zirkuszelt. 1904 zum Theater umgebaut und am 19. April 1905 mit Schillers „Wilhelm Tell“ neu eröffnet und anlässlich Schillers 100. Todestages in „Schiller-Theater“ umbenannt. Es folgten: Pleiten, Zwischennutzung, Verfall. Heute steht der runde, 24 Meter hohe Bau leer – inmitten eines Wohngebietes, nur einen Steinwurf entfernt vom Neuen Pferdemarkt.

D

EHEMALIGER BAHNHOF OLYMPIASTADION, MÜNCHEN

Gebaut, um für die Olympischen Sommerspiele 1972 zusätzliche Kapazitäten für die erwarteten Publikumsströme bereitstellen zu können, wurde der Bahnhof 1988 stillgelegt. Heute sprießen dünne Bäume und Büsche zwischen rostigen Gleisen, der Sichtbeton der Treppen und Gleisübergänge ist anthrazitfarben verwaschen. Als Teil des Ensembles „Olympiapark“ steht der Bahnhof unter Denkmalschutz.

E

SCHLOSSHOTEL WALDLUST, FREUDENSTADT

Kongresse und Tanzveranstaltungen lockten die gehobene Gesellschaft bis 1949 in das ehemalige Grandhotel „Waldlust" in Freudenstadt. Angeblich soll die Inhaberin des Familienbetriebs in ihrem Hotel gewaltsam zu Tode gekommen sein, was dem Gebäude die Aura eines Spukschlosses gibt. So gibt es Berichte von wackelnden Gläsern in der verlassenen Bar, von Bildern, die ohne Ursache von den Wänden gefallen sind und von Schreien eines Babys in der Nacht.

Nach vielen Besitzerwechseln und Leerständen ist das Hotel seit 2005 ungenutzt und steht zum Verkauf. Der Verein für Kulturdenkmale Freudenstadt e. V. bietet „Lost Place"-Fototermine an. Im ganzen Haus, dem der Glanz vergangener Zeiten noch anzusehen ist, ist das Fotografieren erlaubt.

F

HEILSTÄTTEN, BEELITZ

Die zwischen 1898 und 1930 errichteten Arbeiter-Lungenheilstätten Beelitz-Heilstätten bilden einen der größten Krankenhauskomplexe im Berliner Umland. Im Ersten und Zweiten Weltkrieg dienten die Beelitz-Heilstätten als Lazarett und Sanatorium für erkrankte und verwundete Soldaten, u.a. war Adolf Hitler dort Patient. Ab Dezember 1990 wurde der an Leberkrebs erkrankte Erich Honecker dort behandelt. Infolge einer Insolvenz der Eigentümergesellschaft im Jahr 2001 wurde die Sanierung weitgehend eingestellt, ein großer Teil der prächtigen Jugendstil-Gebäude verfiel. Sie sind heute über einen „Baumkronenpfad" und in geführten Touren zu besichtigen.

G

AUTOSKULPTURENPARK NEANDERTAL, ERKRATH

Rolls Royce, Mercedes Benz, BMW – insgesamt 50 Oldtimer stehen oder liegen, verfallen und verrosten in unterschiedlichen Positionen in einem Waldstück gegenüber des Neanderthal-Museums. Einige Autos sind von Baumwurzeln umschlungen, durch andere sind die Bäume bereits hindurchgewachsen. Der Inhaber Michael Fröhlich hat im Sommer 2000 in seinem Auto-Skulpturen-Park die 50 Oldtimer im Wald arrangiert und dem Lauf der Witterung ausgesetzt – als Kunstprojekt, um die Macht der Natur zu verdeutlichen. Interessierte können jeden Sonntag ab 13 Uhr den Park nach Voranmeldung besuchen.

H

EHEMALIGE SCHNAPSBRENNEREI DOORNKAAT, NORDEN (OSTFRIESLAND)

Bis kurz nach dem Verkauf der Firma im Jahre 1992, wurde hier der bekannte Kornbrand produziert. Die Produktionsanlagen wurden schon vor längerer Zeit demontiert und abtransportiert, die Gebäude stehen leer. Sie sind zwar größtenteils äußerlich unverändert erhalten, das Betreten sowohl des Geländes als auch das Betreten der Gebäude ist verboten, vermutlich lebensgefährlich.

A–Z FÜR DIE MENSCHHEIT

UNESCO-Welterbestätten in Deutschland

AUFGENOMMEN:
NACH 2001

INDUSTRIEKOMPLEX ZECHE ZOLLVEREIN IN ESSEN (2001)

Bedeutendes Industriedenkmal und zugleich architektonischer Ausdruck der Formsprache des Bauhauses.

ALTSTÄDTE VON STRALSUND UND WISMAR (2002)

Die Altstädte von Stralsund und Wismar mit beeindruckenden Beispielen der Backsteingotik und Bauten der schwedisch geprägten Barockzeit repräsentieren den Reichtum, den regionalen Einfluss und die Macht der Hanse.

OBERES MITTELRHEINTAL (2002)

Eine außergewöhnlich organisch entwickelte Kulturlandschaft, die seit zwei Jahrtausenden den Handel und kulturellen Austausch zwischen dem Mittelmeerraum und dem Norden Europas beeinflusst.

RATHAUS UND ROLAND IN BREMEN (2004)

Das Rathaus und die Rolandstatue in Bremen gelten seit dem 15. Jahrhundert als außergewöhnlicher Ausdruck bürgerlicher Autonomie und als Symbol für Marktrechte.

MUSKAUER PARK / PARK MUŻAKOWSKI (2004)

Ein außergewöhnliches Beispiel eines europäischen Landschaftsparks, wegweisend für eine meisterhaft gestaltete Landschaft, die eine grenzüberschreitende Welterbestätte bildet.

GRENZEN DES RÖMISCHEN REICHES (2005; ERWEITERT 2008)

Ein außergewöhnliches Beispiel für die Militärarchitektur und Bauweise im Römischen Reich. Sie bezeugen die Macht des Römischen Reiches und seinen großen Einfluss auf die beherrschten Gebiete.

ALTSTADT VON REGENSBURG MIT STADTAMHOF (2006)

Ein außergewöhnliches Beispiel für eine intakte mittelalterliche Handelsstadt und Zeugnis der Zeit als politisches Zentrum des Heiligen Römischen Reiches Deutscher Nation.

SIEDLUNGEN DER BERLINER MODERNE (2008)

Ausdruck politischer, sozialer, kultureller und technischer Fortschrittlichkeit. Sie stellen eine architektonische und städtebauliche Zäsur dar. Zu den Siedlungen zählen: die Gartenstadt Falkenberg in Treptow, die Schillerpark-Siedlung im Wedding, die „Hufeisensiedlung“ in Neukölln, die Wohnstadt Carl Legien, die Weiße Stadt in Reinickendorf sowie die Großsiedlung Siemensstadt.

WATTENMEER (2009; ERWEITERT 2011 UND 2014)

Mehr als 10.000 Tier- und Pflanzenarten, 10 bis 12 Millionen durchziehende Zugvögel pro Jahr, die größte Schlick- und Sandwattfläche weltweit – die transnationale Welterbestätte Wattenmeer ist sehr bedeutsam für die weltweite Biodiversität.

ALTE BUCHENWÄLDER UND BUCHENURWÄLDER DER KARPATEN UND ANDERER REGIONEN EUROPAS (2011; ERWEITERT 2017)

Die transnationale Welterbestätte Alte Buchenwälder und Buchenurwälder der Karpaten und anderer Regionen Europas bildet ein außergewöhnliches Beispiel für ungestörte, komplexe Laubwälder der gemäßigten Zone.

FAGUS-WERK IN ALFELD (2011)

Der erste Bau von Walter Gropius, gilt als das erste wirklich moderne Bauwerk und als Ursprungswerk moderner Industriearchitektur.

PRÄHISTORISCHE PFAHLBAUTEN UM DIE ALPEN (2011)

Eine wichtige archäologische Quelle für die Erforschung der Welt der frühen europäischen Agrargesellschaften. Die Pfahlbauten geben Aufschluss über prähistorische Siedlungsstrukturen über 4.000 Jahren hinweg.

MARKGRÄFLICHES OPERNHAUS BAYREUTH (2012)

Das bedeutendste und besterhaltene Beispiel barocker Theaterkultur; eines der wichtigsten baulichen Zeugnisse der absolutistischen Gesellschaft.

BERGPARK WILHELMSHÖHE (2013)

Mit seinen monumentalen Wasserspielen und der weithin sichtbaren Herkulesstatue ist der Bergpark Wilhelmshöhe ein eindrucksvolles Beispiel für absolutistische Landschaftsarchitektur und ein einzigartiges barockes Gesamtkunstwerk.

KAROLINGISCHES WESTWERK UND CIVITAS CORVEY (2014)

Die Welterbestätte Karolingisches Westwerk und Civitas Corvey ist ein herausragendes Zeugnis der karolingischen Bau- und Klosterkultur, die Ausdruck geistlicher Inhalte und kirchlicher Ziele, wie auch Instrument der Herrschaftssicherung war.

SPEICHERSTADT HAMBURG UND KONTORHAUSVIERTEL MIT CHILEHAUS (2015)

Ein einzigartiges Ensemble maritimer Speicherhäuser und modernistischer Bürogebäude, außergewöhnlicher Ausdruck des rasanten internationalen Handelswachstums im späten 19. und frühen 20. Jahrhundert.

DAS ARCHITEKTONISCHE WERK VON LE CORBUSIER – EIN HERAUSRAGENDER BEITRAG ZUR MODERNE (2016)

Ein transnationales künstlerisches Meisterwerk, eine architektonische Antwort auf die globalen sozialen Fragen der Moderne.

HÖHLEN UND EISZEITKUNST DER SCHWÄBISCHEN ALB (2017)

Zeugnisse der ersten in Europa siedelnden modernen Menschen. Die dortigen Fundstücke gehören zu den ältesten Belegen figürlicher Kunst und den weltweit ältesten Musikinstrumenten.

ARCHÄOLOGISCHER GRENZKOMPLEX HAITHABU UND DANEWERK (2018)

Haithabu ist eine archäologische Stätte, die die Relikte einer Handelsstadt aus dem 1. und frühen 2. Jahrtausend n. Chr. umfasst. Spuren von Straßen, Gebäuden, Friedhöfen und einem Hafen lassen Rückschlüsse auf das damalige Leben zu. Sie ist von Teilen des Danewerks umgeben, einer Befestigungslinie, die den Schleswigschen Isthmus durchquert und die jütländische Halbinsel vom Rest Kontinentaleuropas trennt.

NAUMBURGER DOM (2018)

Einzigartiges Zeugnis der mittelalterlichen Architektur und Kunst des 13. Jahrhunderts. Der Westchor des Doms ist durch die Integration von Architektur, Skulpturen und Glasmalereien ein außergewöhnliches Gesamtwerk der Werkstatt des sogenannten Naumburger Meisters und stellt ein Meisterwerk menschlicher Schöpferkraft dar.

MONTANREGION ERZGEBIRGE/KRUŠNOHOŘÍ (2019)

Seit dem Mittelalter wurde im sächsisch-böhmischen Erzgebirge Erz abgebaut. Die Region entwickelte sich von 1460 bis 1560 zur größten Silbererzquelle Europas und war Ursprung zahlreicher technologischer Innovationen. Bergwerke, wegweisende Wassermanagement-Systeme, innovative Erzaufbereitungsanlagen, Schmelzhütten und Bergbaustädte: Die Kulturlandschaft des Erzgebirges wurde über nahezu 800 Jahre kontinuierlich und maßgeblich vom Bergbau geprägt. Deutschland und Tschechien haben die grenzüberschreitende Welterbestätte gemeinsam nominiert.

AUGSBURGER WASSERMANAGEMENT-SYSTEM (2019)

Das Wassermanagement-System der Stadt Augsburg wurde in mehreren Phasen seit dem 13. Jahrhundert entwickelt. Es umfasst ein Kanalsystem, Wassertürme mit Pumpwerken aus dem 15. bis 17. Jahrhundert, eine ehemals durch Wasser gekühlte Stadtmetzgerei, drei Prachtbrunnen sowie Wasserkraftwerke, die auch heute noch nachhaltig Strom erzeugen. Die aus diesem Wasserwirtschaftssystem entstandenen technologischen Innovationen machen die Stadt Augsburg bis heute zu einem Vorreiter des Wasserbaus.

KARTE 17

SCHÖNSTE DÖRFER

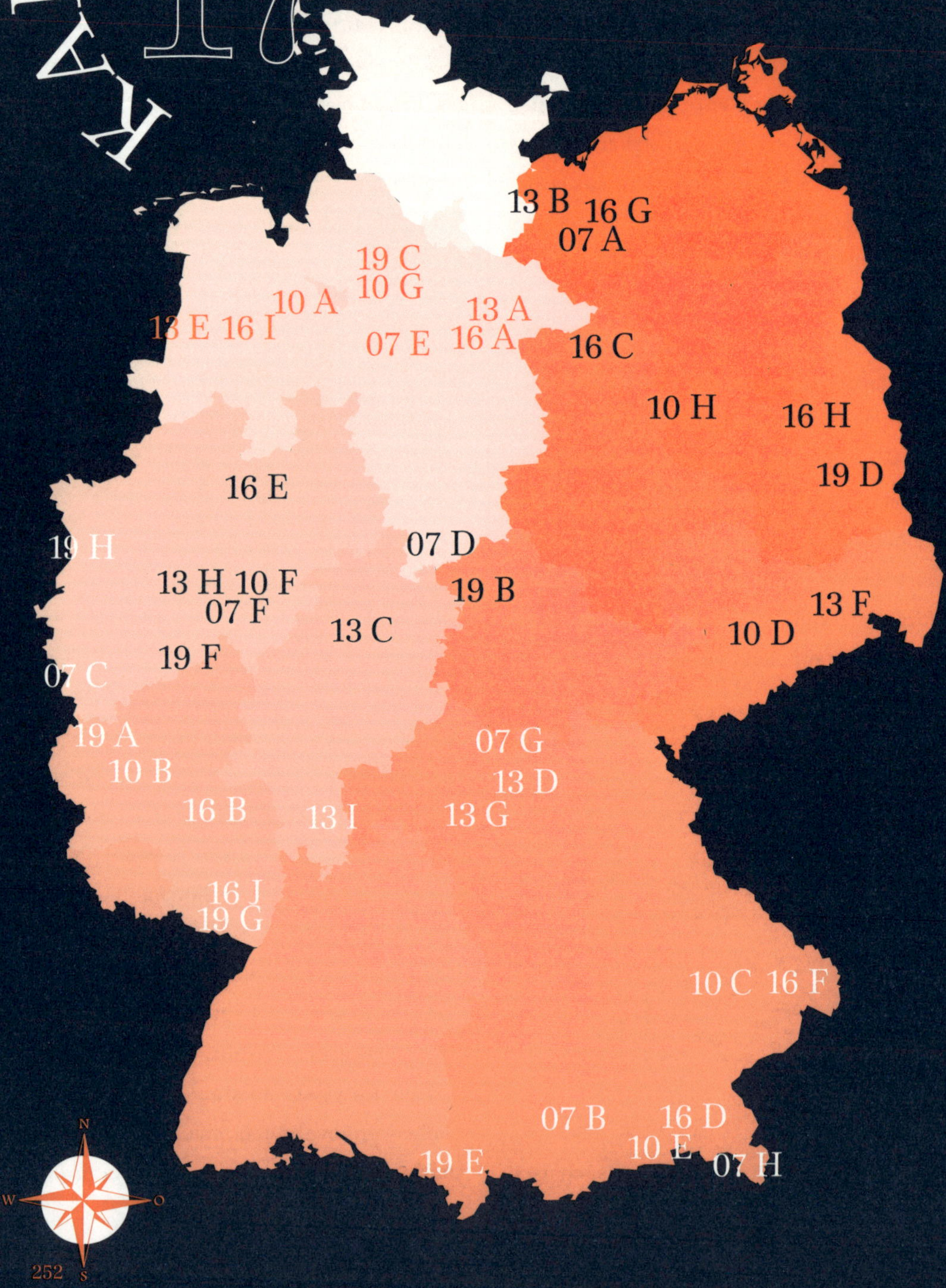

ZUKUNFT STATT BLUMENSCHMUCK
Der Wettbewerb
Unser Dorf soll schöner werden

Graf Lennart Bernadotte, Präsident der Deutschen Gartenbau-Gesellschaft, war entsetzt. Bei der Arbeit an der *Grünen Charta der Mainau,* die den ländlichen Raum in der Bundesrepublik nach dem Zweiten Weltkrieg neu ordnen helfen sollte, war er durchs Land gereist. Das Bild, das sich ihm allerorten bot, war abschreckend: „Alle Misthaufen zur Durchgangsstraße, es war trostlos und hat gestunken." Sein Impetus: Die Schaffung eines Wettbewerbs – „Unser Dorf soll schöner werden." Der Graf war erfolgreich: am 21. November 1961 zeichnete Bundespräsident Heinrich Lübke, zuvor Landwirtschaftsminister, die ersten Sieger aus.

Lange Jahre waren vor allem Sauberkeit und Ordnung Kriterien des Wettbewerbs, weshalb die Kritik spöttisch vom „Blumenschmuckwettbewerb" sprach.

Im Zuge der fortschreitenden Industrialisierung der Landwirtschaft, neu erlassener Umweltbestimmungen und veränderter ländlicher Strukturen wandelte sich der Anspruch des Wettbewerbs, der 2007 einen neuen Namen erhielt: „Unser Dorf hat Zukunft".

Dörfer und Gemeindeteile sollen seitdem durch den Wettbewerb angeregt werden, ihre kulturellen, sozialen, wirtschaftlichen, baulichen und ökologischen Strukturen zu erhalten und diese im Sinne einer Zukunftssicherung weiterzuentwickeln. Besonderer Wert bei der Beurteilung wird gelegt auf das Gemeinschaftsleben in seiner vielfältigen sozialen und kulturellen Ausprägung, den Erhalt historischer Bausubstanz, die Belange von Natur und Umwelt bei der Pflege der Kulturlandschaft. Die zukunftsträchtigsten Dörfer Deutschlands seit 2007 waren:

2007

07 A

Banzkow (MVP)

07 B

Bernried am Starnberger See (Bayern)

07 C

Eicherscheid (NRW)

07 D

Groß Lengden (Niedersachsen)

07 E

Otersen (Niedersachsen)

07 F

Rehringhausen (NRW)

07 G

Rieth (Thüringen)

07 H

Schönau (Bayern)

2010

10 A

Dötlingen (Niedersachsen)

10 B

Ediger-Eller (RP)

10 C

Haidenkofen (Bayern)

10 D

Kirchbach (Sachsen)

10 E

Niederaudorf (Bayern)

10 F

Niederhelden (NRW)

10 G

Waffensen (Niedersachsen)

10 H

Wiesenburg (Brandenburg)

2013

13 A

Bohlsen (Niedersachsen)

13 B

Dechow (MVP)

13 C

Mengsberg (Hessen)

13 D

Mürsbach (Bayern)

13 E

Oberlangen (Niedersachsen)

13 F

Rammenau (Sachsen)

13 G

Sommerach (Bayern)

13 H

Thier (NRW)

13 I

Ueberau (Hessen)

2016

16 A

Böddenstedt (Niedersachsen)

16 B

Duchroth (RP)

16 C

Gladigau (Sachsen-Anhalt)

16 D

Hirnsberg (Bayern)

16 E

Hoetmar (NRW)

16 F

Perlesreut (Bayern)

16 G

Pinnow (MVP)

16 H

Sauen (Brandenburg)

16 I

Vrees (Niedersachsen)

16 J

Weyher in der Pfalz (RP)

2019

19 A

Basberg (RP)

19 B

Bollstedt (Thüringen)

19 C

Bötersen (Niedersachsen)

19 D

Dissen (Brandenburg)

19 E

Gestratz (Bayern)

19 F

Lückert (NRW)

19 G

Rumbach (RP)

19 H

Schaephuysen (NRW)

RELAXENDES GENIESSER-PAAR FÜTTERT SCHWEIN

Urlaub auf dem Bauernhof – Typologie und Motivationen

Der Begriff *Agrotourismus* oder auch *Landtourismus* bezeichnet laut Wikipedia „eine touristische Sparte mit Urlaubs- und Freizeitangeboten im dörflich-ländlichen Umfeld."

Die Bedeutung des Landtourismus besteht u. a. darin, dass Arbeitsplätze gesichert werden, bzw. neue entstehen, sodass der Abwanderung in die Stadt entgegengewirkt wird. Dies trägt dazu bei, dass örtliche Angebote sowie Infrastruktur erhalten oder ausgebaut werden können; was wiederum die Voraussetzung für einen erfolgreichen ländlichen Tourismus ist.

Dass viele Bauernhöfe die Möglichkeit haben Gäste zu beherbergen, liegt daran, dass mitteleuropäische Bauernhöfe nicht nur für die Bauernfamilien, sondern auch für die Unterbringung von Knechten, Mägden und saisonalem Personal konzipiert waren.

Ein besonderer Reiz des Urlaubs auf dem Bauernhof besteht darin, aktiv bei der Landwirtschaft und Tierhaltung mithelfen zu können: Kühe melken, Schweine füttern, Eier im Hühnerstall einsammeln, Heu wenden und zudem die Kreisläufe der Landwirtschaft kennenlernen.

Eine Studie des Bundesministeriums für Ernährung und Landwirtschaft aus dem Jahre 2017[1] entwirft folgende Typologie von Gästen im Agrartourismus und schlüsselt ihre Motivation auf.

1 Volker Ebert et al.: Urlaub auf dem Bauernhof. Analyse der Ist-Situation und des Marktpotentials im Agrotourismus, Studie im Auftrag des Bundesministeriums für Ernährung und Landwirtschaft, Bonn: 2017, S. 93f.

TYPUS	MOTIVATION
DIE GESELLIGEN ÄLTEREN	Kontakt zu Einheimischen, gemeinsam etwas erleben, Zeit füreinander haben, Wiedersehen, keine neuen Eindrücke und Abenteuer
DIE RELAXENDEN GENIESSER-PAARE	Entspannung, Ausruhen und Faulenzen, Freisein, Abstand zum Alltag, schönes Wetter und Sonne, sich verwöhnen lassen, Spaß, Freude, Vergnügen haben, Natur erleben, no sports
DIE AKTIVEN MULTIOPTIONALEN	Wollen in einem Urlaub quasi alle Reisemotive auf einmal mitnehmen
DIE NATURLIEBENDEN FAMILIEN	Zeit füreinander haben, Natur erleben, Abstand zum Alltag, Entspannung, frische Kraft sammeln, mit den Kindern spielen/zusammen sein, gesundes Klima, leichte sportliche/spielerische Betätigung
DIE NATUR-ERKUNDER	Viel erleben, viel Abwechslung haben, viel unternehmen, Natur erleben, unterwegs sein, neue Eindrücke gewinnen, Spaß, Freude, Vergnügen haben, frische Kraft, Entspannung, Erholung, andere Länder erleben, viel sehen von der Welt
DIE BESCHEIDENEN	Keine erkennbare ausgeprägte positive Motivlage, wenig Risikobereitschaft, kein Interesse an Neuem

KALENDER ANSTREICHEN ROT IM KALENDER

IV

Zur richtigen Zeit
am richtigen Ort:
Saisonale Feste und
Brauchtümer

JANUAR
FEBRUAR
MÄRZ
APRIL
MAI
JUNI
JULI
AUGUST
SEPTEMBER
OKTOBER
NOVEMBER
DEZEMBER

OKTOBER OKTOBER OKTC

Tag der Deutschen Einheit

Zum Jahrestag der Deutschen Einheit findet vor dem Reichstag, auf der Straße des 17. Juni und rund ums Brandenburger Tor ein Bürgerfest statt. Das Programm stellt das vielfältige kulturelle Angebot der Stadt in seiner ganzen Bandbreite dar.
Zudem findet eine offizielle Feier mit Staatsakt, Bürgerfest und prominent besetztem Kulturprogramm in der Landeshauptstadt des Landes statt, das zu dem Zeitpunkt den Vorsitz im Bundesrat innehat.

Moscheevereine laden seit 1997 am Tag der Deutschen Einheit zum *Tag der offenen Moschee* ein, um ihr Selbstverständnis als Teil der deutschen Gesellschaft auszudrücken.

Frankfurter Buchmesse

Die Frankfurter Buchmesse ist die größte und bedeutendste Buchmesse der Welt. Gegründet 1949 vom Börsenverein des Deutschen Buchhandels, steht sie in einer jahrhundertelangen Tradition, die auf die Erfindung des Buchdrucks in Mainz zurückgeht. Seit 1988 stellt die Buchmesse in jedem Jahr die Literatur und Kultur eines Gastlandes vor.

Während der Buchmesse präsentieren internationale Verlage ihre Neuerscheinungen, zudem werden bedeutende Literaturpreise wie der *Deutsche Buchpreis,* der *Friedenspreis des Deutschen Buchhandels* und der *Deutsche Jugendliteraturpreis* verliehen.

Tölzer Leonhardifahrt

Die Leonhardifahrt am 6. November im oberbayerischen Bad Tölz ist eine Wallfahrt zu Ehren des Viehpatrons, dem Heiligen Leonhard. Die erste verbürgte Leonhardifahrt fand 1772 statt, heute beteiligen sich an ihr rund 80 Wagen und weitere Reiter; aufgrund der Platzbegrenzung auf dem Kalvarienberg werden selten neue Gespanne zugelassen. Großen Wert wird auf die Authentizität der mitziehenden Wagen gelegt; der älteste, der derzeit teilnimmt, ist ein Truhenwagen aus Heimberg aus dem Jahre 1785.

Soester Allerheiligenkirmes

Die Allerheiligenkirmes im historischen Stadtkern von Soest, zwischen Fachwerkhäusern und Kirchen, ist die größte Altstadtkirmes Europas. Schriftlich belegt ist sie seit 1338. Jährlich kommen ca. eine Million Besucher:innen an insgesamt fünf Kirmestagen. Symbolfigur der Allerheiligenkirmes ist das *Soester Jägerken,* das der Figur des *Jägers von Soest* in Grimmelshausens Roman *Der abenteuerliche Simplicissimus* nachempfunden ist; eines Schelmenromans, der zu Zeiten des Dreißigjährigen Krieges spielt.

Beginn der Karnevalssession

Am 11.11. um 11 Uhr 11 beginnt die neue Karnevalssession. Die Elf gilt dabei als Zahl der Maßlosigkeit, der Sünde, sogar als teuflische Zahl. Im Mittelalter kennzeichnete sie Menschen außerhalb der Sittengesetze. Die Vorliebe der Narren für die Zahl Elf ist nicht eindeutig geklärt, lässt sich jedoch schon im 14. Jahrhundert belegen: Am 11. November 1391 gründete Graf Adolf I. von Kleve in der niederrheinischen Stadt einen Narren-Orden. Der Stifter besiegelte die entsprechende Urkunde an elfter Stelle.

Zudem begann am 11. November, dem Martinstag, eine Fastenzeit bis Weihnachten.

Heute hat in den Karnevalshochburgen sehr vieles mit der Zahl Elf zu tun. Sitzungen beginnen nicht zur vollen Stunde, sondern elf Minuten später, und geleitet werden sie vom Elferrat.

Nürnberger Christkindlesmarkt

Der Nürnberger Christkindlesmarkt ist der berühmteste Christkindlesmarkt der Welt. In den Holzbuden des „Städtleins aus Holz und Tuch gemacht“ findet man traditionellen, oft handgearbeiteten Weihnachtsschmuck und Leckereien, allen voran der Nürnberger Lebkuchen. Zusätzliche Attraktionen sind Kinderweihnacht und Sternenhaus, der *Markt der Partnerstädte* und der *Lichterzug der Nürnberger Kinder.*

Seit 1948 eröffnet das Nürnberger Christkind mit einem feierlichen Prolog von der Empore der Frauenkirche am ersten Freitag im Advent den Markt. Das Christkind wird seit 1969 von Bürger:innen und Vertreter:innen der Stadt Nürnberg gewählt. Die Wahl 2019/2020 fiel auf Benigna Munsi, was nach einem rassistischen Kommentar eine internationale Sympathiewelle auslöste.

Schneeberger Lichtelfest

Bergmänner sahen im Winter kaum die Sonne, fuhren bei Dunkelheit ins Bergwerk ein, kehrten bei Dunkelheit zurück. Licht war für den Bergmann im dunklen Schacht Symbol des Lebens, es wurde behütet und sicherte eine glückliche Ausfahrt. Im erzgebirgischen Schneeberg wurde in der Adventszeit für jeden Knaben in der Familie ein geschnitzter Bergmann, der ein Licht trug und für jedes Mädchen ein Lichterengel in das Fenster gestellt. Auf diesen Brauch geht das Schneeberger Lichtelfest zurück, das am zweiten Adventswochenende mit dem Bergaufzug und einer nächtlichen Bergparade am Sonntag in der stimmungsvollen Altstadt stattfindet.

Sylvesterparty am Brandenburger Tor

Das Fest am Brandenburger Tor ist eine der weltweit größten Silvester-Open-Air-Veranstaltungen. Live-Bands, DJs und ein großes Feuerwerk locken jedes Jahr hunderttausende Gäste aus aller Welt. Bis in die frühen Morgenstunden hinein herrscht Partystimmung zwischen Brandenburger Tor und Siegessäule auf der zwei Kilometer langen Festmeile mit Showbühnen, internationalen Stars und Showacts, Open-End-Diskothek.

STURMFOLGEN

Wie ein Harzer Förster den Ski nach Deutschland brachte

1883

1 2 3 4

Die norwegische Landschaft Telemark gilt gemeinhin als Ursprungsregion des Skifahrens als sportliche Betätigung. Das Skifahren entstand dort aus dem Skispringen: um das Training effizienter zu gestalten und nicht nach jedem Sprung wieder eine lange Aufstiegszeit in Kauf zu nehmen, wurden die Sprünge nach dem Absprung abgestoppt. So entwickelten sich erste Richtungswechsel und Stoppschwünge.

Erster Skifahrer in Deutschland war der Förster Arthur Ulrichs aus Braunlage im Harz. Als im Winter 1883 ein Sturm große Schäden in seinem Forst verursachte, ließ sich Ulrichs, um eine Begutachtung vorzunehmen, vom ortsansässigen Stellmacher Ski anfertigen – nach dem Vorbild der norwegischen Skier, die Ulrichs in einer Illustrierten gesehen hatte. Der Stellmacher[1] stellte die Skier aus Holz her und konstruierte eine Bindung. Ulrichs gehörte später zu den 16 Gründungsmitgliedern des Skiclubs *WSV Braunlage von 1892 e.V.,* des ältesten noch heute existierenden Skiklubs Deutschlands. Ulrichs war 1896 auch an der Gründung des *Oberharzer Skiklub* auf dem Brocken beteiligt. Vorausgegangen war ein Wintersportfest in St. Andreasberg mit Teilnehmenden aus Leipzig, Erfurt, Halle, Magdeburg und Hannover – mittlerweile auf Skiern, die aus Norwegen importiert wurden.

Als Vereinszweck wurde festgelegt:

1 Handwerker, der die Holzteile für Kutschen herstellte.

„Der Verein bezweckt, den Sport des Schneeschuhlaufens im Oberharz nach Möglichkeit zu fördern; Gönnern dieses Sports Gelegenheit zu geben, sich an Schneeschuhtouren anzuschließen, um bei diesen Touren die winterlichen Schönheiten des Oberharzes kennenzulernen".

Zum Breitensport wurde der Skisport ab den 1950er Jahren durch den verstärkten Bau von Skipisten mit Seilbahnen und Skiliften und dem Ausbau der touristischen Infrastruktur mit Skigebieten, Skihütten, Beherbergungsbetrieben in der Wintersaison.

Weitere wichtige Aspekte waren die Einführung von Skikursen und die Einführung kostengünstiger Massenproduktion der Skibekleidung; der Beruf des Stellmachers ist inzwischen weitgehend ausgestorben.

Braunlage ist heute der führende Wintersport-Ort im Harz, verfügt über drei moderne Skisprungschanzen, die im Sommer wie im Winter genutzt werden können.

Die Amerikanerin Andrea Lawrence Mead, Siegerin im Spezialslalom und im Riesenslalom bei der Olympiade in Oslo (1952).

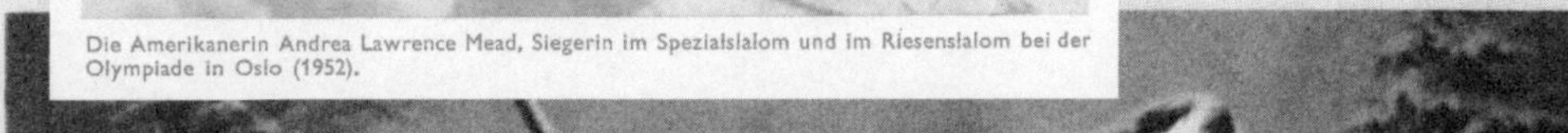

Der Norweger Roald Amundsen (Mitte) beim Training mit zwei Kameraden im Jahre 1898.

KARTE 18

RODELSTRECKEN

AUS DER BAHN!

Schlitten werden seit Jahrtausenden als Transportmittel benutzt, vor allem in Skandinavien.

Anfang des 19. Jahrhunderts wurde das Rodeln als Wintersportart populär. Heute gibt es in Deutschland 392 Rodelstrecken. Anders als die vielerorts zu findenden Rodelhügel handelt es sich bei nachfolgend genannten Rodelstrecken um Bergabfahrtsstrecken, die in der Regel mit Skiliften ausgestattet sind. Einige der Rodelstrecken sind steil und anspruchsvoll und deshalb für Kinder nicht geeignet.

A

REIT IM WINKL

4 km lange, kurvenreiche Strecke für anspruchsvolle Rodler, eine der schnellsten Bahnen in Deutschland.

B

HIRSCHECKBLITZ IN RAMSAU BEI BERCHTESGADEN

Gefälle: 14 bis 22 Prozent, Höchstgeschwindigkeit bis zu 50 km/h. Nur für erfahrene Schlittenfahrer geeignet.

C

NATURRODELBAHN ROTTACH-EGERN AM TEGERNSEE

6,5 Kilometer lang, 30 Minuten dauernde Talfahrt. Aussicht auf Zugspitze und Tegernsee.

D

NATURRODELBAHN OBERHOF

Knapp zwei Kilometer lang, Gefälle: 12 Prozent. Perfekt für Einsteiger und Familien.

E

NATURRODELSTRECKE AM FICHTELBERG IN OBERWIESENTHAL

Länge: 1740 Meter, mit flachen und auch steilen Kurven, für geübte Rodler.

F

RODELBAHN WURMBERG (HARZ)

1,7 Kilometer lang, einige steile Passagen, weshalb Kinder besser mit Eltern fahren.

G

HASENHORN TODTNAU, HOCHSCHWARZWALD

3,5 Kilometer lang, Möglichkeit des Ausleihens eines Rodels to go.

H

RODELBAHN HOCHECK IN OBERAUERDORF

Mit Flutlichtanlage ausgestattet, abends und nachts befahrbar.

I

IMBERGER HORN BEI BAD HINDELANG IM OBERALLGÄU

Wahl zwischen drei Strecken von je 3,5 km Länge mit unterschiedlichem Schwierigkeitsgrad, Rennrodel ausleihbar.

J

RODELBAHN AM SCHLOSS AUGUSTUSBURG IM ERZGEBIRGE

Von Dezember bis März künstlich beschneit, d.h. auch bei mangelndem Schnee befahrbar.

K

FAMILIEN-RODELBAHN AM ARBER IM BAYERISCHEN WALD

1,2 km Länge, Gegebenheiten perfekt für Familien.

L

KRANZBERGBAHN MITTENWALD IN OBERBAYERN

1,5 km lang mit Blick über das Karwendel Gebirge.

2019

VOM ANKLOPFEN BIS ZUR ZIMMERFREIGABE

Aufgaben bei der täglichen Reinigung eines Hotelzimmers

Unterhielten die Hotels für das tägliche Säubern der Zimmer früher noch eigenes Personal, wird diese Aufgabe heutzutage zunehmend an Fremdfirmen vergeben, die Zimmermädchen, Roomboys, Hausdamen, Checker:innen, Fensterputzer:innen, Teppichreiniger:innen und Supervisor:innen „für strahlende Ergebnisse im gesamten Hotelbereich“ zur Verfügung stellen.

Nachfolgend eine Liste von Aufgaben bei der täglichen Reinigung eines Hotelzimmers, zusammengestellt aus den Angeboten von Housekeeping-Serviceunternehmen und den Ausschreibungen von Hotels.

DO
NOT
DIS
TURB

MIT REINIGUNGSWAGEN
VORFAHREN, ANKLOPFEN,
GASTREAKTION ABWARTEN,
TÜR ÖFFNEN

↓

TÜRSCHLIESSSYSTEM
ÜBERPRÜFEN

↓

FENSTER ÖFFNEN ZWECKS
GERUCHSBESEITIGUNG

↓

SAUBERLAUFMATTEN ZUR
SEITE RÄUMEN

↓

MÜLLEIMER/PAPIERKORB
LEEREN

↓

BETTWÄSCHE ABZIEHEN

↓

SCHMUTZIGE BETTWÄSCHE
UND HANDTÜCHER ZUM
WÄSCHEWAGEN TRAGEN,
GGFS. BETTWANZEN
PROPHYLAKTISCH BEKÄMPFEN

↓

NEUE WÄSCHE UND
HANDTÜCHER INS ZIMMER
TRAGEN

↓

BADEZIMMER INKL. DUSCHE
MIT ALLZWECKREINIGER
SÄUBERN

↓

SANITÄRREINIGUNG, TOILETTE
MIT SEPARATEM TUCH UND
ALLZWECKREINIGER REINIGEN

(ACHTUNG: ABWASSER IM
TOILETTENBÜRSTENHALTER
AUSLEEREN)

↓

WASCHBECKEN REINIGEN

↓

SPIEGEL PUTZEN

↓

GÄSTESUPPLIES (SEIFE, HAIR-
& BODY SHAMPOO, HOTEL
SLIPPERS, NAGELFEILE,
NÄHSET, HAARKAMM)
NACHFÜLLEN ODER REINIGEN

↓

MÖBEL ABSTAUBEN, FUSSELN
ENTFERNEN VON TEXTILIEN

↓

FLECKEN ENTFERNEN

↓

BODEN SAUGEN ODER
WISCHEN (EMPFOHLEN WIRD
EIN REGELMÄSSIGER
FUSSPILZTEST BEI HOTELS AB
3 STERNEN, UM GÄSTE VOR DER
HARTNÄCKIGEN KRANKHEIT
ZU SCHÜTZEN)

↓

BETT BEZIEHEN

↓

FRISCHE HANDTÜCHER
AUFHÄNGEN

↓

MINIBAR AUFFÜLLEN

↓

HOTELSAFE OK?

↓

HOTELZIMMERMAPPEN ÜBERPRÜFEN

↓

ELEKTROGERÄTE- UND LAMPEN-CHECK

↓

MOBILIAR ZURECHTRÜCKEN

↓

GIVEAWAY AUSLEGEN

↓

„HAVE A NICE DAY"-KÄRTCHEN AUSLEGEN

↓

RAUMBESCHILDERUNG SÄUBERN

↓

QUALITÄTSKONTROLLE DURCH EINE ANDERE PERSON

↓

FACILITY MANAGEMENT/ HAUSMEISTER/HOTELTECHNIK ÜBER EVENTUELLE SCHÄDEN INFORMIEREN

↓

ZIMMERFREIGABE ÜBER DIE HOUSEKEEPING-LEITUNG AN DAS FRONT OFFICE MELDEN

TIP

Hotels bieten mittlerweile ein sogenanntes „Opt-out" bei der Zimmerreinigung an, d.h. die Gäste können bereits beim Einchecken angeben, in welchem Turnus sie eine Zimmerreinigung, den Wechsel der Handtücher und der Bettwäsche wünschen.

Das erspart nicht nur Störungen durch den Zimmerservice, falls vergessen wurde, das „Do not disturb"-Schild aufzuhängen, sondern trägt auch zum Umweltschutz bei – wofür viele Hotels mit kleinen Geschenken danken.

„UNSER 7-JÄHRIGER SOHN WEINTE BITTERE TRÄNEN“

Ehrliche Hotelbewertungen im Internet

Online-Bewertungen spielen mittlerweile eine erhebliche Rolle bei der Hotelbuchung.

Verbraucherzentralen weisen regelmäßig darauf hin, dass es sich bei Bewertungen um gefälschte oder „gekaufte“ handeln kann, für die Kund:innen mit Gutscheinen belohnt werden. Zudem lassen die meist unter Pseudonym verfassten Bewertungen nur wenig Rückschlüsse auf die Gäste und ihre Kriterien zu. So hat eine 80-Jährige sicher andere Ansprüche an ein Hotel als ein 20-Jähriger.

Gefälschte bzw. gekaufte Hotelbewertungen lassen sich meist rasch erkennen, zum Beispiel daran, dass ein Hotel eine große Anzahl von positiven Bewertungen in einem kurzen Zeitraum erhalten hat. Verdächtig sind auch positive Bewertungen, die vergleichsweise ausführlich sind, Werbe-Vokabular oder übertriebene Formulierungen enthalten.

Durchweg ehrlich und mit ungezügelter Formulierungswut verfasst sind hingegen die negativen Hotelbewertungen, aus denen nachstehende Herberge des Grauens zusammengezimmert ist. Zu erwähnen ist dabei, dass alle Zitate im Originallaut wiedergegeben werden und aus Bewertungen deutscher Hotels stammen. Deren Namen werden nicht genannt, davon ausgehend, dass die kritisierten Hotels selbstverständlich umgehend für Abhilfe gesorgt haben.

Unser Navi schien eine Vorahnung zu quälen: das Hotel fanden wir erst im dritten Anlauf.

Das erste, was einem in den Sinn kommt ist, „Klopf – Schlürf – Klopf – Schlürf". Der Gedanke an ungeliebte Geister, die durch das Gemäuer spuken könnten.

Die Fensterscheiben wurden seit Monaten offensichtlich nicht geputzt. Die Glasvordächer an der Fassade stehen vor Dreck von Moos und Vogelkot – ebenso die Klinkerfassade.

Der Eingang war nicht sichtbar. Wäre fast in einen Laden rein gelaufen.

Das Hotel ist eigentlich kein Hotel. Es ist eine Altbauwohnung, dessen Zimmer zu Hotelzimmern umfunktioniert wurden.

Das Gebäude glich einem Gefängnis.

Die Liegestühle lagen im Garten etwas sinnlos herum, der leichte Hang zum Schrottplatz ließ sich nicht leugnen.

Das Hotel-Foto, welches auf der Homepage gezeigt wird und zur Buchung verleitet, muss irgendwo anders sein.

Im ganzen Hotel ist es recht zugig.

Das Hotel ist in holländischer Hand.

Unser 7-jähriger Sohn weinte bittere Tränen als er diese Bude sah!

Nachts ist es sehr laut vor dem Hotel. Schreie, Schüsse ...

Die Rezeption liegt in einem asiatischen Gebrauchtmöbelladen.

Staubige und schmutzige alte ausgestopfte Vögel hängen hinter der sogenannten Rezeption.

Check-In im Heizungskeller in zwei Minuten, Bezahlung im Voraus ohne Besichtigung.

Eine ältere Frau mit einem schmutteligen Nachthemd begrüßte uns mit den Worten „Das Toilettenpapier ist alle".

Bei der Besichtigung der Zimmer ließ die „Chefin" das Licht aus – wie sie sagte, um den Blick auf das Meer nicht zu trüben.

Über die „Chefin" selbst sollte man besser nichts sagen – ihr Sohn ist Rechtsanwalt, wie wir täglich erfahren durften, und um das „Wohl" der Gäste dem Vernehmen nach stets seinem Fach entsprechend bemüht. Immerhin soviel: Rechnung schreiben scheint nicht ihre große Stärke, und dass sie sich beim Wechselgeld zu ihren Gunsten verrechnete, ist ganz bestimmt nur Zufall.

Kritik wird regelmäßig abgetan und gesagt, dass es so gewollt ist bzw. eine haarsträubende Erklärung gegeben.

Als der Rezeptionist nach einiger Wartezeit zu uns kam, meinte er, die Klinke wäre falsch herum eingebaut worden. Daraufhin mussten meine Bekannten das Zimmer verlassen und wurden auf 2 Einzelzimmer verteilt. Da der Rezeptionist leider nicht wusste, welche Zimmer belegt waren, wurde überall geklopft und hineingeschaut. Die Zimmer waren zwar alle leer, aber nicht bewohnbar.

Um es kurz zu sagen: Service ist ein Fremdwort.

An vielen Türen erkennt man Aufbruchspuren.

Bei der Ankunft noch Müll bzw. Essensreste vom Vorgänger gefunden! Keine Fernbedienung für TV, der 2,10 m hoch angebracht ist.

Die Fenster so dreckig, dass man nicht wusste, ob es Milchglas war.

Die Wände und Decke mit Blutflecken von getöteten Stechmücken verziert.

Im Rauchmelder befand sich keine Batterie.

Den Vorhang am Fenster sollte man nicht anfassen – es besteht die Gefahr, dass das Teil herunterfällt.

Den Balkon durfte man nicht mal öffnen aus Sicherheitsgründen.

Betten sahen aus wie selbst gezimmert.

Im Kühlschrank Essensreste mit Schimmelbelag.

Die Telefonzelle – im Internet als Bad bezeichnet – bot immerhin Platz für einen schmuddeligen Duschvorhang und 1 Person unter 50 kg. Für so exotische Einrichtungsgegenstände wie Klopapierrollenhalter oder gar Seife und Föhn reichte es dann allerdings nicht mehr.

Durch den langanhaltenden Regen tropfte es von der Decke. Es wurde uns kein anderes Zimmer angeboten, obwohl einige noch frei waren, stattdessen ein ausrangierter Mayonnaise-Eimer drunter gestellt.

Ich kann mich nicht erinnern, in Deutschland jemals so ein dreckiges Zimmer bezogen zu haben.

FRÜHSTÜCK/GASTRONOMISCHES ANGEBOT

Den Tisch musste man selbst eindecken, es war genügend zusammengewürfeltes Geschirr vorhanden (Bärchentassen, Kaffeehumpen, halbe Bodenvasen usw.).

Zum Frühstück gab es alte Brötchen, die man in einem Sack über den Boden zog.

Um 8:30 keine Butter mehr vorrätig!

Die Tische stehen sehr nah beieinander und unterbinden damit private Gespräche.

Im Frühstücksraum wurde dann auch noch das Geschirr abgewaschen.

Die angebotene Wurst ließ es ratsam erscheinen, auf Marmelade auszuweichen. Ob sich beim Yoghurt das Verfallsdatum jährte, haben wir sicherheitshalber nicht überprüft – die Teller waren derart dreckig, dass wir auf den Test verzichteten. Hingegen offenbarten die grün verschimmelten Brötchen freiwillig ihr Alter.

Bei manchen Speisen, wie z. Bsp. dem Obstsalat aus der Dose, hatte man das Gefühl, er wird so lange hingestellt, bis er alle ist.

Dass dieses Hotel kein Frühstück anbietet, halte ich unter diesen Umständen für sehr sinnvoll. Vermutlich würde das Gesundheitsamt sowieso die Küche schließen.

„Küche" so versifft, dass Schuhe am Boden klebten.

Schimmliges Brot veranlasste uns dann doch im Nachhinein das zuständige Hygieneamt zu informieren. Die Villa war dort leider schon bekannt!

Ich schreibe diese Rezension zur Warnung für alle anderen noch bevor ich heute schlafen gehe.

Im Internet super, in der Realität eine Katastrophe.

Hier wird nichts mehr investiert, sondern nur kassiert.

Dieses Loch ist einfach nur ekelhaft und hat mit einem Hotel absolut nichts zu tun!

Das sind alte abgewrackte Wohnungen, die einfach ein anderes Türschloss erhalten haben.

Habe gelesen, dass hier keine Haustiere erlaubt sind. Das hat etwas Positives – dann werden die Tiere wenigstens nicht krank.

Wenn das guter westdeutscher Standard ist, wünscht man sich die DDR wieder.

Horrorhaus. Skandalös und strafbar, dass dieses Hotel noch geöffnet hat.

Welches Institut nimmt so etwas ab und lässt die Betreiber damit Geld verdienen???

Ich bin froh mir keine Krätze eingefangen zu haben.

Beim Auschecken wurden wir nicht gefragt, ob wir zufrieden waren. Die Antwort kennt der Rezeptionist wahrscheinlich ohnehin.

KEINER DA

Die größten unbewohnten Gebiete in Deutschland

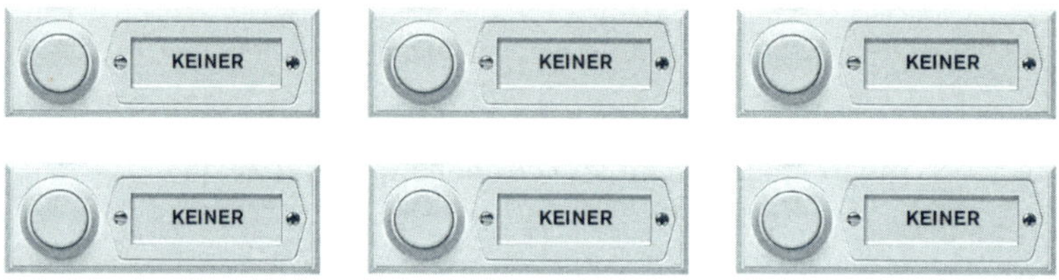

Ein „gemeindefreies Gebiet" ist im Verwaltungsrecht ein abgegrenztes Gebiet, das zu keiner politischen Gemeinde gehört. Nachstehend die größten gemeindefreien Gebiete Deutschlands (Seen nicht mitgezählt):

GEMEINDEFREIES GEBIET	LANDKREIS	KM²	BEVÖLKERUNG
Harz[1]	Landkreis Goslar	371,75	0
Harz[1]	Landkreis Göttingen	267,35	0
Gutsbezirk Reinhardswald	Landkreis Kassel	182,58	0 bzw. 2[2]
Solling	Landkreis Nordtheim	177,35	0
Gutsbezirk Spessart	Main-Kinzig-Kreis	89,30	0
Ettaler Forst	Landkreis Garmisch-Partenk.	83,46	0
Gutsbezirk Münsingen	Landkreis Reutlingen	64,63	0
Sachsenwald	Kreis Herzogtum Lauenburg	58,49	0
Veldensteiner Forst	Landkreis Bayreuth	55,60	0
Göhrde	Landkreis Lüchow-Dannenberg	51,81	0
Gartow	Landkreis Lüchow-Dannenberg	50,92	0
Gutsbezirk Kaufunger Wald	Werra-Meißner-Kreis	50,32	0

1 Unbewohnte Teile des Harzes, die keinen Namen tragen. Ihre Gemeindeschlüsselzahlen lauten 031539504504 und 031569501501.
2 Die Betreiber der Gaststätte *Tillyschanze* am gleichnamigen Aussichtsturm bei Hannoversch Münden.

VON A NACH …?

Die Kunst des Verirrens

„Sich in einer Stadt nicht zurechtfinden heißt nicht viel. In einer Stadt sich aber zu verirren, wie man in einem Walde sich verirrt, braucht Schulung. Da müssen Straßennamen zu dem Irrenden so sprechen wie das Knacken trockner Reiser und kleine Straßen im Stadtinnern ihm die Tageszeiten so deutlich wie eine Bergmulde widerspiegeln. Diese Kunst habe ich spät erlernt …“

Diesen Sätzen Walter Benjamins folgend, hat sich in den letzten Jahren das Verirren zu einer Kunstform entwickelt, mittels derer die eigene Stadt neu entdeckt werden kann. Anleitungen zum kunstvollen Verirren bieten Handbücher wie *How to get lost* oder Apps wie *Dérivé,* deren Ziel es ist, durch eine Abfolge von Handlungsanweisungen den Orientierungssinn gezielt außer Gefecht zu setzen. Mit Anweisungen der Art: „Gehen Sie zur nächsten Bushaltestelle. Nehmen Sie den nächsten Bus. Steigen Sie an der Endhaltestelle aus. Suchen Sie dort ein Café. Wenn Ihnen unterwegs ein Mann mit Brille begegnet, drehen Sie sich sofort um und biegen in die nächste Straße rechts ab …“. Auf diese Weise öffnet sich der Blick für das täglich Übersehende, wird die Umgebung zu einem unbekannten Kontinent.

Nachfolgend einige Vorschläge für solche Verirrungstouren, gerne mitzuführen auf kleinen Zetteln, damit bei jeder Gelegenheit die vertrauten Wege verlassen werden können.

HOW TO GET LOST

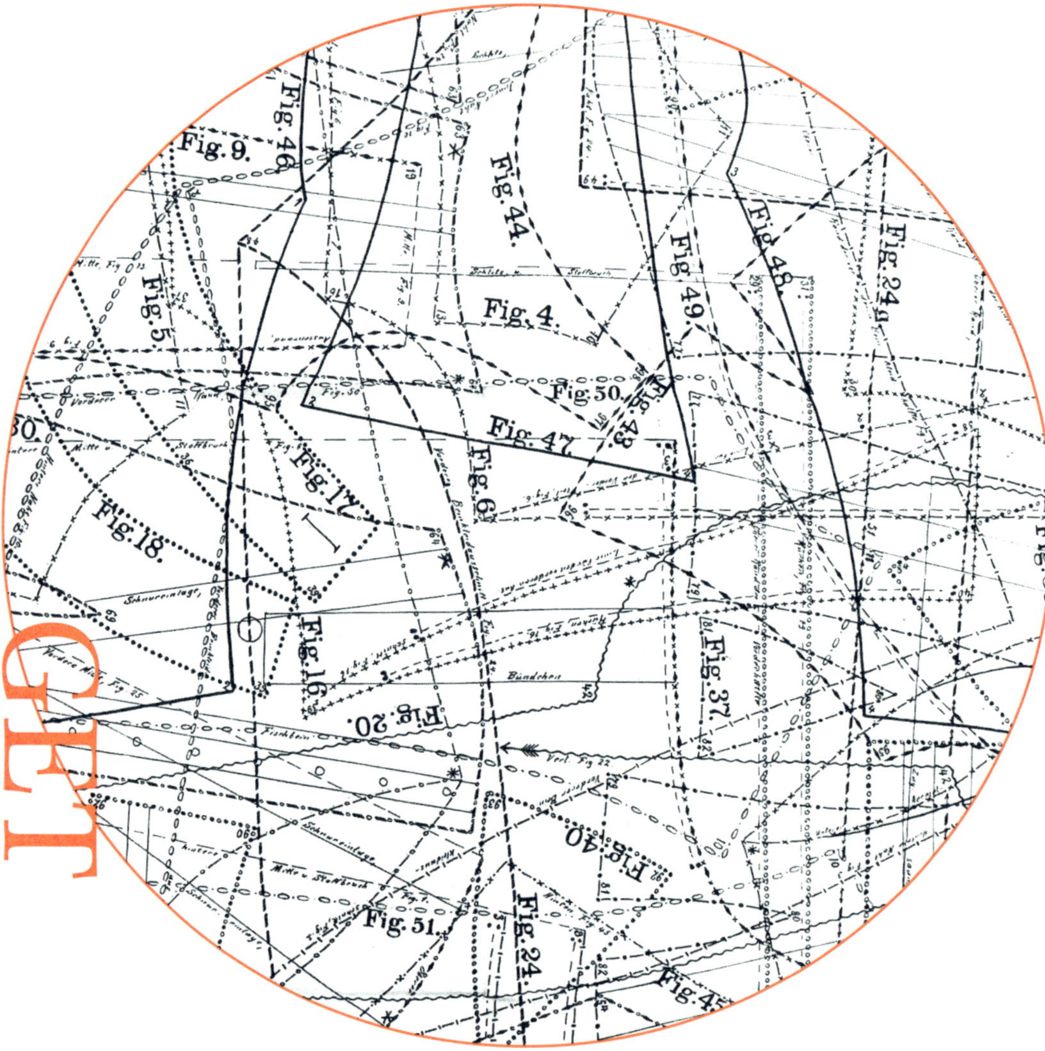

Gehen Sie Richtung Norden, bis Sie etwas finden, das vergessen wurde. Oder bis sie sich wohl fühlen.

Finden Sie ein Geräusch, das sie noch nicht kannten.

Sie dürfen keine Straße überqueren! Gehen Sie solange, bis Sie etwas gefunden haben, das sehr schön ist.

Suchen Sie eine unbefahrene Straße. Gehen Sie in der Mitte dieser Straße.

Finden Sie etwas sehr Altes. Wenn Sie es gefunden haben, finden Sie etwas sehr Neues.

Laufen Sie jemandem hinterher, der etwas Rotes trägt. Bis derjenige Sie bemerkt.

Suchen Sie eine Buslinie in der Nähe und fahren bis zur Endstation. Verbringen Sie an diesem Ort zwei Stunden.

Fahren Sie in einen Stadtteil, der ihnen wenig bekannt ist. Fragen Sie Menschen auf der Straße, wo Sie hingehen sollen, um z.B. einen Kaffee zu trinken. Oder zum Essen. Oder, um etwas Interessantes zu sehen.

Finden Sie einen Baum, mit dem Sie verwandt sein könnten.

Suchen Sie etwas, das die Aufmerksamkeit eines Kindes erregen würde.

Finden Sie eine Ansammlung von Menschen.

Ab jetzt geben Autos die Richtung an. Gehen Sie solange, bis Sie ein grünes Auto sehen. Gehen Sie in die Straßen, in die es abbiegt. Wenn Sie es aus den Augen verlieren, warten

Sie, bis ein neues grünes Auto eine Richtung vorgibt.

Gehen Sie eine Stunde spazieren. Und machen dabei ein einziges Foto.

Nehmen Sie die Geräusche in der Straße wahr, in der Sie sich gerade befinden. Wie würde diese Straße wohl sein, wenn es still wäre. Mögen Sie sich die Ohren zuhalten?

Gehen Sie eine Straße auf und ab. In welchem Haus würden Sie wohnen wollen? In welchem auf keinem Fall?

Schreiben Sie Ihren Namen auf einen Stadtplan, indem sie als Linien der Buchstaben die Straßen benutzen. Laufen Sie Ihren Namen ab.

Schauen Sie sich um. Was ist das höchste Gebäude im Blickfeld? Ist es öffentlich? Gehen Sie hin. Fahren Sie in das oberste Stockwerk. Schauen Sie sich um. Was ist das höchste Gebäude im Blickfeld? Ist es öffentlich? Gehen Sie hin. Fahren Sie in das oberste Stockwerk....

Suchen Sie eine öffentliche Telefonzelle. Rufen Sie jemanden an, erzählen Sie, dass Sie gerade dabei sind, sich in der Stadt zu verlaufen.

Finden Sie einen ruhigen Ort. Verweilen Sie. Jetzt nehmen Sie den lautesten Weg von diesem Ort weg. Kommen Sie nochmal zurück. Und nehmen jetzt den leisen Weg.

An welches Gebäude würden Sie gerne ein Graffiti anbringen? Und was würde darauf stehen?

NIMMER-
WIEDERSEHEN

DER ABSCHIED VON REISEBEKANNTSCHAFTEN

AUS: DER GUTE TON
1900

VON:
FRANZ
ALBRECHT

Es kommt vor, dass man auf Erholungsreisen mit Leuten zusammentrifft, die zufällig dieselbe Tour machen wollen und sich von einer so angenehmen Seite zeigen, dass es uns ein Vergnügen ist, mit ihnen tagelang zusammen zu sein. Es ist auch nicht ausgeschlossen, dass man in einer Sommerfrische oder in einem Bade in unmittelbare Berührung mit Leuten kommt, mit denen man sogar mehrere Wochen hindurch täglich sowohl bei der Tafel wie auf Spaziergängen regelmäßig zusammentrifft. Man lernt sich kennen, man erfährt Näheres über das Wer, Woher, Wohin, tauscht beim Abschied, wenn sich die Wege endlich trennen, die Karten aus, bedauert herzlich, dass der liebenswürdige Umgang nicht länger dauern konnte und verspricht, in der Folge Nachricht voneinander geben zu wollen.

Es liegt auf der Hand, dass eine solche Bekanntschaft, und wenn sie auch wirklich eine ganze Reihe von Tagen oder Wochen gedauert haben sollte, nur oberflächlich sein kann und schon besondere Umstände hinzutreten müssen, wenn sie tiefer greifend wird und dann natürlich auch zu einer dauernden Verbindung führt.

Dass man bei solcher Trennung auch den Wunsch ausspricht, sich später einmal wieder zu sehen, ebenso die bekannte Phrase: Bitte, besuchen Sie mich einmal, wenn Sie nach unserem Ort kommen.

Wer daraufhin sich nun die Freiheit nehmen wollte, solche höfliche Liebenswürdigkeit in die Rollen von Wirt und Gast zu übersetzen und eine so flüchtig gemachte Bekanntschaft mit einem Besuche auf längere Zeit zu überfallen, der würde eine Taktlosigkeit sondergleichen begehen.

Es gibt jedoch in der Tat Leute, die das fertig bekommen, die der gleichen Höflichkeitsphrasen für Ernst nehmen und für die Unverfrorenheit ihres Auftretens als ungebetener Gast bei solchen Bekanntschaften kein Gefühl haben. Selbst eine vorherige Anfrage bei solchen im Grunde genommen doch immerhin fremden Leuten, ob man Ihnen als Gast wohl willkommen wäre, ist nicht am Platze, denn denen gebietet vielleicht die Höflichkeit, gute Miene zum bösen Spiel zu machen und trotzdem, dass ihnen der Besuch vielleicht nichts weniger als willkommen ist, noch eine zusagende Antwort zu erteilen und dann, wenn der Gast wirklich eintrifft, woran in diesem Fall natürlich nicht zu zweifeln ist, sich in mannigfacher Weise geniert zu führen.

Auch wenn wir wissen, dass Bekannte Raum genug haben und oft Besuche in Ihrem Hause beherbergen, dürfen wir dieselben doch wieder unerwartet überraschend, noch und selbst bei Ihnen einladen.

FAHR DOCH NACH DRÜBEN!

Aus einem Ratgeber des Bundesministeriums für innerdeutsche Beziehungen für Besuche in der DDR

1976

DER BESUCH BEI VERWANDTEN

Die Besonderheit des Reiseverkehrs zwischen den beiden deutschen Staaten besteht vor allem darin, dass ein Großteil der Reisen zu Verwandten unternommen wird. Sie sollten bei einem Besuch auch Ihrer engsten Verwandten nicht vergessen, das Sie sich in einem anderen Staat mit einem von unserem völlig unterschiedlichen Gesellschaftssystem befinden. Sie können sich ein eigenes Urteil von den Verhältnissen in beiden deutschen Staaten machen, Ihre Verwandten sind jedoch, wenn sie jünger sind, nicht in der Lage, sich ein eigenes Urteil über die Bundesrepublik Deutschland zu bilden. Sie sind auf Ihre Schilderungen beziehungsweise auf den Empfang westlicher Fernsehsendungen angewiesen.

HOTELS, PENSIONEN, PRIVATE ZIMMER

Wenn Sie in einem Hotel in der DDR übernachten wollen, so wird Ihnen vorab vor allem zweierlei auffallen: Erstens müssen Sie im Vergleich zu den Bewohnern der DDR für eine Übernachtung in der Regel den doppelten Preis bezahlen, und zweitens ist das Hotelangebot in der DDR nicht sehr groß, so dass Sie in vielen Orten entweder überhaupt nicht oder nur in sehr teuren Interhotels unterkommen können.

Die Buchung eines preiswerten Hotels in der DDR ist nicht einfach und erfordert ein wenig Pioniergeist.

SCHALLPLATTEN, TONBÄNDER, KASSETTEN

Tonbandgeräte und Kassettenrekorder können Sie in die DDR mitnehmen, Tonbänder und Tonkassetten in begrenztem Umfang dürfen Sie jedoch nicht ein- oder ausführen. Es muss sich hierbei um Werke des so genannten kulturellen Gegenwartschaffens oder des klassischen Erbes handeln. Die Auslegungen, was genau darunter zu verstehen ist, sind nicht einheitlich. Sollten Sie bei der Mitnahme einer Schallplatte Schwierigkeiten haben, so besteht die Möglichkeit, diese Platte am Grenzübergang zu deponieren und bei der Rückreise wieder mitzunehmen.

GESCHENKE

Die besonderen Vorschriften, die Sie bei der Mitnahme oder beim Versand von Geschenken in die DDR beachten müssen, werden Ihnen ein wenig dadurch erleichtert, dass Sie für Geschenke an Verwandte eine Steuerermäßigung (Freibetrag bis zu 3000 DM jährlich) erreichen können. Sie können jedes Päckchen (20 DM) und jedes Paket (30 DM) in die DDR steuerlich absetzen (übrigens auch für Geschenke bei jedem Besuch in der DDR).

BLUMENGRÜSSE

Viel zu selten wird von der Möglichkeit Gebrauch gemacht, Freunden und Angehörigen in der DDR Blumen zu schicken. Sei es zu einem besonderen Anlass wie einem Geburtstag, einem Hochzeitsjubiläum, einem allgemeinen Festtag oder ganz einfach, um jemandem eine unerwartete Freude zu machen. Erkundigen Sie sich doch einmal in einem Fleurop-Blumengeschäft, was der Versand von Blumen an Ihre Verwandten und Bekannten in der DDR kostet und wie lange es dauert, bis der Blumengruß beim Empfänger ankommt.

DEUTSCHES REISEBÜRO der Deutschen Demokratischen Republik
Zentrale Leitung
BERLIN N 4, Friedrichstraße 110/112
Postschließfach 92, Telefon: 425426 · Telex-Reisedienst Berlin 011–752

Gesellschaft
für kulturelle Verbindungen mit dem Ausland
BERLIN W 8, Thälmannplatz 8/9

KOMITEE
FÜR TOURISTIK UND WANDERN
der Deutschen Demokratischen Republik
BERLIN W 8, Unter den Linden 36–38
Telefon 220241, Fernschreiber 011226

DIE MAUER AM HIMMEL

DEUTSCH-DEUTSCHE DIREKT-FLÜGE

Ein Flugzeug braucht für die 310 km von Frankfurt a. M. nach Leipzig/Halle 35 bis 40 Minuten. Der erste deutsch-deutsche Linienflug am 10. August 1989 brauchte doppelt so lang: 80 Minuten bei einer Flugstrecke von 700 Kilometern – weil die Maschine *LH 6010* über Bamberg, Bayreuth, Pilsen, Prag und Dresden fliegen musste. Das Überfliegen der deutsch-deutschen Grenze war ausgerechnet deutschen Flugzeugen verboten.

Die ersten Tickets für diesen Flug hatten Odilia und Martin Rothe aus Würselen bei Aachen gekauft. Sie wollten Verwandte in Weißenfels, Bezirk Halle, besuchen.

Erst am 9. März 1990 gaben die Alliierten einen Luftkorridor zwischen Erlangen und Leipzig frei, damit entfiel der Umweg über die Tschechoslowakei. Am Tag darauf startete der erste wirkliche Direktflug.

Der Luftverkehr von und nach Berlin bleibt jedoch ein Sonderfall: Auf den Flughäfen Tegel und Tempelhof dominierten alliierte Fluggesellschaften wie *PanAm, TWA, British Airways* und *Air France* das Bild. Deutsche Fluggesellschaften durften aufgrund des Sonderstatus' West-Berlins keinen der dortigen Flughäfen anfliegen.

Erst am 5. August 1990 landete die erste *Lufthansa*-Maschine nach dem Ende des Zweiten Weltkrieges in Berlin: Eine Boeing 747-400 traf in Schönefeld ein, um Kinder aus Tschernobyl nach einem DDR-Urlaub zurück in die Heimat zu fliegen. Am 2. Oktober 1990 landete dann ein Jet mit Bundestagsabgeordneten in Tegel. Und mit Beginn des Winterflugplans am 28. August bot die *Lufthansa* bis zu 140 tägliche Berlin-Flüge. Die Mauer im Himmel fiel somit mehr als neun Monate nach der auf der Erde.

STURZHELM, BRILLE, PELZMANTEL

Anfänge des Passagier-Flugverkehrs

Die erste regelmäßige Flugverbindung in Deutschland wurde am 5. Februar 1919 eingerichtet. Ihr Zweck: Dokumente und Zeitungen von Berlin zu den Abgeordneten nach Weimar zu bringen, denn dort tagte die Nationalversammlung, von der sich der Name „Weimarer Republik“ ableitet.

Das Reichsluftamt hatte der *Deutschen Luftreederei* im Januar 1919 die Verkehrszulassung gegeben, um diesen regelmäßigen Flugbetrieb zu eröffnen. Kurz darauf wurden auch der Passagierverkehr zugelassen und die *Deutsche Luftreederei* bot die erste regelmäßig beflogene Passagierfluglinie in Deutschland an. Sie wurde am 1. März 1919 zwischen Berlin und Hamburg gegründet. Ihr folgten am 15. April 1919 die Strecken Berlin–Warnemünde und Berlin–Hannover.

Befördert wurden die Passagiere in umgebauten Militärflugzeugen aus dem Ersten Weltkrieg. Sie waren – ausgerüstet mit Sturzhelm, Brille, Pelzmantel – stundenlang dem eiskalten Fahrtwind ausgesetzt.

Erst ab Mitte der 1920er-Jahre wurden die Flüge komfortabler, als das in Dessau entwickelte Kabinenflugzeug, die *F13* von *Junkers*, zum Einsatz kam, mit geschlossenen und beheizten Kabinen. Ein Flugticket für die Strecke Berlin–Weimar kostete 450 Mark für den einfachen, 700 Mark für Hin- und Rückflug (in Euro ca. 1.600 bzw. 2.500 Euro).

Die 1920er-Jahre waren nichtsdestotrotz das Zeitalter des Aufstiegs der zivilen Luftfahrt: so wurden im Jahr 1926 über 55.000 Flugpassagiere gezählt. Die *Deutsche Luftreederei* bekam Konkurrenz: die *Rumpier Luftverkehrs AG* und die *Lloyd Luftverkehr Sablatnig* schlossen sich 1926 zur *Lufthansa* zusammen.

Der Markt der zivilen Luftfahrt blieb umkämpft, vor allem, seit in den 1990er Jahren Billigfluglinien auftraten, die Kurz- und Mittelstreckenflüge zu besonders günstigen Preisen anboten. Ihr Gewinn resultiert aus der hohen Auslastung, der maximalen Nutzung der Flugzeuge nach einem Shuttle-Prinzip (mehrere Hin- und Rückflüge an einem Tag) und einem vergleichsweise geringem Service. Dem harten Wettbewerb zeigten sich seit Beginn der zivilen Luftfahrt dutzende Fluglinien nicht gewachsen – die Zahl der eingestellten deutschen Fluglinien beträgt laut Wikipedia 154, darunter:

Bayerischer Flugdienst

ABACUS AIR
1974–1978

AIR BERLIN
1978–2017

AIR BREMEN
1988–1990

AIR COMMERZ
1970–1972

AIR OMEGA
2001–2003

AMADEUS FLUGDIENST
1996–2004

ATLANTIS
1968–1972

AUGSBURG AIRWAYS
1980–2013

BADISCHE LUFTVERKEHRS-GMBH
1919–1921

BAYERISCHER FLUGDIENST
1954–1975

BERLINE
1991–1994

BIZAIR
1990–2010

BLUE WINGS
2002–2010

CHALLENGE AIR
1994–2018

CIRRUS AIRLINES
1995–2012

CONTINENTALE DEUTSCHE LUFTREEDEREI
1958–1962

CONTACT AIR
1974–2012

DENIM AIRWAYS BAVARIA
2003–2005

DERULUFT
1921–1937

DEUTSCHE LUFT-REEDEREI
1917–1923

DEUTSCHE LUFTHANSA (DDR)
1955–1963

DEUTSCHE VERKEHRSFLUG
1926–1934

ELBEFLUG
1969–1972

EXCELLENT AIR
1969–2007

DIX AVIATION
1999–2008

FLUGDIENST FEHLHABER
1970–2006

GENERAL AIR
1962–1976

GERMANIA
1986–2019

GERMANWINGS
1996–2020

HELGOLAND AIRLINES
1993–2003

HOLSTENFLUG
1966–1979

INTERFLUG
1958–1991

JUNKERS LUFTVERKEHR
1921–1926

LTU
1955–2008

NIGHTEXPRESS
1984–2017

PANORAMA FLUGDIENST
1985–1995

PHOENIX AIR SERVICE
1989–2006

PRIVATAIR
1977–2018

RATIOFLUG
1982–1997

RUMPLER LUFTVERKEHR
1922–1926

SMALL PLANET AIRLINES (DEUTSCHLAND)
2015–2018

VIBROAIR
1987–2013

VIP-FLIGHTS
1999–2013

EIN GEDICHT VOM FLIEGEN

VON:
JOACHIM
RINGELNATZ

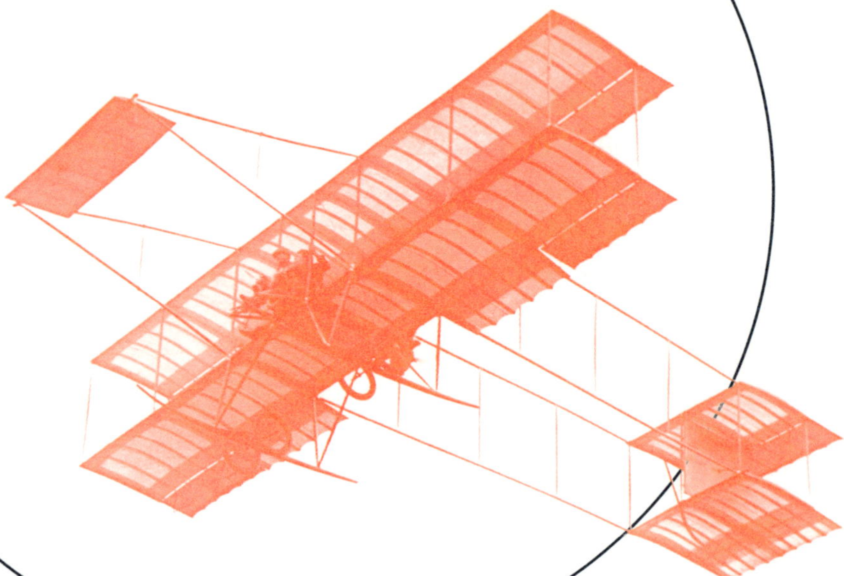

ICH FLIEGE!

Joachim Ringelnatz und seine *Flugzeuggedanken*

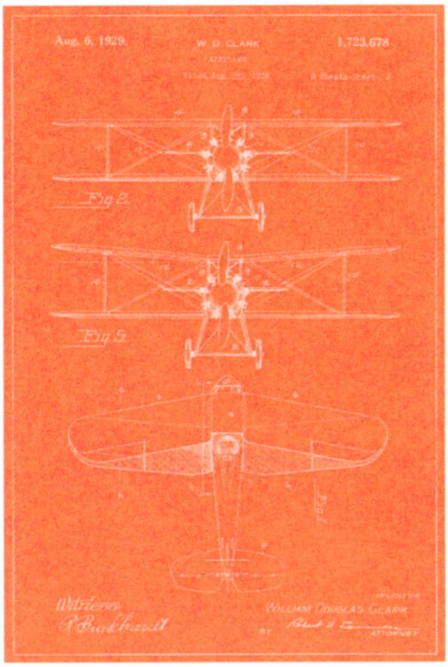

„Question Mark",
das dreimotorige Fokker-Flugzeug
während des 150-Std.-Fluges,
wird mit Betriebsstoff versorgt.
(Vergl. „Flugsport" Nr. 2, 1929, S. 30.)

1929

Der erste Text der deutschen Literaturgeschichte über Flugzeuge ist Franz Kafkas *Die Aeroplane in Brescia,* erschienen 1909 in der Zeitschrift *Bohemia.* Kafka schildert darin eine Flugschau in der Stadt Brescia, die er mit seinen Freunden Max und Otto Brod auf einer Italienreise besuchte. Teilnehmer dieser Flugschau war u.a. Louis Blériot, der kurz zuvor als erster Mensch den Ärmelkanal überflogen hatte.

Als erster deutscher Flugzeugdichter muss jedoch Joachim Ringelnatz angesehen werden. Ringelnatz, geb. 1883 unter dem Namen Hans Bötticher, war u. a. Matrose, bevor er als Autor und Rezitator berühmt wurde. Mitte der zwanziger Jahre entdeckt Ringelnatz eine neue Leidenschaft: das Fliegen. Wann immer es ihm sein Budget erlaubt, reiste er per Flugzeug. Dichterisches Ergebnis dieser Reisen ist der 1929 erschienene Gedichtband *Flugzeuggedanken.* Darin beschreibt Ringelnatz die Vorzüge des Fliegens, aber auch Begleiterscheinungen wie Angstzustände in schlechtem Wetter oder Luftkrankheit.

FLUGZEUG AM WINTERHIMMEL

Ich fliege im Flockengewimmel.
Ach, guter Himmel, laß das doch sein!
Ich Flugriese bin nur klein Vögelein
Gegen dich, schüttender Himmel.

Sag Schneegestöber, ich bäte es sehr,
Ein wenig nachzulassen.
Denn meine Flügel tragen schon schwer
An sechs ganz dicken Insassen.

Die spielen Karten in meinem Leib
Und trinken, weil sie so frieren.
Und wollen nach Zoppot, um Zeitvertreib
Und Örtliches zu studieren.

Und käme ich dort nicht pünktlich hin,
Die würden es niemals verzeihen.
Lieber Himmel, wenn ich gelandet bin,
Dann darfst du gern wieder schneien.

TROSTWORTE AN EINEN LUFTKRANKEN

Recht so! Speie, lieber Mitgast, speie!
Speie dreist und ungeniert und laut,
Daß sich einmal andersrum befreie,
Was für dich passé ist und verdaut.

Speie froh. Es wird dir polizeilich
Und moralisch jederzeit verziehn.
Ja, ich gebe zu: Ich habe freilich
Da leicht reden, weil ich nie gespien.

Und der Himmel möge auch verhüten,
Daß es je geschieht. Ich stell mir bloß
Vor, wie unten deine Tüten
Landen in der Mutter Erde Schoß.

Andern Luft und Appetit verderben,
Kann ein schadenfröhlich freier Sport
Sein. Und niemand wird deswegen sterben.
Denn der Magen ist wie ein Abort.

FERNFLUG

Viel Höflichkeit wird uns am Start geboten.
Die Flugfahrthelfer und Piloten
Sind wohlerzogen, pflichtbewußt
Und jung. Auch die, die alt an Jahren,
Sind zeitvoran, doch welterfahren.

Da schwellt sich auf dem Festplatz unsre Brust,
Denn Festplatz darf ich diesen Flugplatz nennen,
Mit seinen Masten, Flaggen und Antennen.
Gezähmte Riesenvögel gibt's zu sehn.
Dort landen sie in Kurven, sanft gelenkt,
Torkeln ein wenig, zwei, drei Schritte,
Daß man an Regenschirm und Raben denkt,
Und stehn.
„Aussteigen bitte!"

Und wie nun wir in ihrem Bauch bequem
In weiche Polsterstühle niedersinken,
Empfinden wir den Fortschritt angenehm,
Lächeln durchs Fenster Menschen zu, die winken.
Und fahren plötzlich über grüne Wiesen
Im Auto hin. Auto? O nein, wir schweben
Bereits. Ach, daß wir das erleben,
Erlernen durften und genießen!
Wir sind vom Erdball fort, schaun auf ein Teppichmuster
Aus Wäldern, Feldern, Spielzeugkram gewebt,
Werden der Himmelsnähe jäh bewußter.
Wie klein sich doch da unten alles lebt.

Dort geht ein Dienstmädchen von Stadt zu Stadt.
Wie ich den weiten Schlängweg überseh,
Den sie zurückzulegen hat,
Weiß ich, der tun nachher die Beine weh.

Und wie wir höher streben, werden
Die Dinge unten winziger, schon sind
Wagen nur noch Insekten, ist ein Kind
Nurmehr ein Punkt, und große Rinderherden
Sehn aus wie Kommas, kreuz und quer gestellt.
Die Schifflein stehen still im Fluß, sind Würmlein.
Ein Dorf ist Häufchen Häuschen, um ein Türmlein,
Und das war unsre sorgenvolle Welt.

„Ei, ei, Herr Nachbar, warum plötzlich
So blaß – seekrank? Nein? Drückt Ihr Kissen
Oder vielleicht Ihr ängstliches Gewissen?
Der Blick zur Tiefe ist doch höchst ergötzlich!“
Jetzt: Unter uns entrollen sich Balladen.
Da ziehen dichtgeballte Nebelschwaden,
Wolkenkolosse hin, bedrückt und stumm
Und grell von höherer Gewalt besonnt.
Und Land und Luft verschwimmt am Horizont
In einer Landschaft aus dem Arktikum.

Und da wir nun noch höher uns erheben
Und auf die dunkle, starre Erde schauen,
Wo sich kein Mensch mehr zeigt, kein Tier, kein Leben,
Als hätte eine Sündflut – – O mit Grauen
Stell ich mir vor, wir säßen jetzt zu zwein
In einer Arche Noah ganz allein.

„Nachbar, ich höre Ihren Pulsschlag pochen.
Sie schielen ängstlich nach den schlanken Knochen,
Die unsres Vogels Flügel stützen
Und, wie Sie meinen, unser Leben schützen.
Es stirbt sich sowieso und überall,
Und jedes Ding veranlasst Unglücksfall.

Vergessen Sie nicht töricht über diesen
Gedanken, schönste Freiheit zu genießen.
Was Tage einst, das schaffen heute Stunden.
Noch kurze Zeit, dann werden wir's erfinden,
Den Nebel und den Schnee zu überwinden.
Das Flugzeug selber ist erfunden
Und wird so wie die Eisenbahn bestehn.
Wie die zu jenem sich verhält,
Gilt's nicht, daß eins von beiden siege.
Es reise jeder, wie es ihm gefällt.
Ich – läßt es irgendwie sich drehn –
Ich fliege!"

MIT 500 STUNDENKILOMETERN AN DIE OSTSEE

Eine utopische Feriengeschichte für Kinder

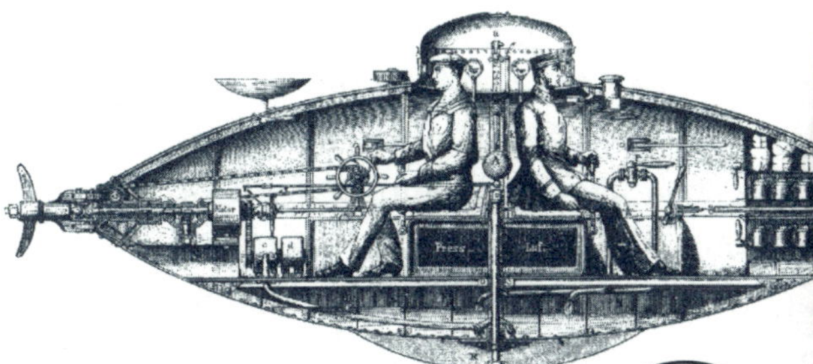

1928

VON:
LEO FREUND

„Hurra Ferien" hieß ein 1928 erschienenes „Reisebuch für die Jugend", herausgegeben von E.L. Schiffer. Hinter diesem Namen verbirgt sich Edith Jacobsohn (1891–1935), die deutsche Übersetzerin von *Doktor Dolittle* und *Puh der Bär*, die als Verlegerin Erich Kästner zum Schreiben von Kinderbüchern anregte, woraufhin er *Emil und die Detektive* schuf.

Eine besonders bemerkenswerte Geschichte in *Hurra Ferien* stammt von Leo Freund, der ausmalt, wie Kinder im Jahre 1958 einen Ferientag verbringen. Manches an Freunds Vision kommt uns heute sehr bekannt vor, anderes ist Zukunftsmusik geblieben.

Die Sommerferien des Jahres 1958 hatten gerade angefangen. Alfred Momber, der sonst immer durch das Funkentelefon geweckt werden musste, damit er nicht den Schulbeginn versäumte, wollte sich eben auf die andere Seite drehen, um weiter zu schlafen. Da schellte ein kleiner Apparat, der auf dem Nachttisch stand, und dann rief Phils Stimme: „Guten Morgen, Al! Hast du unsere Verabredung vergessen? Rita und ich warten schon seit einer Viertelstunde in Ahlbeck auf dich! Sieh uns doch wenigstens an!“

Al streckte dem Kästchen auf dem Tisch die Zunge heraus. Es war ein Funksprecher, in den ein winziger Fernseher eingebaut war. Man sah darin, wie in einem Taschenspiegel, wer anrief und wurde selbst von dem Anrufenden gesehen. Diese Erfindung stellte eine Verbesserung des Karolusschen Fernschreibeverfahrens dar, das 1928, vor genau 30 Jahren, großes Aufsehen erregt hatte. Damals war es eine sehr teure und schwierige Sache gewesen, ein Bild mithilfe des Radios zu übertragen, jetzt bekamen die meisten Kinder zu ihrem 12. oder 13. Geburtstag ein kleines Privatfunktelefon mit Fernseher geschenkt, das ihnen erlaubte, sich auf ziemlich große Entfernung mit ihren Freunden zu verständigen.

Als Al die lachenden Gesichter Phils und Ritas sah, wurde er munter und hüpfte aus dem Bett. Die Uhr zeigte ihm, dass er wirklich verschlafen hatte und besser als die Uhr bewies ihm das die Sonne, die das Zimmer mit einem goldenen Dunst erfüllte. Während er in den Duschraum lief, schrie er seinen Freunden zu, in zwei Minuten sei er wieder da. Durch das Prasseln der Brause hindurch hörte er noch, wie Rita ihm zurief, er solle eine Minute extra für den Hals verwenden.

Nachdem er sich gewaschen hatte, drehte er einen Heißluftapparat an und war im Nu trocken. Zähneputzen, Haarebürsten – er schlüpfte in die Kleider, die im Schrank über Nacht chemisch gereinigt und entstaubt waren,

sprang wieder in sein Zimmer. Rita und Phil warteten noch, er sah ihr Bild im Tele-opto-fon, das alle Welt nur Telopf nannte.

Sie winkten ihm, es sei so herrliches Wetter, der Strand sei schon sehr belebt, er solle nun aber wirklich kommen. Al verabredete noch rasch den Treffpunkt, obwohl sie sich ja jederzeit sprechen konnten, wenn sie ihre Apparate auf eine bestimmte Welle einstellten. Dann steckte er den Telopf in ein Lederetui, das er am Gürtel befestigte.

Der vierzehnjährige Al wohnte mit seinen Eltern in einem kleinen Hause in Berlin. Die Stadt hatte sich in den letzten dreißig Jahren sehr verändert. Es gab immer noch die „innere Stadt", wie man sie nannte, das heißt, die alte Stadt an der Spree – wohnen aber wollte da aber kein Mensch! In den letzten zwanzig Jahren waren fast alle Leute in die ehemaligen Vororte gezogen. Je mehr sich die Verbindungen vervollkommneten, umso leichter konnte man weit entfernt von der Stadt wohnen: und als vor zehn Jahren die Helicopter-Omnibusse eingeführt worden waren – große Flugmaschinen, die senkrecht auffliegen und ebenso landeten, hatte sich die Stadt noch weiter ausgedehnt. Viele Leute wohnten im Brandenburg-Viertel, dessen Mittelpunkt die alte Stadt Brandenburg an der Havel war, und Oranienburg gehörte ebenso wie Buckow und Strausberg zur großen Stadtgemeinde Berlin. Elektrische Schnellbahnen brachten Bekannte, die 100 Kilometer voneinander entfernt ihre Häuser hatten, in einer Viertelstunde zusammen. Früher war es immer ein Ereignis gewesen, wenn die Eltern mit ihren Kindern an die Ostsee oder ins Gebirge gefahren waren. Das hatte sich gründlich geändert! Es gab jetzt Kinderzüge – ähnlich wie die alten Feriensonderzüge um 1928 herum –, die im Sommer jeden Tag an die Ostsee, in den Harz und in andere schöne Gegenden fuhren. Mit riesigen Geschwindigkeiten, an die man vor dreißig Jahren noch nicht entfernt hatte denken können, sausten sie dahin:

vierhundert bis fünfhundert Kilometer in der Stunde war die Regel. Schnurgerade Gleise führten vom Ausgangspunkt zum Ziel, und Steigungen, die einst, selbst wenn sie ganz gering waren, sehr störten, hinderten jetzt gar nicht mehr. So stark waren die Maschinen.

Die alten Dampflokomotiven waren ebenso verschwunden wie die knatternden Automobile mit Verbrennungs- und Explosionsmotoren. Rauch gab es nicht mehr, weil es keine Kohle mehr gab, die in Kesseln verfeuert wurde. Es roch nicht mehr nach Benzin, Benzol oder Gasolin, weil man diese Stoffe alle nicht mehr brachte. Die Elektrizität hatte den ganzen Verkehr erobert, und alle Leute lachten, wenn sie in den Museen die alten unbeholfenen Maschinen aus früheren Jahrzehnten sahen.

Eine ganz großartige Erfindung hatte der Erde ein neues Gesicht gegeben. Lange hatte man sich mit Versuchen abgemüht, die elektrische Kraft in kleinen Zellen zu fangen, und sie doch verwendungsbereit zu halten. Die alten schrecklich schweren Akkumulatoren, die man selbst in den ersten Jahren der Rundfunkzeit noch gebraucht hatte – wie viele Jungen und Mädels mussten sich damals alle sechs Wochen mit den schweren Glaskästen, in denen die Zink- und Kohleplatten in der Säure hingen, abschleppen! – waren die ersten praktischen Ergebnisse dieser Versuche gewesen. Aber erst vor kaum 15 Jahren war es gelungen, den ersehnten Leichtakkumulator herzustellen!

Man besaß nun das Geheimnis, die rätselhafte Kraft der Elektrizität in gewaltigen Mengen aufzuspeichern. Die neuen Akkumulatoren waren nicht viel größer als eine Streichholzschachtel – aber sie entwickelten die Energie eines hundertpferdigen Rennautomobils aus dem Jahre 1928!

Al wohnte mit seinen Eltern in der Gegend des früheren Wannsees, ungefähr am „Großen Fenster“, wie die Straße am See nun hieß. Sein Vater, ein Ingenieur, hatte viel mit dem Papa von Phil und Rita zu tun, der Architekt war. So waren die Kinder bekanntgeworden. Phil und Al waren gleichaltrig, Rita um zwei Jahre jünger. Die Geschwister wohnten nördlich von Strausberg, am Blumenthal, einem der schönsten Wälder der Mark Brandenburg. Die Kinder trafen sich oft; mit dem Flugautobus 56 Strausberg – Wannsee fuhr man nur zehn Minuten.

Al tobte jetzt in das Wohnzimmer, wo seine Eltern beim Frühstück saßen. Die Mutter drohte dem Langschläfer lachend mit dem Finger, während der Großvater, der bei ihnen wohnte, seinem Enkel nur zublinzelte. Der Großvater hatte die alte Zeit noch richtig miterlebt, und wenn er von den ersten Autos, die er als Junge gesehen haben wollte, erzählte, machte Al die Augen so groß wie Autoreifen. Es hatte eine ganze Weile gedauert, bis er glauben wollte, was ihm der Großvater auftischte: zuerst hatte er es alles einfach für Märchen gehalten. Al und sein Großvater waren die besten Freunde; aber der Enkel musste sich immer das Lachen verbeißen, wenn er sah, wie ängstlich der Großvater in den Helikopter-Omnibus stieg – Flugzeuge ohne feste, große Flügel, das schien dem alten Mann unheimlich zu sein.

Al setzte sich an seinen Platz und aß und trank hastig. Die Eltern hatten ihm erlaubt, tagsüber an der Ostsee zu bleiben – die Mutter ermahnte ihn nur pünktlich nach Hause zu kommen und nicht den letzten Zug zu versäumen, der 19.30 Uhr ging. Der Zug brauchte immerhin über eine halbe Stunde bis zum Berliner Nordbahnhof, und dann waren es noch sieben Minuten mit dem Flugbus bis nach Haus. Al versprach natürlich alles – innerlich dachte er es sich zu schön, einmal den letzten Zug zu verpassen. Er würde schon wissen, was er dann täte. Aber das sagte er selbstverständlich nicht, sondern er verabschiedete sich rasch von Vater, Mutter und Großvater.

Der Vater nannte ihm noch die Radiowelle, auf die er seinen Taschenapparat einstellen solle, damit er tagsüber sofort zu erreichen wäre. Die Mutter drückte dem Jungen heimlich etwas Geld in die Hand – viel mehr, als er nach des Vaters Wunsch bekommen sollte.

Draußen lief Al bis zum Hauptweg und fuhr mit einem Transportwagen, die in ganz kurzen Abständen verkehrten, zur Flugbus-Station. Er nahm eine Karte direkt bis zur Ostsee. Der große Flugbus schwirrte eine Minute später hoch und setzte seine Gäste teils unterwegs in der Stadt, teils am Bahnhof ab.

Al wusste, auf welchem Bahnsteig sein Zug stand – übrigens hätte ihm auch der Riesenkrach den Weg gewiesen, denn auch im Jahre 1928 mochten die Kinder gern Lärm. Er hatte beim Betreten des Bahnsteigs eine Platzkarte bekommen und stellte unterwegs vergnügt fest, daß es ein Fensterplatz war. Die Wagen schimmerten wie Silber, sie waren aus Hartaluminium und hatten Scheiben aus unzerbrechlichem Glas.

Im Wagen, der lauter drehbare Sessel hatte, wie die früheren Pullmannwagen in Amerika, machte er die Bekanntschaft von ein paar sehr netten Kindern aus Bernau und Kottbus bei Berlin. Mit Ungeduld wartete er auf die Abfahrt. In einer Stunde sollte er Phil und Rita treffen.

Durch das Stimmengewirr klang ein heller, pfeifender Ton, das Einsteigezeichen; eine Minute später, als alles auf seinen Sesseln saß, flammten die grünen Abfahrtslämpchen in den Wagen auf, und gleichzeitig schlossen sich automatisch die Türen. Dann erlosch das Licht, wieder ertönte ein Pfiff – und einen Augenblick später sauste der Zug, außerordentlich schnell und gleichmäßig anfahrend, aus der Bahnhofshalle hinaus.

Die Fenster öffnen und sich hinauslehnen – das würde wohl jedem, der es versuchte, schlecht bekommen! Der Zug fuhr wie früher auf einem besonderen Damm; aber dieser Damm wurde an keiner Stelle von einem Weg gekreuzt. Schlagbäume und dergleichen gab es nicht mehr: wo Straßen im rechten Winkel auf den Eisenbahndamm

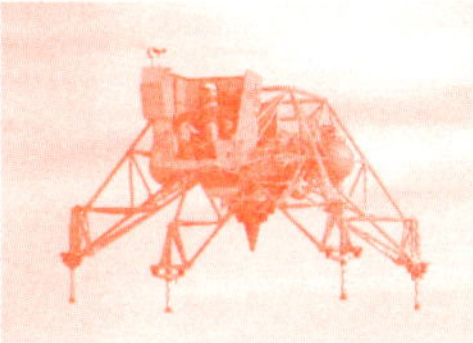

zuliefen, befanden sie sich unter Führung. Man hatte ja schon im ersten Drittel des Jahrhunderts erkannt, dass es sehr gefährlich ist, zwei belebte Wege sich auf gleicher Höhe kreuzen zu lassen.

Die Kinder im Ostseezug sahen nicht sehr viel aus dem Fenster. Die Gegend erschien ihnen ziemlich langweilig. Bloß ab und zu gab es etwas Spaßiges zu sehen: einen Bauern, der sich mit einem altmodischen Motortraktor abmühte. Alle neueren Feldgeräte wurden natürlich elektrisch betrieben.

Man unterhielt sich in den Wagen. Die Mädchen und die Knaben bildeten Gruppen, manche waren ins Zugkino oder in die für alle möglichen Gesellschaftsspiele ausgerüsteten zwei Spielwagen gegangen.

Der ganze Zug hatte zwölf Wagen und brachte fast 500 Kinder an die See. Viele von ihnen fuhren auf längere Zeit in die Kinderhotels, die es in allen Bädern gab. Die Eltern meldeten dort einfach ihre Kinder an, je zwei oder drei bekamen ein helles Zimmer. Es waren sehr nette Lehrer und Lehrerinnen da, die auch Ferien hatten – alles freute sich mächtig auf die Zeit im Hotel.

Man war im besten Spielen und Schwatzen, als auf einmal wieder die Signallampen in den Wagen aufleuchteten. Diesmal waren es rote Lichter: man näherte sich der Endstation. Das Signallicht erlosch; wieder hatten sich alle auf ihre Plätze gesetzt – das war Vorschrift, denn sowohl das Anfahren wie das Bremsen erfolgte sehr schnell, und es war besser, dass man saß, weil der plötzliche Wechsel der Schnelligkeit auf viele Menschen immer noch recht unangenehm wirkte.

Der Elektroexpress fuhr wie eine prasselnde Rakete auf die Bahnhofhalle zu – jetzt leuchtete in den Wagen weißes Licht auf – noch ein langer hoher Ton, der Zug hielt und die Türen öffneten sich.

Die Kinder sprudelten aus den Wagen, alles rannte, obwohl es gar nicht nötig war. Vor dem Bahnhof hielten die Autobusse, die zum Strand fuhren. Al sprang in den vordersten, der gleich los sauste, und stapfte 5 Minuten später durch den tiefen weißen Dünensand zur Fahne 121, wo ihn Phil und Rita erwarten wollten.

Bad Ahlbeck war ein richtiges Kinderlager geworden, mit großen Kinderhotels, Tagesheimen und dergleichen. Überall standen Sandburgen, von denen bunte Wipfel flatterten. Die beiden saßen am Ende des Wellenbrechers und baumelten mit den nackten Beinen im Wasser. Sie erzählten sofort, was es hier alles zu sehen gab. Den größten Eindruck hatte ihnen die Übersee-Flugmaschine gemacht, die in Swinemünde für einen Augenblick anlegte, um in 10 km Kilometer Höhe weiterzufliegen. Hier war sie sehr niedrig zu sehen gewesen – in Berlin verkehrten diese gewaltigen Flugschiffe für 200 Personen meist in den frühen Morgen- und Abendstunden, so dass die Kinder sie nie aus größerer Nähe zu sehen bekamen.

Während ihres Gesprächs waren die Geschwister aufgestanden. Sie hingen sich ihre Schuhe an den Bändern über die Achsel, und Al tat wie sie. Es war fein, mit den nackten Füßen in dem weichen Sand zu gehen. Das Meer war blau wie der Himmel und fast unbewegt. In der steigenden Wärme des Vormittags wurden die Kinder faul. Al schlug vor, eine Burg zu bauen – aber man bekam nur drei Wälle fertig und legte sich dann in den Schatten, der gegen Mittag immer kleiner wurde.

Phil erzählte Al, dass man eine neue Art biegsamen Glases erfunden habe; sein Vater und einige andere Baumeister und Ingenieure seien dabei, die Verwendbarkeit des neuen Stoffes zu erproben. Al fiel dabei etwas ein; er hatte doch eine ulkige Uhr, ein Geschenk des Großvaters, für Phil mitgebracht. Aus der Ledertasche, die er an einem Riemen über der Schulter trug, zog er eine flache Blechschachtel heraus, an deren oberen Ende ein Glasknopf sich verwölbte. Phil sollte raten, was das sei. Er und Rita besahen das komische Ding, bis Al ihnen half. Es sei eine alte elektrische Taschenlampe. Er schraubte den Knopf mit seiner Fassung heraus, da war innen eine Birne, die noch einen Metallfaden hatte – die neuen Lampen waren luftleer gepumpt, dann mit Gas gefüllt und beleuchteten durch eine besondere Art von Kathodenstrahlen, ähnlich wie die alten Geißlerschen Röhren: die Kinder lachten, da zog Al triumphierend aus dem unteren Ende der Blechschachtel ein Paketchen heraus, von dessen einer Schmalseite zwei Blechstreifen herausragten. Das sei der erste Leichtakkumulator. Sein Großvater habe ihm erklärt, diese Taschenlampen hätten ganze vier Stunden lang bei einer Spannung von 4 Volt die kleine Birne zum Leuchten gebracht!

Im Kinderhotel wurde gegessen, und am Nachmittag gab es eine große Planscherei am Strand. Man grub Burgen und Wasserwerke, Phil und Rita zeigten, dass sie von Ihrem Papa die Begabung für architektonische Feinheiten geerbt hatten. Später fuhren sie in den Dünen auf den großen Rutschbahnen und vergnügten sich so, bis es Zeit war, ans Abendbrot und ans Nachhausegehen zu denken.

1931

VOM URLAUB ZURÜCK

VON:
KURT TUCHOLSKY

Wenn einer vom Urlaub zurückkommt, dann ist er noch gar nicht da, wenn er da schon da ist. „Na, wie wars?“ sagen die andern. „Sie sehn aber schön erholt aus! Gutes Wetter gehabt?“ Darauf fängt er an zu erzählen. Wenn er aber Ohren hat, zu hören, so merkt er, dass die Frage eigentlich mehr gesellschaftlicher Natur war – so genau wollen es die andern gar nicht wissen. Und dann bricht er seine Erzählung mit allen ihren Einzelheiten bald ab. Schon deshalb, weil man ja hier keinem klarmachen kann, warum die eine Bergtour beim besten Willen nie zu machen war, und dass das ganze Haus so furchtbar über Fräulein Glienicke und über die Ziegen lachen mußte ... davon wissen die hier nichts. Woher sollen sie das auch wissen!

Wenn einer vom Urlaub zurückgekehrt ist, gehört er in den ersten beiden Tagen noch nicht so recht zum Betrieb. Während seiner Abwesenheit haben sich vielerlei kleine Sachen ereignet, von denen er natürlich nicht unterrichtet ist, und so versteht er manche Anspielungen nicht, er weiß nicht, dass Bader nicht mehr bei der Abteilung IIIb ist, sondern sich mit Koch verkracht hat, er sitzt jetzt in der Wirtschaftsabteilung, und da werden sie ihn vielleicht auch bald herausschmeißen. Das weiß er alles nicht, noch nicht, nicht mehr – und etwas mitleidig wird er informiert. In dem Ton der Zuhausegebliebenen schwingt ein wenig jener Ton mit, den sonst ‚alte erfahrene Beamte‘ einem Neuling gegenüber anzuwenden pflegen. In den ersten beiden Tagen geht der Betrieb über den Kopf des Ex-Urlaubers hinweg: die andern wissen alles, er weiß nur die Hälfte. Die da werfen sich die Bälle zu – er fängt sie nicht.

In seinen Gesprächen flackert, also da kannst du nichts machen, immer noch der Urlaub auf. Einmal denkt er: „Heute vor acht Tagen ... “, aber da klingelt das Telefon, und die Erinnerung zerstiebt. Dann kommt wieder einer vorbei, stellt die üblichen Fragen, und er antwortet. „Danke – nur viel zu kurz! So – Sie gehen jetzt auch auf Urlaub?“ Aber das interessiert wieder den ehemaligen Urlauber nicht mehr.

In diesen ersten Tagen geht die Arbeit eigentlich nicht leichter als vor dem Urlaub; sie geht eher etwas schwerer vonstatten. Die Lungen sind noch voll frischer Luft, der Körper hat noch den Rhythmus des Schwimmens und des Laufens in sich, die Haut fühlt sich in den Stadtkleidern noch nicht wohl, und der Hals nicht im Kragen. Das Auge sieht zum Hof hinaus; wenn man den Kopf dreht, kann man ein Stückchen blauen Himmel sehn. Übrigens ist er heute nicht blau, es regnet. Aber der Regen im Freien, das war doch ganz etwas anderes.

Sitzt er noch fest in seiner Stellung? Er sitzt noch fest. Doch braucht man nur mal auf Urlaub zu gehen, gleich machen sie Dummheiten (Melodie: „Ohne mich geht der ganze Betrieb zugrunde!“). Das war ja alles sehr schön und gut, da in Riesenhausen an der Dassel, die Bäume haben gerauscht, auf der Veranda haben wir Skat gespielt, aber unterdessen haben die hier ... „Müller! Wo sind die A-Belege?“ Die Schweinerei hört von heute ab auf; wir sind wieder da.

Das dauert gut und gern seine drei, vier Tage. Dann haben sich die andern an den Zurückgekehrten gewöhnt; er gehört nun schon wieder dazu, er ist da, er erlebt es alles mit, nichts kittet so aneinander wie gemeinschaftliches Arbeitserlebnis. Das kommt gleich nach der Liebe und nach der Gottbehüte Verwandtschaft.

Nach sechs Tagen fragt ihn kein Mensch mehr nach dem Urlaub, nun kommen auch die letzten Sommerurlauber zurück, alle sind wieder da und fangen ganz langsam an, sich auf den nächsten Urlaub zu freuen.

ENDE

ORTSVERZEICHNIS

Die Orte – sofern es sich um Ausflugs- oder Reiseziele handelt – werden im Text so dargestellt, dass detaillierte, aktuelle Angaben über Anfahrtswege, Öffnungszeiten etc. leicht über das Internet recherchiert werden können.

DA WAR ICH SCHON ×

Bayern (BY)

Mecklenburg-Vorpommern (MW)

Niedersachsen (NI)

Nordrhein-Westfalen (NW)

Rheinland-Pfalz (RP)

Saarland (SL)

Sachsen (SN)

Sachsen-Anhalt (ST)

Schleswig-Holstein (SH)

IMPRESSUM

Dieses Buch widme ich meinen Eltern Veronika und Erwin Böhm, meinem Bruder Michael, meinen Tanten Monika Weimert und Karin Kausch – in Erinnerung an unseren ersten Urlaub, im VW-Käfer in den Spessart.

Die Eindrücke dieser Reise habe ich mein Leben lang nicht vergessen.

Dank an Felix Rakete für das Urban Exploring, an Ina Rudolph für die Sonne und den Umgang mit ihrem Fehlen und an Marie Kaiser für die Inspiration zum Titel dieses Buches.

Thomas Böhm

Der VERLAG DAS KULTURELLE GEDÄCHTNIS dankt seinen Unterstützern: Reinhart Binder, Frederic Böhle, BUCHMARKT, Andrew & Jeff Goldstein, Janine & Philipp Graf, Eva Großjean-Ehe, Heinz Hörner, Lucian Krawczyk, Kathrin Kunkel-Razum, DAS MAGAZIN Die Kulturzeitschrift, Friederike Mayer-Lindenberg, Ulrich Noethen, Gabriele Pohlmann, Oliver Razum, Stefan Reiserer, Elisabeth Ruge, Thomas Sarbacher, Thomas Schöttler, Hartmut Sommer, Beate Swoboda, den Gesellschaftern des Verlages sowie einigen Ungenannten, die im Dank eingeschlossen sind.

ISBN 978-3-946990-50-5
3. Auflage 2021
© Verlag Das Kulturelle Gedächtnis GmbH, Berlin

mis en bouteille en route

Alle Rechte vorbehalten. Weiterverwendung und Vervielfältigung nur mit ausdrücklicher Genehmigung des Verlages gestattet.

Einbandgestaltung: studio stg / 2×Goldstein+Fronczek
Gestaltung & Satz: studio stg, Berlin www.studio-stg.com
Korrektorat: Andrea Sacher
Druck & Bindung: CPI books GmbH, Ebner & Spiegel Ulm
Mehr zum Verlag auf: www.daskulturellegedächtnis.de